日本史籍協會編

幕府征長記錄

東京大學出版會發行

幕府征長記錄

緒言

一本書ニハ督府征長記事征長出陣記ノ二書ヲ收ム
一元治元年七月禁門ノ變アリ同二十四日朝廷諸藩ヘ長藩追討ノ旨ヲ仰セ出サル尋テ幕府前名古屋藩主德川慶勝ヲ以テ總督トナシ福井藩主松平茂昭ヲ以テ副總督トナシ之ヲ征セシム
一督府征長記事ハ名古屋藩ニ於テ征長ノ役ニ關スル朝命幕達願書及ヒ慶勝ノ進退藩ノ行動等ヲ蒐集セルモノニシテ元治元年七月十八日ニ起リ慶應元年閏五月二十六

日ニ終ル

一征長出陣記ハ福井藩ニ於テ家譜家乘藩士ノ記錄等ニ據リテ藩主茂昭征長副總督受命出兵ヨリ藩地凱旋ニ至ル迄ノ事實ヲ日次ヲ逐ヒテ編成セルモノニシテ元治元年八月四日ニ起リ慶應元年四月二十二日ニ終ル

一二書共ニ幕府初度ノ征長役ノ表・裏ヲ闡明スルニ於テ必要缺クヘカラサル好史料ナリ他日更ニ再度ノ征長史料ヲ印刷ニ付シテ之ニ繼カン事ヲ期ス

大正八年二月

日本史籍協會

督府征長紀事一　目錄　元治元子年七月ヨリ同九月マテ

一　七月十八日　七月十八日夜長藩暴動伏見奉行屆ノ件幷會津ヨリ屆

二　同　同斷ニ付會藩兩名東下演達

三　同廿四日　同斷幕府ヨリ諸向ヘ達

四　右ニ付三條大橋ヘ掲札

五　同十九日　渡邊飛驒守等ヱ警衛ヲ被命

六　同廿四日　御所ヨリ長州追討被　仰出ル事

七　同六日　御所ヨリ從一位公ヲ被　召事

八　同廿五日　幕府ヨリ長州父子ヱ達之事幷江戸屋敷引拂ノ事

九　八月六日　征長惣督紀伊殿ヘ幕府

十　七月廿四日　大樹公ヨリ從一位公御上京ヲ御依賴幷御答之事

十一　八月七日　征長惣督ノ儀幕府ヨリ被命

十二　同十三日　諸藩攻口割合幷御出陣期限等　台命

同十七日 十三　稲葉閣老征長御用掛幷出張ヲ被命
同廿二日 十四　討手ノ面々手配追而相違ノ廉有之旨閣老ヨリ達シ
　但本書無之
九月十八日 十五　討手ノ面々攻懸日限等御差圖有之様　台命
同十六日 十六　眞田信濃守追討御免

督府征長紀事二　目錄 元治元子年九月ヨリ十月マテ

九月十七日 一　尾州御發途後御旅中ヨリ両回幕府ェ御献言
二　名古屋御發駕之節御供順
同失日 三　松平上総介附属出張ヲ被命
同廿二日 四　征長全權御授ケ等ノ儀御伺
　但十月十一日右御濟口有之候事
同廿三日 五　征長御惣督ニ付御召之陣羽織御采配被進

六 同廿三日着同十三日出 長防繪圖面御貸渡

七 同廿六日付十月四日京着 万事御委任ニ付御進發ニ不拘御征之台命
同節閣老ヨリ連署ヲ以御請
九月廿六日ノ御請十月五日ヲ以御差出

八 十月六日 坂城於テ御軍議可有之ニ付諸藩ヘ御達

九 同七日 粮秣手配之儀稲葉閣老ヘ御達

十 同八日著三日出 立花飛驒守萩ヘ攻懸リ之処府中ヘ攻寄ル達書

十一 同十日 西筋動静通知方大坂御城代ヘ御達

十二 同日 追討申渡之為戸川鉾三郎藝地ヘ出張ノ命

十三 同日 副將松平越前守九州出張之命

十四 同十一日 討手之諸藩十一月十一日迄ニ著到ノ地ヘ揃ル命

十五 同十一日 追討御委任之御黒印御使番持參

十六 同日 御軍令條御催促

十七 同十二日 軍艦引渡方勝房州ヘ御達

右ハ兼而幕命有之候処神戸ニ無之旨付江戸へ被仰遣候
上大江丸ト外一艘御貸渡ノ儀十一月朔日閣老ヨリ達

同十三日 十八 御參　内御太刀御馬ヲ賜リ士氣引立候樣御沙汰
同日 十九 軍目付之儀軍議關係ノ命
同日 二十 毛利家老両人來ル廿三日迄ニ藝地へ罷出候命
同日 二十一 伊達遠江守ヨリ毛利父子官位之儀申出
同十四日 二十二 紀伊殿御後備ノ外ニ一手ノ人數被差向
同日 二十三 御一戰ノ御報次第大樹公御進發ノ命

督府征長紀事三　目錄

元治元子年十月十五日大坂御出陣ヨリ十一月迄

十月十五日 一 京都御發同日夕御著坂
同十六日 二 長防征伐ニ付三社御祈被　仰出候儀　朝命
同日 三 大膳家老両人來ル廿三日迄ニ廣島ェ著之事

十月廿八日 二十五 軍艦入港境通達方大坂市尹へ御達
十一月十一日 二十六 戸川監察ヨリ毛利隱岐志道阿波ニ追討ノ命ヲ傳フ
二十七 阿部主計頭出立見合之達
同 十二日 二十八 長防伏罪ノ儀吉川監物申立明石御旅館へ達ス
同 十三日 二十九 三謀臣首級持參翌日國泰寺ニ而實撿 右略圖
同 十四日 三十 十八日攻懸ノ儀重而一左右有之迄見合之命
同日 三十一 吉川監物爲謝罪罷出度旨藝藩ヲ以願出

督府征長紀事四　目錄

元治元子年十一月十六日夕廣島へ御著陣ヨリ十二月廿九日迄　但号外二ヶ条

十一月十六日 一 老公廣島へ御著陣
同 十八日 二 御旅館於テ稻葉閣老初立合首實撿
同日 三 右之件々朝幕へ御達
同 十九日 四 監物ヲ御旅館へ被召左之件御達ノ上三首級返却

大膳父子自判ノ書付山口破却參謀人等斬首承屆五卿ハ五藩ヘ引渡ノ事

五　同廿日　脫走ノ五卿五藩ヘ引渡之儀其藩々ヘ命

六　同廿一日　山野於テ發砲致間敷旨ヲ傳フ

七　同廿二日　緩急ノ節人數繰出方藝州ヘ達

八　同廿三日　阿州ヨリ攻寄場ノ義伺

九　同日　長防伏罪ニ付諸藩見込御尋トシテ九州四國石州ノ口々ヘ御使差立

十　同廿五日　加州長大隅守發向申渡ノ達

十一　同廿六日　有馬ヨリ人數繰出シ屆幷伺

十二　同廿七日　同藩海路攻寄ノ義屆

十三　同廿八日　吉川ヘ談ル消息幷事機ノ內報等藝州ヘ內徹

十四　同日　閣老參政長州御用トシテ發足ノ旨達

廿一日　長門爲謝罪佐渡守宿陣へ罷出
同十八日　二十七　阿部主計頭長大隅守へ御固場ノ儀御達
同十九日　二十八　有馬遠江守ヨリ水戸脱走在所へ押入ル哉ニ付伺幷差圖
廿三日　同斷ニ付再應伺幷差圖
同廿日　二十九　毛利淡路ヨリ粗暴ノ輩嚴科申付ル旨
同日　三十　長防鎭靜筋ノ儀ニ付藝藩植田乙次郎へ達
同廿三日　三十一　筑前ヨリ五卿受取方へ付長州へ應接ノ儀伺幷差圖
同日　三十二　五卿引渡ニ付附屬ノ暴徒次第ニヨリ討取ル旨大膳ヨリ届出旨
同日　三十三　五卿附屬ノ暴徒攝海へ脱ルも難計ニ付木津川御固メ土州へ御達
同廿四日　三十四　石河佐渡守ヨリ鎭靜方幷五卿所置方等毛利家老へ申渡シ旨
同日　三十五　阿州父子共病氣ニ付出張延引ノ届
同廿七日　三十六　陣拂之儀討手諸藩へ命
同日　三十七　五道軍監へ諸軍到著人數等取調達

同日 三十八 五卿轉移迄人數揃置方五藩へ御達
同廿八日 三十九 五卿引放方ノ義ニ付五藩へ御達
同廿九日 四十 同上ニ付筑前藩ヨリ伺幷付札
同日 四十一 陣拂ニ付鎮靜筋ノ儀三末家吉川幷長州家老へ命
四十二 長防追討ノ各藩著到惣人員書
四十三 阿州病氣ニ付嫡子出張討手指揮之件

督府征長紀事五　目錄

慶應元丑年正月藝州御陣拂ヨリ同三月ニ至ル

正月元日 一 長防鎮靜ノ件御使千賀與八郎長谷川惣藏儀永井主水正戸川鉡三郎ト共ニ大江丸ニ乘組十一日江戸著幕へ御達
同二日 二 長藩罪魁ノ妻子所置ノ儀藝藩へ御達
同日 三 毛利左京初督府へ達ノ儀ハ藝州ヲ以可申出旨御達
右ニ付辻將曹ヨリ申出

四 同日 長防御所置寛大ニ過キ候而ハ不宜旨松前伊豆守ヨリ申上
五 同四日 藝地御陣拂
六 同五日 本郷御旅館ヘ大小監察江戸ヨリ御使トシテ來ル
　但大膳父子江戸ヘ差下ノ件
　右ハ御見込ノ次第既ニ申立候付今般ノ命ハ難能勘辨旨御答
七 正月四日 西条驛御旅館ヘ 御上京ニ不及早々御參府ノ台命
八 同上ニ付乾山侯ヲ名代トシテ京師ヘ言上ノ旨　朝幕ヘ御達
九 同十六日 大坂ヘ御著陣
十 同日 參內可有言上　朝命
　右ハ御所勞ニ付暫時御滯坂ノ御受
十一 同廿日著十四日付 御上京幷尾國ヘ御立寄無之御參府ノ幕命
　右ニ付上京ノ　朝命アレ𪜈所勞ニ付御滯坂之処　朝命難默止
　ニ付廿三日一旦御上京之旨御答

同 十二 廿三日著十五日付 諸隊暴動ニ付乍愼中爲鎭靜發足ノ旨長州ヨリ屆

同 十三 廿五日 大樹上坂被 仰付ル間暫滯京之 朝命

同 十四 廿八日十六日付 脫走ノ五卿黑崎驛ニ而受取ル旨黑田ヨリ屆

右之趣幕ヘ御達

同 十五 廿九日 松平右近將監ヨリ長州諸隊暴動ノ趣ニ付領分境ヘ人數差出ル屆

十六 二月朔日 大樹御上洛ルハヽ被召ル間可有用意玄同公ヘ 朝命

同 十七 三日 伊達遠江守ヨリ長州暴動難計ニ付 公邊勤向ノ義ニ付伺幷差圖

同 十八 六日 五卿筑前ヘ引渡ノ旨大膳左京ヨリ屆出ル付御達

十九 二月十一日 五卿取締筋ノ義細川初副將ヘ伺出ル由ニ付惣督府ヨリ御達可有

旨談置ル旨越前ヨリ差出幷差圖

同 二十 日 筑前ヨリ同樣可相伺之処國許ヨリ到著不致ニ付細川初ト同樣心

得可申旨

同 二十一 日 五卿引分方筑前幷四藩ヘモ御達

二十二　同十四日　五卿附属ノ者モ人數引分方同斷

二十三　同十五日著五日付　大膳父子幷三條以下被　召寄ル付大小監察被遣右御用モ有之ル
　間早々參府ノ旨幕命

二十四　同十五日　諸軍著到等軍目付脱カ達之趣御達
　　右御處置ハ御爲メニ相成間敷旨幕へ被仰立

二十五　同日　一旦御上京ノ　朝命ハ無據ルへ共御用濟早々御參府ノ幕命
　　但本書無之

二十六　同廿一日十七日付　長防諸隊全鎮靜之趣長藩柏村數馬ヨリ申出ル趣

二十七　同廿七日　御參内有之長防鎮靜御奏達

二十八　同廿八日　三條初御呼寄ノ儀暫御猶豫之儀幕へ御達

二十九　三月二日著二月廿六日付　大膳父子御呼寄ノ儀先ニ被　仰出ル通ト再幕命
　　然ルニ老公存寄有之警衛人數ハ不差出旨御答

三十　同三日　參內ノ節賜酒饌征長之始末御賞詞之旨御達

三十一　同七日　瀧川又左衛門過ル二月二日諸隊暴動為見分被遣ル処監物ヨリ鎮撫ノ見込申出ルニ付本日帰著

三十二　同十七日　亀井隠岐守ヨリ長州人城下ヘ罷越ル段届

三十三　同十九日　大樹公上坂暫餘間モ可有之ニ付暫時帰國　朝ヘ御願

三十四　同廿三日十八日付　大膳父子御呼寄此節難被變ニ付最前ノ通人數御差出ノ幕命

再應申上ルハ痛心ナレトモ天下ノ為メ猶御評議ノ議御答

三十五　同日十七日付　御上洛被　仰出ルヘ共長防御所置ニ付暫時御見合ノ幕命

右ニ付暫時御暇之儀再應　朝ヘ御願

三十六　同廿五日　暫時帰國御許ルヘ共大樹上坂前可出京　朝命

但乾山侯ハ被　召留ル旨

三十七　同廿五日　松平右近將監ヨリ長防鎮静ニ付人數引揚ル御届

三十八　同廿六日　本日御發途三月二十九日御著尾

右之趣石部旅館ヨリ幕ヘ御達

督府征長紀事六　目錄 慶應元丑年三月ヨリ閏五月マテ

一　三月廿九日
長防激徒再發ニ付御　發之幕命
右ニ付一位公ヨリ御忠告

二　四月九日
藝州ヨリ長州父子江戸へ被召寄ル件申出

三　同　十一日
御神忌濟御進發之幕命幷
一位公再三被仰立ル得共最前之通御心得之旨
右ニ付猶又御忠告

四　同　十九日
長防鎭定之趣届書藝州ヨリ差出

五　同　廿六日
成瀨暫時御暇之儀　朝廷へ御願

六　同　日
長防鎭靜之段黑田ヨリ達

七　五月九日
成瀨代員千賀與八郎上京ノ御願

八　同　十日
越前ヨリ幕府へ建白之趣申來ル

九　同　十五日
御進發之義ハ人心不居合ニ付御熟慮之儀幕府へ御建白

附錄

同 十二日 同公へ御先手惣督ノ幕命

同 十八日 五月十六日御進發之幕命

御供御內論之御受

五月五日 玄同公御先手惣督御免願

同 十三日 紀公へ御先手惣督之命

同 十六日 玄同公惣督御免ハ被聞屆追而被　仰出可有之旨

閏五月二日 山城路御通行ニ付御參　內之命

同 十一日 大樹公名古屋御泊城

同 夜 玄同公上京ノ命ニ付廿《十カ》六日　御發途

同 十二日 同公御上京　朝廷へ御屆

征長出陣記一　目録　元治元年八月ヨリ同十月マデ

八月四日　藩主松平茂昭ニ征長副将ノ幕命ヲ達ス　二九一
同　七日　将軍ノ征長進発及ビ惣督副将任命ノ廻達到ル　二九一
同　日　徳川慶勝ニ征長惣督ノ幕命ヲ達ス　二九二
同　十日　征長老中奉書ノ幕命福井ニ達ス　二九三
同　日　征長副将ノ請書ヲ呈出ス　二九三
征長副将ノ幕命ヲ藩内ニ公示ス　二九五
同十三日　本多修理ニ軍事惣奉行ヲ命ズ　二九六
同　日　藩主ノ上京ヲ公示ス　二九六
同　日　征長期限及ビ部署ノ幕達到ル　二九六
征長ノ幕達　二九七
同十四日　岡部豊佐芦田信濃ニ備奉行ヲ命ズ　三〇三
同十五日　中根雪江ヲシテ一橋慶喜稲葉正邦宛書翰ヲ携ヘテ京都ニ遣ス　三〇三
一橋慶喜宛書翰　三〇三
稲葉正邦宛書翰　三〇四
同　日　藩主ノ上京ヲ朝廷ニ聞ス　三〇六
届書　三〇七
同　日　中根雪江和歌山藩ト征長事務ヲ議ス　三〇七

同　日　藩主扈従士ノ心得ヲ公示ス　三〇八
同十六日　藩主ノ上京ヲ延期ス　三一二
同　日　堺町門警衛ノ解除ヲ請フ　三一三
請願書及ビ指令　三一三
同　日　征長軍務ノ指揮ヲ伺フ　三一四
伺書
同　日　中根雪江徳川茂承ノ惣督任命ヲ一橋家ニ質ス　三一五
同十七日　中根雪江征長廟算ヲ一橋家ニ質ス　三一六
同　日　和歌山藩ヨリ藩主ノ惣督就任事情ヲ来報ス　三一八
同　日　薩摩・肥後・越前・土佐・会津・久留米・桑名ノ諸藩士集会ス　三一九
同　日　嶋津十太夫広島藩ニ外艦下関来寇ノ報ヲ問フ　三二〇
同十八日　中根雪江京都ヲ発シテ帰国ス　三二一
同十九日　江戸湾砲台警備兵ノ帰国ヲ請フ　三二一
伺書及び指令書
同廿一日　大宮藤馬等ヲ征長打合ノ為ニ名古屋藩ニ遣ス　三二二
同　日　藩主出発期ヲ藩内ニ公示ス　三二二
同廿二日　征長従軍兵ノ出発期ヲ藩内ニ公示ス　三二二
同廿四日　毛利敬親父子ノ官位褫奪ノ幕達到ル　三二三
毛利敬親軍令状

目　録

征長出陣記二　目録　元治元年十一月ヨリ同十二月マデ

征長出陣記三　目録　慶応元年正月ヨリ同四月廿二日マデ

督府征長紀事

一子年七月長藩暴擧一件

七月十八日伏見奉行ヨリ屆

十八日夜長州家老福原越後二百人餘ノ人數ヲ引連天龍寺ヘ用向有之ル間伏見御固場通行可致ト關門ヘ差懸ル処同所大垣人數ニテ差拒戰爭ニ及ヒル内彦根援兵モ加リ双方死傷有之長州勢引取ル又竹田街道ヘ廻リル処同所へも彦根人數ニテ差拒ル内越後ハ鳥羽街道ヨリ京師ヘ入ル云〻

同十九日會津侯ヨリ屆

長州勢所々ヨリ潜入境町御門ヨリ乱入可致ニ付會津薩州幷福山人數モ馳加リ拒留申ル処鷹司殿邸中ヘ潜匿イタシル由ニ付同所ヘ火ヲ懸追討イタシル

中立賣御門ヘモ乱入可致ニ付會津桑名等人數ニテ拒キ居ル内薩州勢相加リ遂ニ長州人ヲ驅逐イタシル

但此節劇戰ニテ双方死傷有之由

同所御門前小紅屋ト申ヘ長州人潜ル由ニ付同所ヘモ火ヲ懸燒拂申ル
伏見屋敷ハ自然火發シ燒失ル由
河原町長州屋敷ヘモ火ヲ懸打取申ル
右ハ暴發ノ際ノ大略ヲ記ス委細ハ別ニ載之
二長藩暴動ニ付會藩士両名東下シ閣老ヘ演達
一松平肥後守家來外島機兵衞諏訪常吉ト申者両人廿日夕京地發足今廿五日朝到著直ニ　御城ヘ罷出御老中方御達有之
但本文ノ輩戰爭ニ手合イタシ始終能存知ノ者故人撰ニ而差下ル由右ノ者咄有之
一十九日曉ヨリ四ツ時過迄戰爭會津ハ蛤御門固之処同所脇御普請小屋後ヨリ長藩押込直ニ會津備ヘ鉄砲打掛ル処兼而期シタル事ニ而直ニ同家ヨリ發砲凡二時余鉄砲セリ合夫ヨリスキヲ見合會津方ヨリ鎗ヲ

入手詰ノ合戰ニ相成勝利ノ由敵方迯去ル由會津方惣人數ノ内即死ハ漸上下ニ而十一人計怪我人モ存之外少キ由

一堺町御門内鷹司殿屋敷後口ヨリ長藩押込御同所足溜ニイタシ表門ヨリ鉄砲打掛ル由長藩ヨリ焼立ル処右火ニテ却テ迯道取切ラレ長州方焼死人モ多討取モ數多會津ヘ生捕八人有之ル由

一御三家方御人數ハ多分手合無之哉ニ及見ル由

一此場所ニテ會津ヘ力ヲ合ル藩ハ薩州大働ノ由彦根同斷越前鷹司殿屋敷近邊ニ而

但薩州ノ働キハ誠ニ大働感心之由常吉相咄シル由

三長藩暴動之儀幕府ヨリ達

去十九日卯ノ刻頃松平大膳大夫家來御所ヘ乱入砲發致シル得共諸家人數出張大凡討取殘黨ハ何レヘ迯去ル哉未タ不相成右之次第ニ及ルヘ共

御立退モ不被爲在　禁裏　親王准后御安全之御事ニ候旨京都表ヨリ注進有之候此段爲心得向々へ可被相達候事

右七月廿四日泉州閣老ヨリ諸向へ達有之

四京都町奉行ヨリ三条大橋へ高札

一此度長州人恐多モ自ラ開兵端犯禁闕不容易騒動ニ相成諸人ノ難儀モ不一方候追々殘賊召捕取鎭ニ相成候間安堵帰住可致將又妄リニ燒拂ナトヽ浮説ヲ唱候輩モ有之候へ共右之儀決而無之候間銘々職業ヲ勉メ立騒申間敷事

一元來長藩人名ヲ勤王ニ託シ種々手段ヲ設ケ人心ヲ惑候故信用イタシ居候者ニテ候得共　禁闕ニ發炮シ逆罪明白ニ而追討被　仰〔出脱カ〕候間若信用致候輩モ前非ヲ悔テ改心致候者ハ宥免可致且潜伏ノ落人等見當次第早速申出候者ニハ褒美被下候又取隱候者有之候而他ヨリ顯候節ハ朝敵同罪

タルヘキ者也
子七月　　　　　　　　　　　　　　　　　　奉　行

五輦下守衛被命ル事

輦下暴動ニ付十九日　朝廷ヨリ非藏人ヲ以テ詰合ノ重臣渡邊飛驒守津田太郎兵衛等ニ會津藩ト協力警衛スヘキ旨演達有之因テ飛驒守ハ銃隊百人ヲ率ヒ新町頭ヲ守衛シ上野内膳兵士銃隊九十人餘ヲ率ヒ建春門ヲ守ス八月ニ至テ之ヲ免セラル

六長州暴發ニ付御所ヨリ被　仰出

松平大膳大夫儀兼而禁入京之所陪臣福原越後ヲ以テ名ハ歎願ニ託シ其實强訴國司信濃益田右衛門介等追々差出ル処寛大仁恕難扱今更無悔悟ノ意言ヲ左右ニ寄セ不容易意趣ヲ含ミ既自ラ兵端ヲ開キ對　禁闕發砲ル条其

罪不輕加之父子黑印ノ軍令條授國司信濃之由愈以謀顯然旁防長ニ押寄速追討可有之事

右七月廿四日御所へ在京諸藩被爲召被　仰出候由

七　右暴發前御所ヨリ老公ヲ被召候事

長州人多人數山崎辺其外へ屯集追々入京不容易擧動ニモ可及哉ニ付急速御人數御引連爲御警衛御上京可被仰〔出脱カ〕旨御所ヨリ御内沙汰ノ段京都所司代ヨリ御達有之候事

右七月六日ナリ然ルニ御所勞ニ付暫時御猶豫御願中ナリ

補

八　幕府ヨリ長州父子へ御達幷江戸屋敷引拂

七月廿五日

大膳大夫へ

家來福原越後初暴臣ノ者共出頭有之趣ニ而兵器ヲ携ヘ京都ヘ罷登リ
朝廷ヨリノ　御趣意ヲ不顧終ニ兵威ヲ以奉惱
朝廷ル段對
天朝深恐入ル事ニ付依之居屋敷ヲモ被　召上急度愼罷在ル様被　仰出ル
長　門　守ヘ

右同文

右今晚於和泉守宅長州家老代重役壹人留守居呼出達之

酒井左衞門尉
人數凡千人程
内
騎馬廿騎程
甲冑著ノ者三百人程
新徵組甲冑著九十人程

大砲廿五六挺程
小筒ケベル火縄砲共取交百五十挺程
外ニ従者數不知

松平周防守
人數取《凡カ》五百人程
但甲冑著込陣羽織等著
車臺大砲七挺程小筒ハ
ケベル多ク相見申候

青山大膳亮
人數凡五百人程
但同斷

牧野錠吉
人數凡百三四十人程

内
騎馬三騎程
甲冑著込陣羽織等著
大砲三挺程
小筒三十挺
外ニ従者
大田原鉎丸
人數凡六七十八程
内
騎馬三騎程
小筒十五挺程
何レモ甲冑著込陣羽
織等著

外ニ従者
岩城修理大夫
右人數裏門内固ノ由
ニ而人數不相分
右ハ昨廿六日八ッ時過龍土町中屋敷内ェ前書左衛門尉人數初繰込相成ル処應接行届ル哉同七ッ半過左衛門尉人數引纏ヒ士分ト相見ル者共割羽織袴著羽織或ハ袴而已著ノ者三拾人程幷足輕体ノ者二三十人程外ニ乗馬貳疋右前後鎗鉄砲等ニ而取圍ヒ日比谷御門外元上屋敷へ差送相成申ル其外一季抱ノ者何レモ宿元へ引渡可相成哉ノ風説有之前書人數妻子共ノ儀ハ是迄ノ屋敷拜見長屋へ相集メ取締有之趣付而ハ右明キ屋敷同夜ヨリ大膳亮人數繰込固メ居ル其外御固ノ人數ハ夕七ッ半時過銘々屋敷々々へ引拂相成ル
右ニ付毛利屋敷辺ノ屋敷ニオヘテモ銘々手人數門内ニ集メ置戰爭ト相成

候ハヽ早速人數繰出シ候手配イタシ居候其内鍋島雲州谷屋敷ニ而ハ別而
人數ヲ相揃大砲モ余程相見申候

（朱書）
元治元子年
九長州御征討ニ付紀伊殿惣督ノ件

八月六日

備前守殿被相渡候由ニ而林《マヽ》阿弥ヨリ御城附へ差越候御書付寫

松平大膳大夫家來共兵器ヲ以奉刧
朝廷不屆至極ニ付速ニ御征伐被成候付而ハ諸家へ追討被　仰付置候処
今度惣督ノ儀紀伊中納言殿へ被　仰付副將ノ義ハ松平越前守へ被　仰
付格別尽忠勤候樣被　仰出候
右之通被　仰出候間此段可申越候
八月

一備前守殿被相渡候由ニテ丹阿弥ヨリ昨夕御城附ヘ一決ニ而差越シ書付寫
松平大膳大夫家來共兵器ヲ以奉刧
朝廷不屆至極ニ付征伐ノ儀諸家ヘ被　仰付候得共猶引續
御進發モ可被遊旨被　仰出候依之銘々弥忠勤ヲ勵ミ
御主意ノ趣厚相心得候様可致旨被　仰出候
右之通被　仰出候間此段可申上候
八月
一大目付神保伯耆守ヨリ牧野備前守殿申渡諸向ヘ相達候由ニ而御城附共ヘ一決ニ而相達候書付貳通ノ寫
松平大膳大夫家來共奉刧
朝廷不屆至極ニ付速ニ御征伐被成候依而ハ今般万石以上ノ面々ヘ追討被

仰付惣督之義ハ紀伊中納言殿副將ノ儀ハ松平越前守ヘ被
仰付追日出張可被在候就而ハ
御發進モ可被遊旨被　仰出候間御旗本ノ面々ニハ兼而覺悟致シ銘々
限用意可罷在旨御沙汰ニ候間厚ク相心得可被申候
右之趣武役ノ面々且武役ニ無之候而モ御陣立等ニ拘リ候面々ヘ早々
可被達候
八月
伊豆守事海陸御備向之御用重ニ引請取扱候樣被仰出老中ノ勤向ハ都
而
御免被成候ニ付而ハ御礼事其外御三家始諸大名其外共老中宅ヘ相越
候節不及相越候在國在邑ノ輩ヨリ老中ヘ連札差越候節搭狀不及差越
候
右之趣向々ヘ可被相觸候

八月

八月六日晩
今度松平大膳大夫御征伐ニ付惣督ノ義紀伊中納言殿へ被仰付候処
思召ノ　御旨モ被爲　在候ニ付尾張大納言殿被仰付候旨被　仰出候
右之通被　仰出候間此段可申上候

八月

十老公御上京ノ儀大樹公ヨリ御依頼書并御答

一翰致粛啓候殘暑ノ節愈御安寧珍重ノ御事候然ハ今般長藩多人數京攝其他へモ屯集致シ歎願筋申立不穏景況ニ有之同所守衛人數モ出張之趣痛心之至候然ル処方今ノ形勢一方ノミ全力ヲ尽候儀ハ難成不得止事件ニ付御苦労無申計候得共御出京御鎮壓被下候様致度候兼而京攝ノ間ハ慶喜儀守衛惣督心得居候儀ニ候得共今般ノ騒擾偏ニ御賢勞御頼申候同人へモ御談合ノ上可然御尽力可給候此段御領掌所希候不備

七月廿四日　　　　　　　　　　　　　　家茂

尾張前大納言殿

再伸折角時氣御保護可被成候此品菲薄ニ候へ共表微衷候迄ニ致進覧候將又北野ニ於テモ兇徒嘯集イタシ此程討手差遣候且ハ横濱鎖港ノ談判中夷情難察自然當府人心ノ動搖ニモ相響候此上不虞ノ變無之樣致度候方今ノ形勢東西ニ心ヲ配リ日夜痛心ノ至御諒察可給候本文御出京ノ段御苦勞察入候御勉勵御賴申上候以上

右御小姓組番頭逸見甲斐守ヲ以尾州へ被遣候ニ付七月廿四日江戸發八月二日尾州へ著候間閣老ヨリ忠雄へ右御寫被相渡大樹公厚御依賴相成速ニ御登京相成候樣申上候　内命有之廿八日江戸發八月朔日尾著候処老公御病氣ニテ御臥蓐へ罷出御直ニ申上候処此節乾山侯在京ニ付一應同侯へ御内議ノ上御請可被遊ニ付京都へ罷登候樣被命六日尾發七日京著乾侯へ陳述候処既ニ淀閣老ヨリモ老公御上京ノ儀被申出候由ニ付乾

候ト共ニ十日京發十三日尾著御協議ノ上左之通閣老へ向ケ御答相成候事

一書呈啓新涼相催候処　上様益御榮福被爲濟奉恭悦候次ニ御連枎弥御安寧御奉職欣然不過之候然ハ今度態々遠路貴价　御直書ヲ以被命候段誠以冥加至極辱仕合且ハ不才ノ某如何シテ此御感意ニ當リ可申哉ト恐懼戦栗ノ至ニ奉存候併シ段々被仰下候御文意ノ趣ハ乍憚誠ニ御心痛ノ程深奉感察御尤至極奉存候間登京ノ上慶喜申合何國迄モ　台慮ノ御憂苦ヲ奉安候樣尽力可仕候ズハ不相濟本意ニ御座候間此段ハ幾重ニモ微力ヲ尽シ申度心願ニ御座候宜御執成被置被下度候抑上京ノ儀ニ付而ハ最前ヨリ屢　朝命モ蒙殊ニ今般奉　台命候ハ直樣奔趨可仕素ノ処去頃以來中暑引續血疾等ニテ此節ニテハ抑而モ上道難仕病体只々打伏居候儀ニ御座候へ共少ニ而も快和ノ兆有之次第抑而發軔可仕心得ニ御座候間此段程能御取成可被下候猶后鴻心緒可申述先ハ過日御直書ノ御請御禮迄如斯候恐々謹言

再伸前文御請等ノ儀速ニ可申上之処格前ノ御事柄ニ付成瀬隼人正へハ
一應相談ノ上申上度京師へ往復致ル間彼是及遅緩申ル此段宜御取成被
下度ル臥蓐中强而執筆ハ顧而書字不謹ト相成ルニ付代筆申付ル厚御恕
察頼入ル時下御自重宗社ノ爲至禱此事ニル不備
右御書中ニ有之ル如ク御臥蓐中ニ付暫時御延引相成ル段無餘儀次第
厚御答可申上旨被命十五日付ノ御書十六日曉尾發廿三日江戸著閣老
へ委敷演述ノ処旣ニ次ニ相見ル通征長惣督ノ命アリ
但此時表向御使ハ高橋民部へ被命ル事

十一征長惣督ノ儀幕府ヨリ被命ル事

尾張前大納言殿ェ(朱書)八月七日水野泉州ヨリ達

上意

松平大膳大夫家來共兵器ヲ以奉刧

朝廷不屈至極ニ付速ニ御征伐被成候付而諸大名ヱ追討被　仰付候依之尾張前大納言殿ニハ今般被　仰付候諸藩ノ惣督御心得諸事御指揮被成候様尤松平越前守副將被　仰付候間被仰合早々御追伐可有之旨被　仰出候間格別被尽御忠勤候様ニトノ上意候

八月

右ハ格別御面目ノ儀ニ候ヘ共何分御所勞中ニ有之旁以テ総督被廢大樹公御進發被爲在候ハヽ病ヲ冒シ粉骨可仕旨之御答書被進乾山矦ヨリモ閣老ヘ向ケ右之趣自筆ヲ以被申述候処左候テハ列藩ヘ對候テモ甚不都合ニ有之且討征被命候諸藩尽ク御請モ申出候際老公ノ御爲メヲ存上候ハヽ速ニ御受被遊候様早々可申上候猶又忠雄ヘ閣老ヨリ内命有之候ニ付八月廿八日江戸發廿九日富士川々支ニテ四日間逗留漸九月七日尾著ノ上京致候処段々御協議左ノ通御受

但前条御使ハ瀧川又左衛門ヘ被命候処前項ノ次第ニ付公然御書御差

出候御見合次項ノ御受ヲ御差出サセ相成候事

粛呈秋氣相催候処御連袂愈御佳勝欣慰ノ至ニ候陳ハ今般征長惣督蒙台命候段誠以武門ノ面目忝次第速ニ御請可申上ノ処至重ノ大任不肖ノ身ニ難堪其上所労一層ヲ加ヘ候処京師ヨリ再三 徽命モ被爲在旁以病間候而御麾下ニ随ヒ度尽力候段ハ一藩ノ弊賦ヲ可尽候ヘ共惣督ノ儀ハ病軀ノ任ル所ニ無之万一誤大事候而ハ却而御不爲メト相成候儀ニ付御辞退申度候ヘ共右様ノ台命御免相願候而ハ諸藩ノ差響ニモ相成可申哉且不日御進發総軍御指揮被爲在候趣ニ付先々病ヲ侵シ強而發途仕候条宜御憐察可被下候猶御出馬ノ上御直裁ヲ奉待候何分賤恙無余儀遅緩相成候段萬々御宥恕被成下候様幾重ニモ御執成御頼申候恐々不備

九月七日

閣老連名宛

同日和泉殿へ

陳ハ御征長総督ノ儀ニ付家來水野彦三郎ヘ御懇切ニ御内諭ノ趣道中川支ニ而今日到著委細被申達毎々御誠悃之段千万致多謝候右ノ病氣ト至愚ハ御按内ノ通ニテ口惜次第ニ存候ヘ共辱モ親藩ニ備至渥ノ御恩德ニ俗〔浴カ〕居斯ル時勢臨事御事闕ヲモ不顧一分ノ私便ヲ計候存意ハ勿論毛頭モ無之誠ニ御國家ヲ重シ形勢ヲ察シ自身ヲ省候トモ上京ノ期日モ不申上候テハ口實ヲ以因循ノ御疑モ千万御尤ニ付御内諭ノ趣ヲ以別紙ノ通御一同ヘ申達候間深御涼〔諒カ〕察御取計御願申候右御請之儀彼是往返川支等ニテ甚及遅緩候段多罪恐懼ノ至ニ存候宜御執成御傳達千万所希候恐々不備

九月七日

水野和泉守殿

再伸時下御自重爲宗社至禱イタシ候病中代筆ノ段御海涵〔可脱カ〕被下候

右ノ如ク即日御返翰御調出相成候ニ付翌八日曉尾發江戸著該御書中ノ趣ヲ以御遅緩ノ段能々辨解候樣且老公御發程ニハ相成候ヘ共大樹

公ニハ必御進發相成候樣演述可致旨被命候事

八月十三日攻口ノ割合并御出陣期限等台命

牧野備前守ヨリ相渡候御書付

尾張前大納言殿

松平大膳大夫追討被

仰付候ニ付攻口ノ割合別紙ノ通被

仰出候間其趣御心得可被爲在候尤當月中出陣ノ心得ニ而出張日限ノ儀ハ

前大納言殿ヱ可相伺旨別紙ノ面々ヱ相達候間万事御指揮被在之前大納言

殿ニモ當月中必御出張被在之被

仰出ノ趣厚御心得被成候樣ニトノ御事ニ候此段可申達旨　上意候

陸路藝州ヨリ岩國夫ヨリ山口ヱ攻寄候面々

松平安藝守

壹番

板倉周防守
眞田信濃守
阿部主計頭

松平安藝守初ヘ應接《援カ》ノ面々

貳番

松平近江守
三浦備後守
板倉攝津守
本多肥後守
脇坂淡路守

陸路石州ヨリ萩夫ヨリ山口ェ攻寄ル面々

壹番

松平相模守
松平右近將監
龜井隱岐守

貳番

松平讃岐守へ應接《マヽ》

海路下之關夫ヨリ山口へ攻寄ル面々

壹番

小笠原大膳大夫儀領分近キノ儀ニ付細川越中守奥平大膳大夫ヨリハ先立可相向ル

小笠原近江守小笠原幸丸儀ハ小笠原大膳大夫ト一手ニ罷成可相向ル

松平讃岐守

伊達遠江守

松平壹岐守

細川越中守

小笠原大膳大夫

奥平大膳大夫

小笠原近江守

小笠原幸松丸

貳番　　松平美濃守

松平美濃守始ヘ應援　　松平肥前守

小笠原佐渡守

海路萩夫ヨリ山口ヘ攻寄ル面々

壹番　　松平修理大夫

松平修理大夫ヘ應援　　松平主殿頭

貳　　有馬中務大輔

立花飛騨守

右ノ通被　仰出ル陣中ノ儀万事尾張前大納言殿御指揮ニ随ヒ速ニ遂成功ル様被　仰出ル

陸路藝州ヨリ岩國夫ヨリ山口ヘ攻寄ル面々
御使番
松平左金吾
向井左門
小笠原鍾次郎
陸路石州ヨリ萩夫ヨリ山口ヘ攻寄ル面々
同
内藤弥左ヱ門
大島主殿
朝倉小源太
海路四國ヨリ徳山夫ヨリ山口ヘ攻寄ル面々
同
水野采女

服部中
遠山左ェ門

海路下之關夫ヨリ山口ヘ攻寄ル面々

同
多賀靫負
曲淵鑄市
岩瀬敬太郎

海路萩夫ヨリ山口ヘ攻寄ル面々

同
天野民七郎
平岩金左ェ門
内藤平八郎

右之通爲軍目付被差遣ル間可被得其意ル

十三八月十七日稲葉閣老征長御用掛并出張ヲ被命

〔元千代殿家老衆へ

美濃守儀松平大膳大夫御征伐ノ御用被

仰付且長州表ヱ出張ル様被

仰出ル間其段前大納言殿ヱ可被申上ル事

九月十四日名古屋御發陣美濃路御旅行支坂驛ニ一日御逗留

同月廿一日京都智恩院御宿陣へ御著

八月廿二日
十四討手ノ面々手配追テ相違廉有之旨閣老ヨリ達シ

〔尾張殿家老衆へ　八月廿二日牧野備前守殿へ御渡

毛利大膳御征伐ニ付口々討手ノ面々手配ノ儀京都ニオヱテモ相違ル処先

達而當地オエ《マヽ》テ被　仰出候趣ト相違ノ廉モ有之候ニ付都而當地オイテ相
達候通相心得候樣討手ノ面々ヘ相達候此段爲御心得前大納言殿ヘ可被申
上候事

十五討手ノ面々早々攻懸日限等御差圖有之候樣台命

〔尾張前大納言殿ヘ　九月十八日諏訪因幡守殿御渡

松平備前守
松平安藝守
松平周防守
阿部主計頭
脇坂淡路守
松平近江守
三浦備後守

板倉攝津守
本多肥後守

松平三河守
松平相模守
松平出羽守
松平右近將監
龜井隱岐守
有馬遠江守
松平佐渡守
松平主計頭

松平阿波守

松平讃岐守
松平隱岐守
伊達遠江守
松平壹岐守

松平美濃守
細川越中守
松平肥前守
小笠原左京大夫
奥平大膳大夫
小笠原佐渡守
小笠原近江守
小笠原幸松丸

有馬中務大輔
立花飛驒守
松平修理大夫
松平主殿頭
毛利大膳父子始追討ノ儀ハ御急務ノ事ニ付右之面々長防最寄國々へ早々屯集イタシ候様御達被在之攻懸候日限ノ儀早々御差圖相成候様ニト被
仰出候

十六 九月十六日 眞田信濃守追討御免

〔元千代殿家老衆へ　諏訪因幡守殿御渡 （朱書）九月廿二日京都へ到著
眞田信濃守儀大坂表御警衛相勤候儀ニ付毛利大膳父子追討被成　御免候間爲御心得前大納言殿へ可被申越候

督府征長紀事

二

一尾州御發途後道中ヨリ幕府ヘ御獻言

今般御征長總督之蒙台命冥加至極忝仕合奉存候然ル処差合セ去頃以來根差候重病相煩引續必至臥蓐罷在日《ニカ》々増疲勞之次第ニテ　勅命　台命有之候上京サヘ行届兼彼是遲緩ニ及ヒ何共恐懼之至ニ付病中ナカラ押テ上京之次第ニ有之候就夫前件大任之義ハ天晴武門之面目ニ付速ニ御請申上候ハ當然之理歟ニ候ヘ共自ラ力ヲ不量シテ妄ニ御請申上一旦御國家ヲ誤候上ハ死ヲ以謝罪候共畢竟天下之乱害ハ不被救儀ニテ大ニ　公武之御憂ヲ遺シ候テハ誠以恐入再歎取戻候処慶元前　神祖之御事迹ヲ相窺候テモ御大事之御戰場ニハ必　御親臨御直戴《裁カ》被遊候事ニ相見申候今日之事何分久々昇平慶元已來初テノ大兵革ヲ被動候事ニ付既ニ大樹公御進發被仰出候事と奉拜察候得者猶更御念被入　御親敷御指揮被遊候ハヽ　御威徳御中興此御一擧ニ可有之奉存候其期ニ臨候テハ帷幄ニモ相加リ存分之御奉公可仕志願ニ有之病ヲ侵シ勉テ出京療養ナカラ御待申上候間早々御上洛御

直裁之程奉仰望候猶其節御直ニモ段々之御詫等申上度奉存候事

右節閣老へ御添簡如左

呈啓秋冷相成候処各位愈御清安御奉職欣躍之至ニ候陳ハ今般御征長惣督之儀ニ付過日申達候節上京モ遅緩中別而彼是心配モ有之書面ニテハ鄙情モ達兼候歟ト存候何分非常之御時節平臥中先〻押テ就道其段御届モ申上候事故猶更至誠之大略別紙ニ具呈致候間篤ト御勘弁宜御執成厚御頼申候旅中匆〻統御亮察祈入候恐々不具

九月十七日

水野和泉守殿

牧野備前守殿

松平伯耆守殿

諏訪因幡守殿

再伸順時御保護爲宗社至禱イタシ候執筆難行届ニ付寫字申付候此段御宥

恕被下度・（れ脱カ）以上

守山驛ヨリ閣老へ御直書

肅呈逐日秋冷相加ル処各位倍御壯寧被成御奉職海岳抃賀之至ニ御坐ル陳ハ今般乍病中押テ及發途其段過日各方迄申達置ル処被達　上聽段々御懇之思召之　御旨被　仰出難有仕合奉存ル附テハ早速御請申上奮發尽力ル段申迄モ無之ル処其後モ及御內達ル通何分病中等ニテ甚心配至極万一國家之御大事ヲ誤ルテハ實ニ奉恐入ル間兼テモ奉願置ル通何卒寸刻モ早ク御進發御指揮ニ隨ヒ周旋仕度猶再應只管奉懇願ル段旅中先々御礼奉申上度一旦御洩達偏ニ御賴申入ル恐々不備

九月十九日

二白病中以代毫申入ル段御寬恕可被下ル以上

二名古屋御發駕御供九月十四日

松井喜多治
須加井鍵次郎
朝比奈卯三郎
鈴木善之丞
高野弥一郎
成田久米之丞
正木宗兵衛
内田伊右ェ門
井出富三郎
舎人清左ェ門
五味三郎
毛利富三郎
村井金三郎

箕形辰之丞
原漣次郎
鈴木三之丞
永井九一郎
高木常之丞
長野長三郎
澤田庫之丞
平田助左ェ門
相川七郎兵衛
飯島斧吉
成田宗一郎
安井辰吉
土岐市左ェ門

石井隆庵
村井甫庵
眞鍋喜內
水谷助六
天野儀兵衞
小笠原龍三
寺山靫負
人見左衞門
安藤喜多作
野崎藤吉
横井牧多
遠山半左ェ門
磯田善次郎

太田常庵
鳥井五兵衞
渡邊鉞次郎
水野順三郎
田宮兵治
中川庄藏
若林次左ェ門
高野瀬長左ェ門
寺西圖書
內藤角二
神谷八郎右ェ門
本杉錄兵衞
松山林治

大内堅一郎
安藤治兵衛
西村半助
山中金吾
石谷又彦
平野長阿弥
松井市兵衛
室賀只右ェ門
石川竹次郎
石河佐渡守
御側砲術方三拾人
若井鍬吉
御先

小山銚太郎
小久保弥五右ェ門
石谷又助
高津八五郎
岩井万阿弥
櫻井乙四郎
鈴木嘉十郎
千賀與八郎
御側廻り三拾人
差矢討手ノ小子拾人

青山儀兵衛　　松井小十郎
菅谷鎗吉　　土岐新之丞
大澤友吉　　間宮伴左ェ門
尾崎太郎吉　　長谷川惣藏
白井逸藏
外ニ
石河主計附屬役々共
山村多門同斷
御先手物頭組
大筒役御秘事打方隊附屬役々共八拾四人
御跡
成瀬隼人正　　田宮如雲
間宮外記

大筒役御秘事打方隊附属役々共八拾四人

藤村彦之進門弟御書院番二人

願御供之小子

御道具添

遠山彦四郎　田村吉次郎

御供帳ニ不載小子

新御番　十八組四拾七人

谷口傳右エ門　神部治右エ門

鹽川林左エ門　市川新次郎

井田清左エ門　坂井宗十郎

村瀨駒三郎　下條新之丞

菊地辰次郎　吉村義次郎

淺野文九郎　手島鉞次郎

後藤平十郎
御徒目七人
御小納戸詰跡頭一人
御小納戸詰貳人
御小人頭貳人
御厩調役一人
御賄人五人
御數寄屋坊主六人
表坊主七人
御持頭支配同心六拾五人
御側組同心三拾壹人
御中間跡頭貳人
御小人目付御小人押廿八人

青山小左ヱ門
御松明方二人
同役臺一人
御庭預一人
御中間頭貳人
御臺所人六人
御納戸詰三人
奥坊主拾六人
御持組同心五十三人
御手筒同心廿四人
御小人組頭貳人
御庭預跡頭一人

火之元廻り五人
御小人七拾五人
御草履持四人
御抱御駕籠ノ者拾四人
奥陸尺拾四人
御風呂敷者六人
奥御露路次ノ者五人
小間遣以下男拾九人
御口之者三拾五人
御厩御抱之者五拾壹人
御中間百人内人副役四人

御供帳ニ載無之分

御小荷駄奉行
淺野善左ェ門
御勘定吟味役
今井寛一郎
右支配役共
車七拾輪夫三百人程
御陣場奉行
石川甚藏支配人共
兵粮奉行
横内半兵衛

御出張之節御供仕ル様被仰出ル小子

瀧川又左ェ門
渡邊新左ェ門

榊原勘ヶ由
天野四郎兵衛
石原六三郎
御徒目付組頭二人
宇野朱左ェ門
山本久兵衛
御書院番組頭貳人
御馬廻組別手方貳拾人
御馬廻組世話取扱壹人
大塚龜次郎
寺尾六郎左衛門一隊
表御番頭取壹人
鉄砲方與力頭貳人

玉置小太郎
久野長一
森鉾五郎
御徒目貳人
横井作左ェ門
内藤淺之丞
同取締方貳人
御馬廻組頭貳人
黒田六一郎
無息御目見之小子廿人
御書院番四拾人
表御番三拾人
與力四人

大目付同心拾四人
寺田弥五左ェ門
中村彦左ェ門
野崎伊三郎
吉田次郎吉
御目見醫師貳人
御弓打壹人
御鎗師壹人
御研師壹人
御著込師壹人
御鉄砲金具師壹人
御船方三拾人程
天野勘兵衛

本多忠左ェ門
御籏同心
市川分左ェ門
間島万次郎
甲賀之者三人
御弦差壹人
御矢師壹人
御具足師壹人
御ゝ師壹人
仝臺師壹人
野村伴左ェ門

小瀬新太郎　　林　五郎四郎

横井右近　　三村圓澄

三松平上総介御附属出張被命

御先手次席
講武所劍術師範役並
松平上総介

内願之趣モ有之ニ付毛利大膳父子始追討爲総督尾張前大納言殿被出張ル節附属出張被　仰付ル間御同人人數ニ加リ可被勵忠勤ル依之講武所劍術師範役並被成　御免ル

九月

(朱書)上総介ハ三州長澤住居松平源七郎嫡也
先祖ハ東照宮御六男越後少將忠輝公原敬樣御兄弟

四征長全權御授ケ等之儀御伺

九月廿三日

一閣老衆ゟ左之趣　御直書ヲ以被　仰遣之

兼々蒙

台命候總督之義ニ付テハ其節之歎願仕置候儀ニテ既ニ乍病中是迄及出張候程之儀ニ有之毛頭遷延之私意モ無之候得共却テ御不爲之場ニ陷リ候テハ以ノ外ノ儀ニ付不顧恐懼申立候儀ニ有之候右ニ付テハ御否如何哉ト日夜奉待候処猶只管早行筋再三之御催促ヲ蒙リ候段深奉恐入候得共斯重大之任職ヲ容易ニ相心得聢ト定策ヲモ不奉伺輕卒ニ及上陳候而ハ甚不安心之次第ニ有之候付再應之申立ニ相成高聽ヲ煩シ奉リ候段ハ甚不堪畏憚候ヘ共無餘儀右之次第ニ相運ヒ候段深ク御憐恕可被下候付テハ無據存慮不決之樣奉伺候早速御否被　仰出候樣仕度奉存候事

但本文伺書之儀稲葉美濃守迄差出置候事

九月廿三日

一右ニ付左之趣稲葉美濃守殿へ御達

征長総督之儀ハ誠ニ大任ニ有之何分不才抱痾加之事情ニモ不精ル間

輕易ニ御請申上　御國家ヲ誤候テハ其罪莫大故再三　御直裁之儀奉

願ル処取頻被

仰下ルニ付テハ最早彼是ハ決テ不申上至愚ヲ忘レ御請申上専為

御國家心力ヲ尽シ聊

御恩ニ奉報度就夫申上兼ル得共右ハ重大至極之任ニ付十分之御權柄

御授被下候半テハ號令難行届儀ト奉存ル依テ左之條々御許容被下ル

樣仕度御否次第速ニ取懸ル樣可仕心得之事

一征長ニ付テハ全權御授之事

長州ヘ属シ候最初ヨリノ手續幷今日迄之情態委細ニ爲御知之事

一攻撃之遲速進退其外方略等之儀者事ニ臨無餘儀機會モ可有之ハ間都テ便宜ヲ以取計申ハ心得之事

一追討御用蒙リ候諸大名差當難澁之筋ヨリ氣辺ニ觸ハテハ御鉾先ニモ關リ可申ト深心配仕ハ付妻子江戸住居之儀當分御猶豫之事

但弊藩之儀者右ニ不拘罷下可申事

右樣全權御授被下ハハヽ自然外見之姿幕威相分レハ樣ニ相見ハ嫌疑ヲ招可申哉ト誠ニ恐懼心痛至極之譯ニ付最前ヨリ幾重ニモ御直裁御隨從尽力之儀御威德御中興之爲萬々懇願申上來ハ次第ニハ此意味深ク御恕察御憐考之程伏テ奉希ハ事

九月

一旅館之都合ニヨリ大坂

御城暫拜借仕候儀モ可有之事

一蒸氣船附屬共両三艘爲豫備拜借奉願候事

一粮米用金幷秣之儀無據差支候節ハ拜借奉願候事

十月十一日

右ニ付稲葉美濃守殿ヲ以左之通御指揮有之候

初ヶ條之趣ハ征長総督之御儀ニ付素ヨリ全權之御任ニ被在之候得共被仰立候趣亦御尤ニ付猶又改テ御判物被成置候間副將以下都テ十分御指揮被在之候樣被　仰出候尤

（朱書）十月廿二日ニ記シアリ
御判物ハ御使番持參之事ニ候

但長州ヘ屬シ候最初ヨリ之手續幷今日マテノ情態等前々書付ヲ以テ申達置候品モ有之候得共其外之事件ハ委細美濃守豐後守ヘ御尋可被成候

二ヶ條之趣ハ御書面之通被成候樣ニトノ御事候
三ヶ條御尤之筋ニ候得共自然外々ヘモ指響候間難相整筋ニ候乍去實
ニ無餘儀分ハ暫時御猶豫被成下候儀者不苦候間不得止事情申立候節
ハ其趣ニ御取計被在之候樣ニトノ御事候
大坂御城御旅館ニ被成候儀御差支無之候間一時御旅館ニ被成候樣被
仰出候最右之趣松平伊豆守ヘ相達置候
一蒸氣船御拜借之儀御軍艦奉行ヘ相達置候間勝安房守攝州神戸表ニ罷
在候間同人ヘ被仰入御差支無之御船々ハ御借受被成不苦候
一粮米等御差支之節御拜借被成度旨者其筋ヘ相達置候間御入用之節ハ
大坂町奉行幷其最寄之御代官等ヘ可被仰入候事

五征長御總督ニ付御召之陣羽織御采配被進

九月廿三日爲

上使稲葉美濃守殿参上之節被　仰出候趣今般長防攻口之割合夫々被　仰出候得共御出張ノ上敵之動靜ニヨリ攻口等御改被成候儀ハ勿論臨機御取扱等御存慮次第十分ニ御指揮被在候様ニト被　仰出候

尾張前大納言殿

今度松平大膳大夫追討被
仰付候諸大名之惣督御心得被在之候様被
仰出候付テ者何角御配慮可被在之ト御大儀被思召候依之
御召之御陣羽織幷御采配被遣

九月廿三日著　九月十三日出

六長防繪圖面御貸渡

元千代殿家老衆江

周防長門國繪圖面御貸渡相成候間　前大納言殿御手許江早々指上候様可

被取計ル尤毛利大膳父子初追討相濟ルハヽ御返上可被成旨被申越ル事

七万事御委任ニ付御進發ニ不拘御征伐之台命

九月廿六日閣老ヨリ渡辺半九郎ヘ御

尾張殿家老衆ゟ　（朱書）十月四日半九郎京都到著

今般毛利大膳父子始追討爲惣督御發途之処御病中等ニテ御心配且國家之御大事御懸念之段等委細達　御聽ル処朝敵之征伐寸間モ猶豫有之候テハ被對京師如何ニモ御不都合ニ有之方今追討之諸藩勇奮之折柄遲延ニヲヨヒ候はヽ自然士氣モ挫ケ隨テ勦滅之功遲ク相成其上脱走之者出來ル樣ニテハ後患モ殘ル儀ニ付右等之趣厚御心得御病中御心勞之儀ニハル得共追討之諸家ニ御先立被成ル御心得ヲ以テ御家來共ヘモ嚴令ヲ被下且追討之儀ハ万事御委任之事ニ付御進發ニ不拘聊無御斟酌急速御誅滅被成ル樣被　仰出ル間此段可被申上

候事

同節

閣老水野和泉守初ヨリ御請

但九月七日御直書之御返書也

御書被下拜見仕候追日冷氣相募候へ共益御勇健被爲在珍重之御儀奉存候陳ハ今般長州討手之總督被蒙　仰候ニ付過日被仰下候御書中之趣逐一謹承仕候仰入候　思召モ御尤ニ存上候へ共今更此機ニ望ミ候処ニテ御辭退ト被爲在候テハ則國家之御大事可申上樣モ無之ト心配仕候処格別之御憤發御病苦モ被爲侵候テ御出馬之儀一統感服難有奉存御請モ申上候処又々此度從御旅中以御書御總督之儀ニ付委曲御配慮之件々被仰下殊御所勞中ニモ被爲在候御中ト深國家之爲ニ一方不成御心配被爲在候御旨ハ至極難有御事奉存上候得共右樣ニ追日御遠慮等爲被在被仰下候御事ニテハ乍憚御一分之御忠告ハ達候得共往復

之間旬余日ヲ經候ヘハ其内ニハ失機會候而已ニ無之時勢之程申上候迄無御座御明察モ被爲在通ニ御座候ヘハ此何樣意外無量之大事起候モ難測其節ニ至候テハ御後悔被遊候共乍憚其大患ハ如何思召候哉難申上事ニ御座候ヘ共尊体ヲ被爲捨候共御申聞之廉ニハ相成間敷奉存候只今一朝事ヲ被爲過候共何條深及御心配ト申儀可有之トハ不奉存候只寸刻モ早ク長州ヘ被爲向諸藩ヘ御指揮被爲在度申上候ハ此程モ申上候通リ御進發ノ御手配弥以日增御整相成候ヘ共御軍勢何レモ以万可量奉存候間自然機會ニ後候時ハ國家之御大事言語同斷申上樣モ無御坐候依之彼是ノ御遠慮被遊候時ニハ有御座間敷兎ニ角諸藩之攻懸十分ニ無之共勇氣不撓候樣御出馬被爲在夫々御指揮肝要之御儀ニ奉存候殊ニ再々被仰達候処之思召通リ御許容相成候テハ此上諸藩之總督　台命ニ任セ御請可申上候哉此辺篤ト御明察不被爲在節ハ百事瓦解可仕中々當今ニ至リテ御遠慮之程被仰立候御場合トハ不奉存上

候間取急御請早〻奉申上候恐惶謹言

九月廿六日

諏訪因幡守

松平伯耆守

牧野備前守

水野和泉守

前大納言様

前項御委任御書付ハ執政渡辺半九郎御呼出ニテ被達閣老トノ御請書ハ忠雄へ被相渡懇々演説有之候付渡辺執政同行九月廿八日江戸發十月四日京著智恩院御旅館ニテ拜謁申上候事

御委任御請

毛利大膳家來共兵器ヲ以奉刧

朝廷不屆至極ニ付速ニ御征伐被成候付テ諸大名ニ追討被　仰付候依之前大納言殿ニハ今般被仰付候諸藩之總督被心得諸事可被致指揮旨

尤松平越前守副將被　仰付候間被申合早〻追伐可有之旨被　仰出其
後
朝廷之御征伐寸間モ御猶豫有之候テハ被對京師如何ニモ御不都合ニ
有之且追討之儀ハ万事御委任之事ニ候旨等追〻
上意之趣御達御座候右者不容易大任之儀其上未タ所勞中ニハ被在之
候ヘトモ再應厚被　仰出候儀ニモ御座候付
上意之趣被奉畏候依之以私御請申上候
十月
毛利大膳父子御征伐ニ付前大納言殿總督被　仰出候御請被申上方之
儀此程家老代渡辺半九郎江別段御達之趣被致承知御懇之次第辱被奉
存候依之
上意之趣別紙ヲ以テ御受被申上候就夫先月下旬稻葉美濃守方ヘ委細
被相達置候趣御坐候付御差圖且御軍令條到來次第弥可被取懸候間早

ゝ御差圖軍令條御達御坐候樣被致度依之被申達候
十月

八坂城於テ御軍議可有之ニ付諸藩へ御達
十月六日討手之諸藩へ相達之演說書
前大納言殿儀毛利大膳父子御征伐ニ付打手之総督被相心得諸事可被致指揮旨被
仰出候付追ゝ爰許發途大阪表へ被相達軍議可被致候間諸藩家老衆來ル廿日迄ニ右表へ罷出候樣可被致候勿論近國之諸侯ハ都合次第自身被罷出候樣被致度且右期日迄ニ國許ヨリ難相越向ハ在京重役之內國事ニ關リ候者可被差出事
十月
（朱書）
御用人ヨリ演達

一旌旗小印等之圖面夫々被差出候樣致度事
一軍兵之総數陪卒迄之人數共承知致度事
一重役幷　　々之長姓名承知イタシ度事
一出張之道路幷御國元ヨリ防長迄之里程承知致度事
一御國許出張ヨリ著到迄ハ行程幾日程之日積ニ候哉承知致度事
一軍令ハ關東ヨリ著次第可相達事
一前大納言殿著陣之場所ハ藝州廣島ニ候事
一諸軍敵境著到之地
附著到之日限
坂口仕寄之日限
右者大坂表軍議之上可相達事
十月七日

九粮秣等手配之儀稲葉閣老へ御達

今度毛利大膳父子始御征代《伐カ》ニ付爲惣督前大納言殿事被致出張候付テハ粮秣等之儀ハ夫々手配被致候儀ニハ候得共猶更手支無之様於　公辺御所置有之様被致度且討手諸侯之内ニハ運送不弁理之向モ可有之候間右之面々粮秣等之儀モ兼テ御配慮有之様被致度被存候就夫懸リ之御勘定奉行等早々爲御呼登之上急速御手配有之様被致度依之被申達候

十月

十月八日著　十月三日出

立花飛騨守海路萩へ攻懸候様被　仰出置候処下関ヨリ府中へ攻寄候様御達出ル

尾張殿家老衆へ

立花飛騨守

毛利大膳父子始追討被
仰出海路萩へ攻掛候様相達置候処海路下ノ關ヨリ府中清末夫ヨリ山口へ攻寄候様被　仰出候間可被得其意候尤細川越中守小笠原左京大夫奥平大膳大夫小笠原近江守小笠原幸松丸へ二番手松平美濃守松平肥前守へ二之手小笠原佐渡守へ二之手ノ援兵被　仰付置候間其方ニハ美濃守肥前守同様相心得追討之面々申合速ニ誅滅可被致候
右之通相達候間其段可被申上候事

十月十日

十一西筋動靜迅速通知方大阪御城代へ御達

前大納言殿事征長総督被蒙
仰候付而ハ西國筋動靜ハ軍機ニモ相關リ別テ長防之情態ハ聊之儀ニテモ必承知被致度此段厚御探索節々迅速ニ爲御知有之様被致度依被申達候

十月

十二追討申渡之爲戸川鉾三郎藝地へ出張之命十日稲葉閣老へ御達
有之

毛利大膳御追討之御主意申渡之儀大目付御目付之内壹人藝州廣島表へ出張申渡筈右者來十五日前大納言殿大阪表へ出立之同日御目付戸川鉾三郎京都出立廣島へ相越申渡有之様被致度依之被申達ル

同十三日右ニ付

御宿陣へ戸川鉾三郎呼出左之申渡書付相渡ス

毛利大膳儀兼而禁入京ル処陪臣福原越後ヲ以名ハ歎願ニ托シ其實強訴國司信濃益田右衛門介等追々差出ル処以寛大仁恕雖扱之更ニ　悔悟之意言ヲ左右ニ寄セ不容易意趣ヲ含既ニ自ラ兵端ヲ開對
禁闕發砲ル條其罪不輕加之父子黒印之軍令條授國司信濃由全軍謀顯然候

旁防長ヘ押寄速ニ可追討旨從
御所被　仰出候付總督尾張前大納言副將松平越前守奉
朝廷幕府命帥諸軍長門周防ヘ相向可正其罪者也
　子十月
　　　十三副將松平越前守九州ヘ出張之命
　　十月十日稻葉閣老ヨリ達有之
別紙之通松平越前守ヘ相達候間此段可被申上候事
寫
　　　　　　　　　　　　松平越前守
毛利大膳父子始追討ニ付其方儀者九州ヘ出張候樣可被致候
　十月十三日右ニ付左之通御達有之
松平越前守小倉表在陣之儀前大納言殿ヘ相達候処存寄不爲在之候尤臨機

進入之心得ハ可有之事ト被存候此段申達候樣被申付候
十月
十月十一日
十四
一討手之面々十一月十一日迄ニ著到之地へ參著可有之旨諸藩在京之家來
へ相達候
十五追討御委任之御黑印御使番持參
長防追討之儀其許ニ致委任候條副將以下諸藩之面々指揮被相加軍事之儀
大小トモ機宜見計便宜ノ処置有之速ニ被遂成功候樣可致モノ也
元治元年十月四日　御黑印
右ハ御使番德山五兵衛十月十日京都へ持參稻葉閣老へ被差上

十月十一日

十六御軍令條御渡方御催促稻葉閣老へ

御軍令條之儀早速御渡御座候樣江戸表ォイテ被申達置候処今以御否無御座候然処前大納言殿來ル十五日下阪直ニ軍議ニ被取懸候手順ニ付先々別紙之通調試被申候間急飛ヲ以御伺之上御否有之樣被致度被存候尤來ル十九日迄ニ御否無之候ハヽ最早猶豫難仕候付右調之通被仰出候振ニ心得諸藩へ相示候樣被致候テ可有御座候是等之趣差急被申達候

十月

條々

一諸將之一和第一之事

一諸軍一二之次第不可乱事

一敵地タリトモ乱妨停止之事

附猥ニ田畑ヲ荒シ放火致間敷事
一軍門ニ降ヲ乞ルハヽ備ヲ嚴ニシ速ニ可申達事
附生捕之者私ニ不可殺事
一時之使トシテ如何樣ノ者遣ハストモ雖モ不可違背ル事
右條々若於違背ハ以軍律可相糺候事
十月

十月十二日
十七軍艦引渡方勝房州へ御達
前大納言殿出張ニ付蒸氣船拜借之儀被申立ル処御軍艦奉行へ相達置ル間御差支無之御船々ハ御借受被申不苦旨稻葉美濃守殿ヨリ御達御座ルニ付テハ御差支無之御船々附属器械蒸氣用石炭且水夫共悉皆全備御引渡相成ル樣致度其筋之者被差出ル尤委細ハ差向ル者ヨリ可及御懸合ル間宜御取扱

有之度此段申達候樣家老共申候

十月

十月十七日

右ハ兼テ幕命有之処神戸ニ無之旨ニ付江戸へ被仰遣候上大江丸ト

外一艘御貸渡之儀達

前大納言殿出張ニ付蒸氣船拜借之儀被申立候処御軍艦奉行ゟ御達被置候

間勝安房守攝州神戸表ニ罷在候間同人へ被申入御差支無之御船々ハ御借

受被申不苦旨御達御座候付不取敢役筋之者右表へ指向引渡方之義安房守

へ爲及懸合候処此節兵庫表ニ蒸氣船滯泊無之其内觀光丸御船滯在候得共

御修復中ニ有之引渡可相成御軍艦無之旨安房守申聞候然処前大納言殿事

去十五日大阪表へ出張被致候付不日西筋發向可被致手配ニ被在之候処蒸

氣船御引渡無之而ハ航海差支万端手筈相違致自然出張及遲延可申ト心配

被致候付テハ蒸氣船貳隻迅速浪華港へ爲御乘廻御引渡相成候樣被致度被

存候此段申達候樣被申付越候

十月

(朱書)
十月廿九日夕水野閣老ヨリ御差圖有之十一月十六日廣島へ申來

書面之趣ハ大江丸御船幷順動丸翔鶴丸御船之内一艘御貸渡可相成候

尤大江丸之儀ハ此節攝海へ乘廻シ外壹艘ハ御所モ有之事故御修復出

來次第相廻候筈ニ付其段可申越候

(朱書)
大江丸藝州宇和島へ十一月十八日著帆受取相濟

十月十二日

十八御參内　御太刀　御馬ヲ賜リ士氣引立候樣御沙汰

不日御發向ニ付本日御參内之処拜

龍顏

天盃御頂戴且
御太刀一腰寮　御馬一疋　御拜領之上左之
勅命有之
大樹前軍総督發向之上諸藩士氣引立弥尽力可有之　御沙汰ル事
尾張前大納言

十月十三日
十九軍目付之儀軍議ニ關係之命
但稲葉閣老ヲ以軍目付ヒ御達
軍目付之面々軍議關係ニ不及旨江戸表ォイテ相達ル趣ニハル得共左ルテハ不都合之次第モ有之ル間以來軍議關係イタシル様尾張前大納言殿ヨリ
別紙之通御沙汰有之ル間此段相達ル可被得其意ル事
監軍心得

將領軍配之是非吏士功勞之等第《次カ》ヲ監察シ且軍議不决之事有之時ニハ關係
イタシ相計候事

十月十三日

二十毛利家老兩人藝地へ罷出候命

一毛利大膳家老之者兩人御用有之候間來ル廿三日迄ニ廣島へ罷出候樣可
申渡旨松平安藝守ニ早速達方之儀今夕稻葉美濃守殿參上之節御達相成

十月十三日

廿一伊達遠江守ヨリ毛利父子官位之儀申出

但稻葉美濃守ヨリ差出ス

毛利大膳父子官位幷
御一字御稱號共被　召放候ニ付其旨遠江守ヨリ申通候樣御沙汰之趣御坐

候ニ付早速在所表へ早便差立候処道中所々川留ニテ數日相滯備後尾ノ道ヨリ四國へ渡海之節モ相滯漸九月十五日在所へ相屆候ニ付同十七日使者差立防州へ渡海爲仕候処其節海上風立何分渡海難相成同廿一日ニ漸出帆仕候処同廿三日防州之内粭島ト申所ニテ難風ニ逢ヒ難船仕乘組罷在候処両艘共破船仕乘組之面々ハ漸助命ハ仕候得共使者等相勤候儀モ難出來ニ付同所ヨリ一先引返シ十月二日罷帰候ニ付又々同五日使者差立候ニ付天氣次第渡海仕申通候様可相至候へ共前顯之次第ニテ申通方延引ニ相成甚心配仕候ニ付右無餘儀次第ハ御含置被下度無急度申上置候様在所表ヨリ申付越候

十月十三日

廿二紀伊殿御後備之外ニ一手之人數被差向候件

尾張殿家老衆へ

御進發之節紀伊殿ニハ御旗本之御後備被　仰出候ニ付右御人數之外一手之少人數彼地へ被差向臨時之御用被相勤候樣被成度旨被　仰立候処御許容相成石州路之方へ早々御人數御指向委細尾張前大納言殿へ被　仰達候樣相達候間其段前大納言殿へ可被申上候事

十月十四日稻葉閣老ヨリ達シ

廿三御一戰之御左右次第大樹公御進發之台命

尾張前大納言殿

毛利大膳父子御征伐之儀ハ兼テ被仰出候通御急務之事ニ付御遲延相成候テハ　御所へ被爲對被　仰譯モ無之既ニ　御進發御用意等モ最早相整居即今　御發途可被遊

思召ニ候へ共一戰之御左右モ無之候ニ御輕卒ニ　御進發ハ難被遊右攻懸之御一左右次第速ニ　御發途可被遊

思召ニ付右之御注進ヲ被爲待レ御儀ニレ間急速御出張討手之面々へ御指
揮被在之攻懸之次第迅速被・仰上レ様ニトノ
上意ニ候

督府征長紀事

三

一十月十五日

一前大納言樣今日京都御發駕伏見ヨリ淀川通御乘船同日夕大坂　御著座相成候事

十月十六日

二長防征伐ニ付三社御祈被仰出候儀

朝命

尾張前大納言

今般長防征伐發向ニ付先達三社御祈モ被仰出候儀討手ノ諸藩愈以勵士氣人心一途可有盡力更被　仰出候事

但此旨早々討手ノ諸藩ヘ可有布告候尤關東ヘ

御沙汰被爲在候處急速ノ儀ニ付總督ヘ直被達候事

十月十六日
三大膳家老両人來ル廿三日迄ニ廣島ヘ著ノ事

毛利大膳家老両人來ル廿三日迄ニ藝州廣島ヱ參著イタシ候樣安藝守家來在京ノ者ヱ一昨十四日夕美濃守殿ヨリ被仰渡候事

一右ニ付御目付衆蒸氣船ニ而廿三日迄ニ廣島ヱ御參著ノ事

一蒸氣船ノ儀ハ勝安房守ヘ掛合可申候事

右書付戸川伴三郎ヘ御直ニ御渡被遊候事

十月十八日
四伊達遠江守ヨリ人質取置長防ヘ乘入レ儀御聞屆

一伊達遠江守家來松根圖書儀毛利淡路ヨリ遠江守ヘ差越候書狀持參差出候付左ノ通御達

淡路ニオイテ是迄侵セル罪モナク幷弥歸順ノ儀無相違候ハヽ追而恩

免ノ儀ハ幾重ニモ盡力スヘク候間人質ヲ取置長防ヘ乘入候義承置候
督府

十月廿日
五海路萩ヱ出張ノ軍目付軍艦無之旨御達

軍目付天野民七郎平野金左衞門內藤平八郎儀今般毛利大膳御征伐ニ付海路萩ヨリ山口ヱ攻寄候面々ヘ指添被遣候付御軍艦拜借ノ儀申上候處御軍艦奉行可談旨被仰渡候付勝安房守ヘ申談候處此節兵庫表ニ御軍艦滯在無之其內觀光丸御船ハ當時御修復中ニテ航海難間合旨申聞候然ル処萩攻口ノ儀西北海ニ付普通ノ船ニテハ航海無覺束差向軍期ニ外レ候程難計旨ニ而前大納言殿ヱ伺出候樣有之候右ハ軍目付ノ儀ハ總督ヲヱテ關係無之歟ニ候得共御軍艦無之西北海ノ航海無覺束自然著到遲延軍期外レ候而ハ諸隊軍功ノ有無モ難相分討手ノ面々ヲヱテモ迷惑ノ次第ニ可有之監軍無之候而ハ一軍勇氣ノ弛張ニ關係セシメ難被捨置候付而ハ蒸氣御軍艦ノ義當

時江戸海ニ御繋相成居候哉ニモ承知被致候間民七郎初萩攻口へ被遣候軍目付ノ面々航海出來候堅牢ノ御船壹隻迅速浪華港へ爲御乘廻ノ上御貸渡相成候樣被致度此儀不被行屆候ハヽ萩口海路軍功ノ有無ハ不相分如何ナル御用缺ニ可相成哉モ難計候間是等ノ趣早急申達候樣被申付候

十月

右節兼而御達相成候軍艦ノ儀モ御催促萩攻口へ被差向候軍目付ノ面々航海出來可致御軍艦爲御乘廻ノ儀別紙ニ被申達候就夫今度前大納言殿出張ニ付蒸氣御軍艦貳隻迅速御引渡ノ儀過日被申達置候処是又未相廻出張手筈違ヒ可相成ト心配ノ至被存候間別紙ニ被申達候軍目付へ御渡ノ御軍艦同節右貳隻ノ儀モ引連浪華港へ乘廻御引渡有之樣被致度差急申達候樣被申付候

十月

（朱書）右ニ付十一月十日美濃守殿ヨリ御達有之

長防御追討ニ付前大納言殿ヱ御貸渡可相成御船貳艘幷海路萩ヨリ山口ヱ相向候軍目付ヱ御遣候處一躰御船數少ノ折柄損所等有之指向御貸渡相成候御船ハ大江丸ノミニテ其餘翔鶴丸順動丸トモ損所有之尤右兩艘ノ内壹艘急速御修復出來ノ方御貸渡相成候筈ニ候大江丸ハ此程御貸渡ノ積ニ而最早出帆相成候由御船繰前文ノ次第ニ付軍目付ヘ御貸渡相成可ク御船無之候間右兩艘ノ内前大納言殿思召ヲ以軍目付ヘ壹艘御貸渡相成候義ハ御都合次第ノ事ニ候旨江戸表ヨリ申越候間其段前大納言殿ヘ可被申上候事

十月廿日
六九州諸藩攻口ノ儀越前ヘ御達

九州諸侯攻口仕寄ノ次序越前守殿御手前ニオイテ攻口一手ノ面々ト豫御議論可有之儀ト被存候事

十月二十日
七石州口諸藩攻口ノ儀松平三河守ヘ達

石州路ヨリ攻入候諸侯攻口仕寄ノ次第三河守殿御手前ニオイテ攻口一手ノ面々ト豫御議論可有之儀ト被存候事

(朱書)右ニ付議論之趣左之通十月廿二日申來ル

石州路ヨリ討手ノ面々攻口長州石州境野坂峠ヨリ仕寄候見込著到割左之通

右人數津和野城下へ屯集ノ積ニ御座候　龜井隱岐守

右人數石州青原　橫田　益田　津田迄ニ屯集ノ積ニ御座候　松平右近將監

右人數石州三隅ヨリ太田辺迄ニ屯集ノ積ニ御座候　松平相模守

右人數雲州口田儀ヨリ松江迄ニ屯集ノ積ニ御座候　松平出羽守

有馬遠江守
松平佐渡守
松平主計頭
右人數雲州松江ヨリ吉佐迄ニ屯集ノ積ニ御座候
松平三河守
右人數伯州米子ヘ屯集ノ積リニ御座候
以上
十月廿日
八海路下之關攻口小笠原佐渡守ヘ達
小笠原佐渡守
海路下ノ關ヨリ長府清末攻落山口ヘ打向候貳ノ手松平美濃守初ヘノ應援被
仰付置候處小笠原左京大夫小笠原近江守小笠原幸松丸ト一手ニ罷成細川

越中守奥平大膳大夫ヨリ先立可被相向候

十月

十月廿二日

九 薩州勢上ノ關邊ヨリ攻擊ノ儀上申候付追而可相達旨申談

上之關ノ儀諸藩攻口モ無御座諸方ノ通船第一ノ繫場御座候處近來通船差塞旅人ノ上陸ヲ抑ヘ臺場等相備萩表ノ由守衛ノ人數ヲモ差出置タルヨシ御座候得ハ德山辺ヘ攻懸ノ諸軍煩ヒニモ可相成哉ト奉存候付京都詰有合ノ人數ヲ以海路ヨリ上之關辺ヘ暫陣ヲ扣諸船ノ通路ヲ開候テ馬關ヘ相廻國兵ト合シ其上萩口ヘ乘込候手順ニ御座候間此段弘《預カ》斷申上置候以上

十月廿二日　　松平修理大夫內
大島吉之助

十月廿二日

十 大坂城於テ御軍議ノ事 但來月十八日攻懸ノ事

御次第

今日五時ノ御供揃ニ而
前大納言樣御登
城御衣服御羽織副將大目付軍目付御使番松平上總介其外討手ノ諸侯家老等五時
登　城
但副將初登　城ノ儀前日御用人ヨリ夫々ヘ爲相達候事
一副將始軍議ノ席ヱ著座ノ上一印ノ通
御意有之
前大納言樣出御年寄中罷出
御上段ノ間ニ備有之候
御軍令廣蓋ノ儘大目付ノ前ニ差置復座
御軍令被致承知候樣副將初ヘ
御意有之則大目付

御軍令讀上ノ相濟而年寄中罷出
御軍令廣蓋ノ儘最前ノ所ヘ相備復座否御用人夫々ヘ被下候
御軍令廣蓋ニ載セ持出二ノ間ノ境ニ差置退座大目付少シ座ヲ進
御軍令受取候樣
御意之時諸藩家老等廣蓋ノ前ヘ進
御軍令銘々頂戴退座大目付復座御用人廣蓋引ノ畢テ御使番退座否副將
ヘノ　御軍令持出
前大納言樣御前ニ置退座御挨拶ノ上副將座ヲ進頂戴
一海陸攻口一手ツヽ諸侯家老等ニ御使番指添出席否前大納言樣二ノ間境
ヘ御座ヲ被爲移副將ニモ座ヲ被移大目付ニハ二ノ間ヘ進于時　御軍議
畢而御使番諸藩家老等退座順ノ攻口一方ツヽ出席御軍議ノ次第右同斷
畢而
前大納言樣御始一統退座

一御参　内ノ節御頂戴ノ御書面幷於（朱書）十月十三日ノ記ニ見
御所御祈被　仰付候旨ノ御書付且（朱書）十月十七日ノ記ニ見
御墨印　御上段ノ間ニ備置宜段副將始ヘ相達如最前副將大目付御使番
松平上総介諸藩家老等出席否前大納言様御出席二印ノ通御意有之引次
右御書付類拜見可致旨副將初ヘ御達御退座否年寄中罷出御書付類拔キ
副將始ヘ可有拜見旨及演達復座順々拜見ノ上退座
一御所ヨリ被　仰出候御書付初三印督府ノ印形幷旗小印ノ圖四印制札ノ
寫
御出張御日限　御泊割ノ書付年寄中ヨリ副將始諸藩ヘ相達之
御軍議御席圖

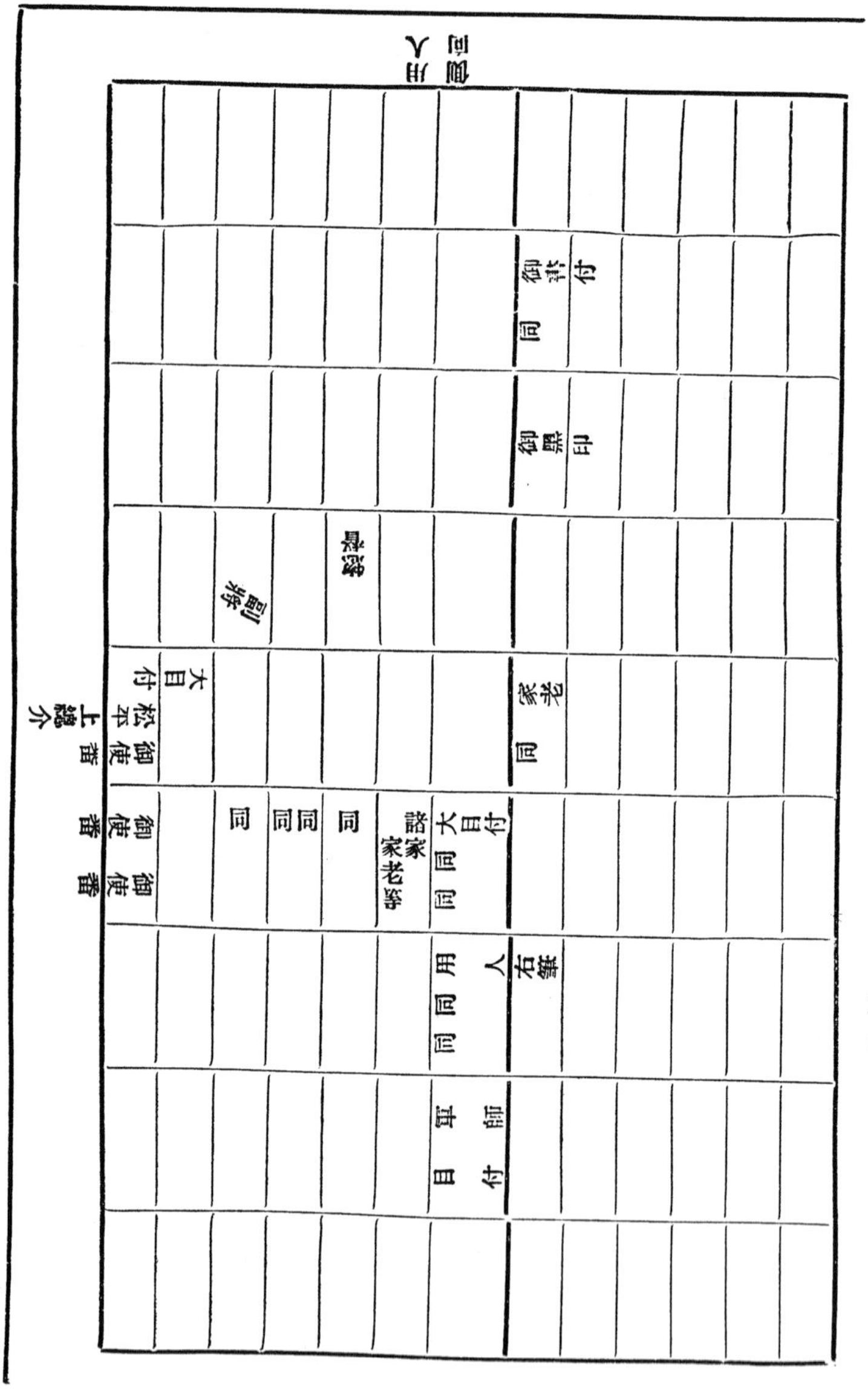
側用人
總督
副将
大目付
松平上總介
御使番
御使番
御使番
諸家家老等

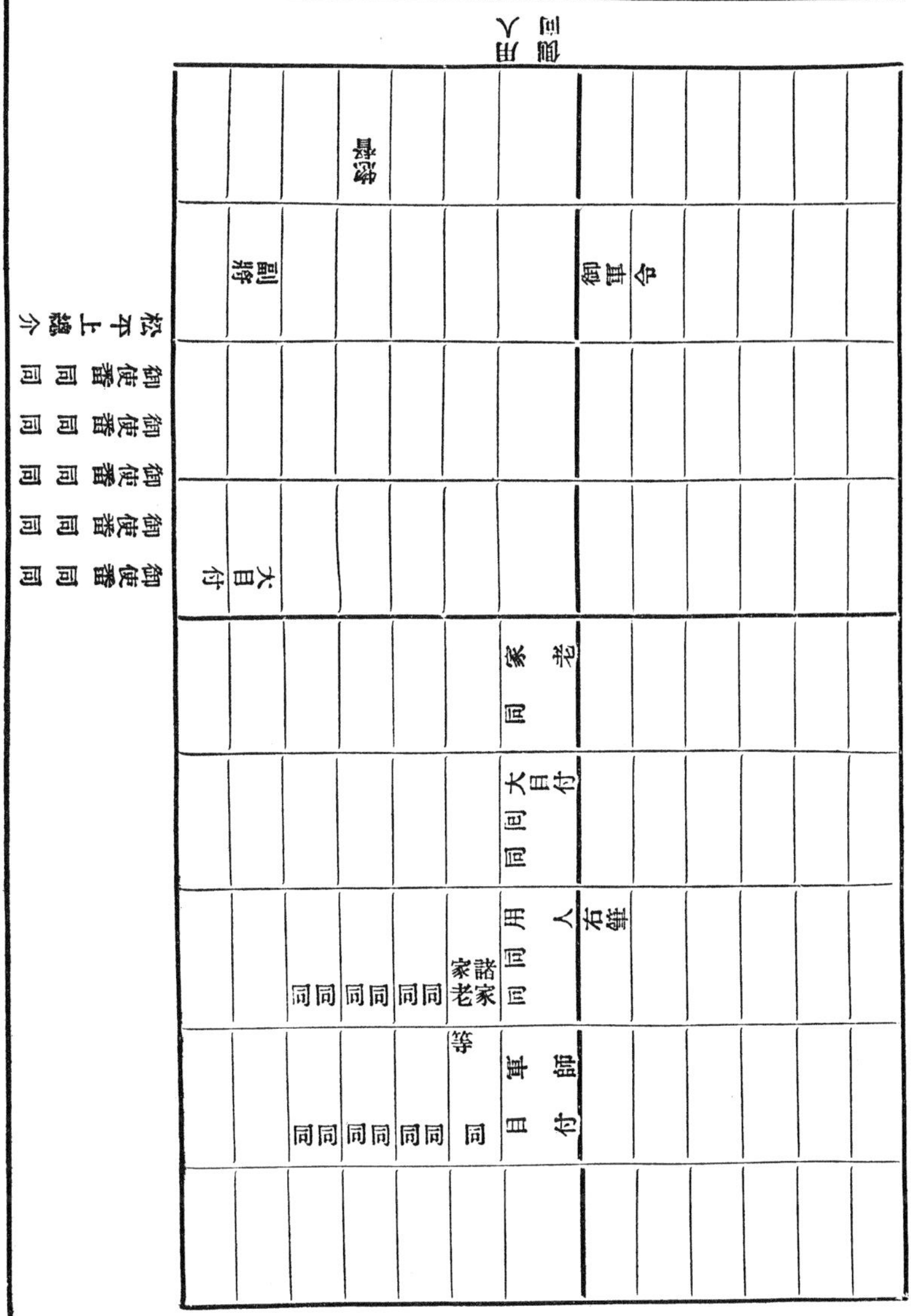
副將
大目付
松平上總介
御使番
御使番
御使番
御使番
御使番
家老
大目付
用人
諸家家老等
目付

御軍議ノ節

御城へ罷出候諸藩幷ニ家老等名前

松平越前守

松平阿波守 福島直之進

松平相模守 荒尾駿河

林善八

細川越中守 中澤廣江

小笠原一學

堀江徳次

道家角右衛門

松平備前守 日置數馬

松平上總介

松平美濃守 大音兵部

東郷吉作

松平三河守 安藤要人

海老原極人

有馬中務大夫 吉田彦次郎

差添 吉田慰平

松平出羽守 大橋筑後

同道 廣瀬助左衛門

松平讃岐守 堀　多仲
久保田文助
由布安藝
矢島助兵衛
宮川登三郎
松平修理大夫 大島吉之助
吉井幸輔
伊達遠江守 松根圖書
岡野助左衛門
亀井隠岐守 多胡兎波
渡邊儀右衛門
福原權藏
小笠原左京大夫 喜多村脩藏

松平隠岐守 佐治原五右衛門
佐治齋宮
松平安藝守 石井修理
三宅万太夫
松平右近將監 岡村源次郎
松平肥前守 中島弥太夫
中野數馬
板倉周防守 金子外記
辻七郎左衛門
奥平大膳大夫 須田五郎右衛門

樋尾林助
有馬遠江守 有馬四郎左衛門
松平主殿頭 松平左京
脇坂淡路守 脇坂縫殿助
脇坂覺兵衛
高木佐野右衛門
松平佐渡守 今村左太夫
今村文之助
岡田直之助
本多肥後守 武間四郎右衛門
同 源次左衛門
松平主計頭 雨森鎌三郎

阿部主計頭 內藤角右衛門
大林金左衛門
小笠原佐渡守 山田直輔
松平壹岐守 佐々木要
佐々木平左衛門
戶村豐
板倉攝津守 森岡喜多右衛門
差添 津久井善助
小笠原近江守 喜多村增藏
小笠原幸松丸 喜多村增藏

一御意振
不肖ノ此方過分ノ大任ヲ蒙實ニ心配ヲ致ス此上ハ諸藩ノ力ヲ頼ムヨリ外無之候此度ノ儀ハ公武ノ命素ヨリノ事訳而粉骨ヲ被致ヨ此方ォイテ年來ノ御報恩爰ニ盡ス間諸藩ヘ此段約シ置

(朱書)十月十九日御目付介御使番曲淵鉄之助大坂御宿陣ヘ持參

御軍令

條々

一今度毛利大膳爲征伐進發ニ付旗下幷諸軍勢万事相愼不作法ノ儀無之様下々ニ至迄入念可申付事

一喧嘩口論堅令停止之若違背ノ輩有之ォヘテハ理非ヲ論セス双方成敗スヘシ或ハ親類縁者ノ因ヲ存シ或ハ傍輩知音ノ好ニヨリ荷擔ノ族是アル

ニ於テハ其科本人ヨリ重カルヘキノ旨急度是ヲ申付ヘク自然用捨セシムルニ於テハ後日相聞ユルトイヘトモ其主人重科タルヘキ事

一軍中相討堅禁制タルヘシ若止事ヲ得ス相討スル時ハ慥ナル證人ヲ立可申候事

一先手ヲ差越仮令高名セシムルトイヘトモ軍法ニ背ク上ハ重科ニ処スヘキ事

但先手ヘ相斷スシテ物見ニ出ヘカラサル事

一子細ナクシテ他ノ備ヘ相交ル輩於有之ハ武具馬具トモニ是ヲトルヘシ若其主人異儀ニ及ハヽ可為曲事事

一人數押ノ時不可脇道ノ旨堅可申付若猥通輩ハ曲事タルヘキ事

一地形又ハ敵ノ機ニ應シ時宜ノ指揮可有之間此旨兼而可心得事

一降人生捕候ハ猥不可殺害事

一諸事奉行人ノ申旨不可違背事

一時々使トシテ如何様ノ者差遣ストイヘトモ不可違背事
一持鎗持筒ハ可為軍役ノ外長柄差置キ持スヘカラサル事
但長柄ノ外モタスルニオヘテハ主人馬廻リ壹本タルヘキ事
一陣中ニオヘテ馬ヲ取放スヘカラサル事
一田畑作毛ヲ苅取或ハ竹木切取ル事堅令停止
附押買狼藉スヘカラス若違背ノ族有之ォヘテハ可為曲事事
一小荷駄押ハ右之方ニ附可相通軍勢ニ交ラサル様兼而ヨリ堅可申付事
一船渡ノ儀他ノ備ニ相交ラス一手越タルヘキ事
一下知ナクシテ陣拂并人返ノ儀一切停止ノ事
右条々堅ク可守此旨此外載下知状候也
元治元年十月
御墨印
下知状

覺

一軍役ノ人馬員數ノ儀ハ慶安度御定ノ通ニ候得トモ大小銃ハ増加可致事勿論ニ候事

一御行列前後ノ次第堅可相守若猥ナル輩有之ニオヘテハ曲事タルヘキ事

但弓隊ノ儀ハ勝手次第タルヘキ事

一御先手ノ大名一日代リ可相勤候右ニ准シ毎隊ノ先鋒モ申合番代可相勤候事

一押前ノ時用事有之行列ヲ離レ候ハヽ其趣其筋ヘ相斷器械僕従ハ其場ヘ殘シ置用事終テ速ニ馳付行列ニ駈付ヘシ若病人有之節ハ慥ニ証人相立其筋エ斷置可申若證人又ハ斷ナクシテ後レ候者ハ嚴科ニ処セラルヘキ事

一押前ノ時山谷森林等ノ所ハ敵方ヨリ伏兵可有之モ難計候間諸隊心付通行イタスヘキ事

一騎馬ノ者所有之時ハ必ス馬ヲ脇ヘヒカセ用ヲ調ヒ追付乗ヘキ事

一馬ニ沓懸サセ候節ハ道脇ヘ乗ノセ沓ヲカケ本之馬次ヘ並ヒ乗ヘシ其後
如前可乗入事

一馬ハリツク時ハ後ノ馬脇ヘ乗ノケ前ノ馬次ヘ可乗其後追付可乗入事

一乗馬小荷駄トモ持主ノ名前何番隊ト申事相記シ候札立聞ノ辺ハ結付可
申事

一軍中ニオイテ若馬ヲ取放ツ者ハ過料ヲ出サセ口取ハ其品ニヨリ可為沙
汰事

一御陣中物静ニ可致候タトヘ何様ノ儀有之トイヘトモ下知ナクシテ立騒
クヘカラサル事

一御宿陣ニ而毎夜四方ヘ篝火ヲ焚キ御先手番ソノモノ二三人ニテ遠見番
相勤可申篝火ノ人夫ハ陣場奉行ヨリ差出薪ハ御代官ヨリ指出可申事
　但御宿陣四方ニ限ラス毎隊ニテ焚候モ不苦事

一毎夜不寢番ハ一隊ヲ十分一ノ心得ニテ寢ス番イタシ巡邏懈怠ナク相勤
可申事
　但頭支配ハ節々相廻リ毎隊ノ番兵モ是ニ准シ昼夜守衛専一ノ事
一御陣中火ノ用心油斷アルヘカラズ番兵嚴重付置相守可申若誤チ有之節
ハ曲事タルヘキ事
一御陣所跡ハ麁略ノ儀無之様毎隊諸向隊長ノ向々急度心附組支配下々ニ
至迄嚴重可申付事
一陣中味方ノ變ヲ聞或ハ敵ノ様子ヲ聞候者ハ昼夜ニ不限早速其筋ヘ訴エ
可申事
一夜討并忍ノ者警衛無油斷可相嗜敵方ノ様子ハ晝夜ニ限ラス穿鑿イタシ
其様子ニ依差圖ノ次第可有之間諸向遠見并間者ハ懈怠ナク相遣シ置敵
ノ様子相探ラセ可申事
一謀書失《矢カ》文捨文張訴有之節ハ見付候人其儘ニテ大小御目付エ相達可申事

一諸向井頭支配ハ勿論下々ニ至ル迄公用ナクシテ互ニ往來イタシ候儀無用タルヘキ事

一銘々得道具ハ勿論御貸渡相成候器械損失有之節ハ早速其筋ヘ可申出若器械損失ノ爲ニ後レヲ取候輩有之ニオイテハ曲事タルヘキ事

一落人ノ儀ハ男女幼少ノモノニ限ラス卽刻搦取差出スヘシ若シ隱シ置者有之ニオヘテハ曲事タルヘキ事

一陣中ニオヱテ傳染病相煩ヒ候者有之節ハ小屋內ニ差置申間敷早速其旨其筋ヘ相斷藥用手當可申付事

一御出征中ハ親類ノ忌服請ヘカラサル事

　但父母ノ忌ハ三日勤番可相除事

一毎日夕七ツ時御本陣ニオイテ大小御目付ヨリ合調合印ヲ諸向頭支配主人ヱ申渡卽刻諸向井面々組支配下々ノ者ヘ申渡スヘキ事

　但時宜ニヨリ本文ニ拘ルヘカラサル事

右條々於違背ノ族ハ隨科ノ輕重可被処嚴科ノ旨依仰執達如件

元治元年十月

因幡守
豐後守
伯耆守
美濃守
備前守
和泉守

二御意振

兼而相通候通來月十一日諸軍持ロヱ著到同十八日ヲ以攻掛可被申候御軍令ノ趣弥堅相守諸將一和第一存候事

三印章添書

時々使トシテ差遣候者此印章ヲ以照定可有之事

四制札ノ添書

別紙制札ノ文一通相通候攻口仕寄ノ三日以前敵境ニ被相建之攻入候上ハ村市所々ニ可被相建事

十月

五制札ノ文

此タヒ御所辺ニテテツホウ打ハナシ恐レ多クモ禁裡ノ御門トウニ玉アトツキ候ダン前代ミモンノ事ニ候是ニヨッテウッテサシムケラレ候然カレトモツミナキモノハ少シモ御カマヒナク候間安穏ニ家キヤウ相イトナミ可申事

一右ニカヽリ合セノモノヲトラヘ或ハカクシタルヲウッタヘ出候ハヽ相應ノサタ可致事

一老タルモワカキモ手向ヒ致シ候者ハ打ステ可申事

右ノ通可相心得モノ也
元治元年子十月
十月廿二日
十一軍目付曲淵鑄市病氣ニテ出張難致旨御屆
近々小倉表ヱ出張可仕同役共ノ內曲淵鑄市儀先達ゟ中ヨリ病氣ニ御座候
得共押ゟ出張ノ心得ヲ以御屆不仕候処昨今ニ至甚相勝不申押候ゟモ出張
可仕躰無之候間一ト先當地ニ殘置候尤厚手當仕少々モ快御座候ハヽ速ニ
出張爲仕候心得ニ御座候依之此段御屆申上置候以上
十月
右之通稻葉美濃守ヘ相屆候間此段御屆申上候以上
十月
天野民七郎
水野采女

松平左金吾
内藤弥左衛門
平岩金左衛門
大島主殿
多賀靫負
服部中
内藤平八郎
向井左門
小笠原鍾次郎
岩瀬内記
朝倉小源太
遠山左衛門

十二　十月廿二日　於大坂軍議ノ上諸軍廣島ヱ向ケ發向ノ儀御達

毛利大膳初御征伐ニ付前大納言事當月廿二日登
城松平越前守大目付軍目付其餘諸藩家老等召寄御軍令御下知狀被相渡軍
議ノ上來月十一日諸軍持口ヘ致著到シ〔候脱カ〕樣兼而被申渡置候付同十八日ヲ以
可攻掛旨向々ヘ被相達當月廿五日惣督大先鋒藝州廣島ヘ向進發被申付候
尤引續先備ヲ初隊々押出候手配ニ被在之候此段申達候樣被申付越候
十月

十三　十月廿二日　副將ヨリ下之關口討手指揮ノ儀伺并右差圖

一今度長州下之關口討手ノ指揮被
仰付候ニ付而ハ尤一々
惣督府ノ御差圖可伺候得共差掛リ候儀ニ而伺候日間無之節ハ臨機ノ了
簡ヲ以取仕切差圖仕候而不苦御座候半哉

一今度攻口ヘ參集又ハ攻擊ニ及ヒ候節大膳父子退城面縛謝罪申出候ハヽ父子ハ討手ノ陣營中ニ預リ置早急惣督ノ御本陣ヘ御達申御指麾ヲ可待歟

一父子開城イタシ一族ノ内又ハ大臣ノ質ヲ送リ罪ヲ可謝旨申出候ハヽ其段總督府ヘ可申達候得共眞實悔悟謝罪ニ候ハヽ城地可明渡旨可申聞歟

一開城ニモ不及一ト通使者ヲ以謝罪申出候ハヽ前文ノ趣申諭シ進入攻擊不差留心得ニ御座候事

御差圖

別紙両通ノ趣御書面ノ通可被成御心得旨被申聞候事

十月廿五日

十四松平隱岐守ヨリ攻口取掛ノ儀ニ付達口上之覺

此度御軍議ニ付攻口取掛ノ次第阿州高松宇和島等示合ノ上聢ト取究可奉

申上奉存候處船中手間取候而御軍議ノ御間ニ合不申奉恐入且ハ高松宇和島等重役共モ既ニ當地出足ノ由ニ而示合相整不申候段殘念ノ至奉存候併此儀ハ帰足掛立寄或ハ出張ノ上等ニテモ示談相整可申候ニ付見込ノ荒增奉申上候弊藩ノ見込宇和島ハ是非上之關ヲ足掛トイタシ可申ト奉存候付弊藩ニハ右同所ヨリ五六里ホト上手ニテ防州地柳井ト申所ヘ取掛リ夫ヨリ海岸室津室積下松戸石德山ヘト押寄候積ニ御座候ヘ共若宇和島勢上之關エ取附候後室津ヨリ右海岸通押寄セ候積ニ御座候ハヽ弊藩ニハ柳井ヨリ田伏ヲ室積或ハ右柳井ヨリ窪市夫ヨリ戸石德山ヘト押寄候積ニ御座候尤松山三津濱ヨリ柳井口ノ海路ニ當リ候大島郡ハ十里餘ノ大島ニ御座候間右辺ノ者共海防相妨手向等イタシ候ハヽ一先右島打取ノ上柳井ヘ取掛候積ニ御座候右道筋ノ儀ハ別紙圖面朱引墨点相記置候通ニ御座候事

敵地摸寄出張場所ノ儀ハ伊豫ノ國風早島ノ內津和地ヘ出張罷在候心得ニ御座候事

十五　十月廿五日藝州ヨリ大膳父子外ニ引移候節攻寄場等ノ儀伺幷差圖

此度毛利大膳御征伐ニ付兼而被
仰出候通御先鋒追々ト山口表ェ攻寄掛候處其場ニ臨ミ大膳儀萩又ハ外ヘ引移候儀相聞候ヘハ山口表ヘ攻寄候儀見合直ニ大膳居所ェ攻寄候心得ニ可罷在哉是等其時ニ奉伺摸樣ニ寄候而御差圖可被爲在ト奉存候ヘトモ出勢前ニ他ヘ相移居候義ニ候ヘハ猶被
仰出可有御座哉尤大膳父子ノ有無ニ不拘是非トモ山口表攻落可申心得ニ可罷在哉夫等猶廣島表御著到ノ上被
仰出候歟安藝守ヨリ奉伺候儀モ可有御座候ヘトモ御著到攻懸ノ日限間合無御座候間御趣意一ト通奉伺置度奉存候此段奉申上候以上

十月　　松平安藝守內
石井修理

御差圖

別紙ノ趣ハ大膳父子山口引拂候ハヽ右要害ニ人數ヲ爲守候而居所
へ可被驅向候事

松平安藝守
板倉周防守
阿部主計頭

右之通山陽道先鋒被
仰付候処岩國ェ攻入候次第三藩手分ケ三道ヨリ押寄候儀ニ候得ハ道路遠
近難易モ有之尤一道ヨリ押寄候儀ニ候へハ一二三ノ順序モ有之夫等互ニ
先鋒相好候儀ニ候得ハ三藩限申直シ難仕儀ニ御座候間
御惣督様ヨリ御取究御達被下候様仕度奉存候此段私ヨリ奉申上候以上
十月
松平安藝守内
石井修理
御差圖
別紙ノ趣ハ安藝守殿ニハ正兵周防守主計頭儀ハ奇兵ノ心得可然事

十月廿五日
十六松平安藝守ト一手ニ可向旨松平近江守ヘ御達

一左ノ通松平近江守ヘ御達有之

松平近江守

松平安藝守始ヘ應援ノ儀被
仰付置候處其方ニハ安藝守ト一手ニ罷成可被相向候

十月

十月廿五日ヨリ
十七大坂ヨリ諸軍繰出シノ事

御中軍ハ十一月朔日發十六日藝著

前大納言殿先隊ハ來ル廿五日ヨリ順々繰出シ中軍ハ來月朔日大坂表出陣

同十六日藝州廣島著到ノ筈候依泊割壹通被相達候

但御軍艦入港候ハヽ早立著到可被致候

十月

西宮

兵庫

明石

加古川

姫路

正條

三ツ石

藤井

板倉

矢懸

神邊

尾ノ道

本郷

西条

海田

廣島

以上

大坂表ヨリ發向順

十月廿五日立

同　廿六日立

十月廿七日立

石河主計　一隊

間宮外記　一隊

山村多門　一隊

鈴木嘉十郎　一隊

御秘事打方　四隊

御籏奉行配下共

藤村庄太郎　門弟共

同廿九日出帆

同日立

十一月朔日

藤井逸平治

野村伴左衛門

成瀬隼人正殿　附属長谷川惣藏　寺山仲　奥田傳藏

高木作十郎　一隊

願御供ノ輩

御秘事打方　一隊

御發向　差定御供致役々ハ別段不認載

瀧川又左衛門殿

渡邊新左衛門殿

大目付貳人

田宮如雲

御用人貳人

御書院番頭

十月二日立

御書院番共
御小荷駄方
岡田帯刀　門弟共
御秘事打方　一隊
妻矢射手　十八
御側廻り　三十人
御側砲術方　三十人
中山虎吉
清寿院
石河佐渡守殿
附属大炮打方ノ輩
表御番頭取初
兵粮奉行配下共

榊原勘ヶ由　一隊
御小荷駄方
御陣場方
大導寺主水
室賀只右衛門
横井右近

十月三日立

御鉄炮玉薬奉行
寺尾土佐　一隊
横井三大夫殿　一隊
御職人
甲賀ノ者

同　四日立

同　五日立

以上

一隊々配置略圖

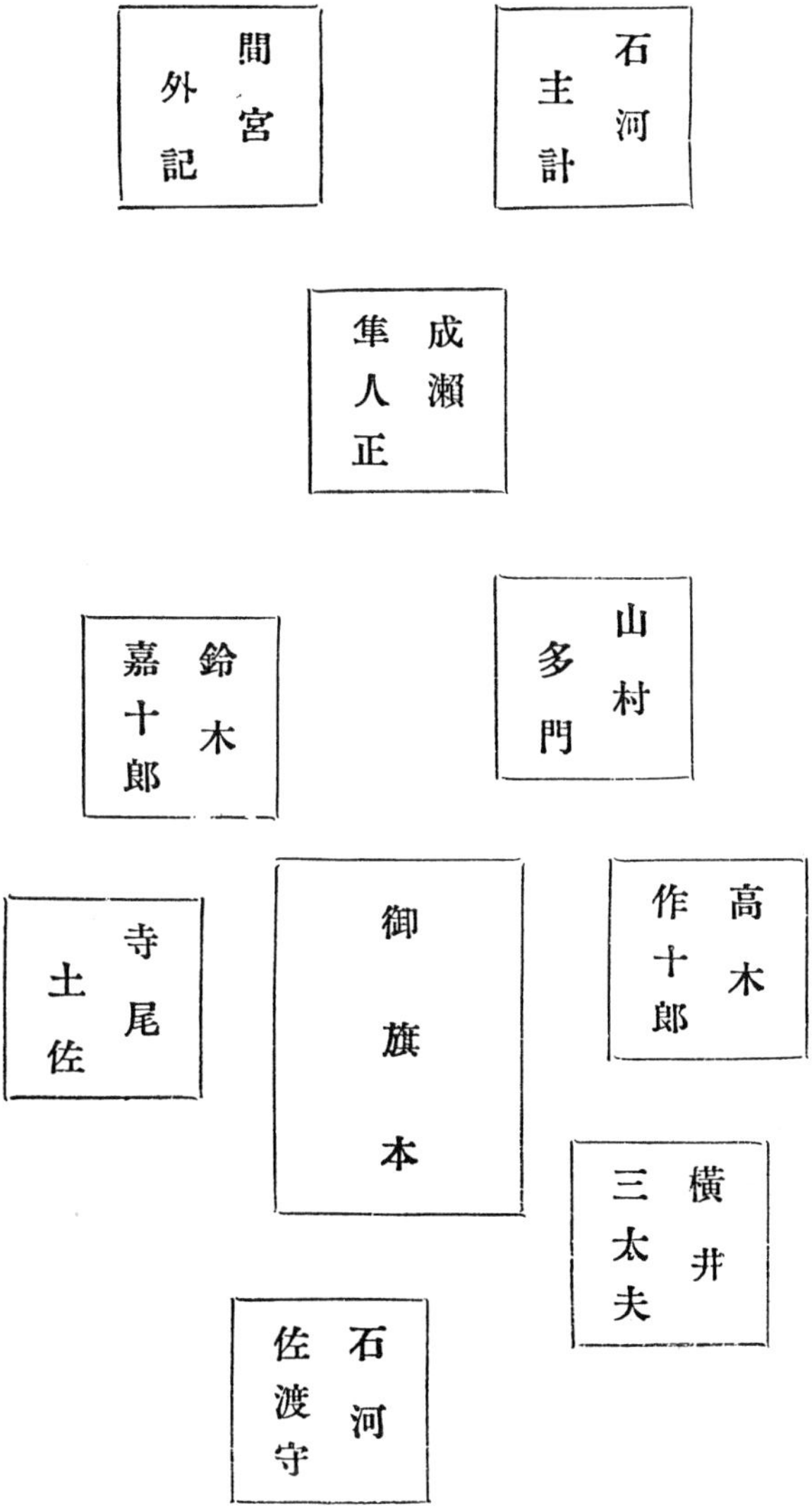
石河主計
間宮外記
成瀬隼人正
山村多門
鈴木嘉十郎
高木作十郎
御旗本
寺尾土佐
横井三太夫
石河佐渡守

十月廿六日
十八廣島著陣ノ兵混雜不致候樣命

板倉周防守
阿部主計頭
松平近江守
三浦備後守
板倉攝津守
本多肥後守
松平備前守
脇坂淡路守

此度廣島表ヘ諸藩ノ軍勢夥敷參集ノ上ハ諸般混雜不自由ノ儀モ可有之候尤夫等ノ儀無如才被相示置候儀ニハ可有之候得共決而惱敷儀申立其所ノ迷惑筋無之樣被心得末々迄モ急度可被申付候此段分ケ而相達候事

十月

十九十月廿六日松平隱岐守ヨリ德山謝罪申出候ハヽ直ニ山口ヘ掛リ可申哉伺

一德山表ヘ押寄候節

官軍ニ及向不仕一圖ニ御詫願出候樣ノ儀有之候ハヽ其段御伺可申上候

得共

御陣所ヘ程隔候節ハ日數モ込可申ニ付人質取受候而同所ハ差置直ニ山

口ノ方ヘ掛リ候而可然哉ノ事

附札御差圖

本文体ノ節ハ軍將臨機ノ取計可然候尤其段早々督府ヘ可被申出候

軍目付

松平左金吾

二十十月廿六日軍目付松平左金吾初出張屆

內藤弥左衛門
大島主殿
向井左門
小笠原鍾次郎
朝倉小源太
御徒目付
栗田耕一
永井顯吉
御小人目付
四人

右私共儀明廿七日當地出立仕候間此段御屆申上候以上
十月廿六日

十月廿七日
二十一　軍目付天野民七郎初出帆届

軍目付
天野民七郎
水野采女
平岩金左衛門
多賀䡄負
服部中
内藤平八郎
岩瀬内記
遠山左衛門
御徒目付
中山善八郎
脇屋省輔

石坂武兵衛

御小人目付

六人

右ハ九州四國ヘ爲御用罷越候ニ付滯坂罷在候處御用相濟今朝當地安治川ロヨリ出帆仕候間此段御屆申上候

十月廿七日

天野民七郎

遠山左衛門

二十二　十月廿九日　副將ヘ大小監察ノ内差添ノ件

一左之通稻葉美濃守殿ヘ御達有之

大小監察ノ内差添方ノ儀別紙ノ通松平越前守ヨリ願出候間宜御取計否御達有之樣被致度此段申達候樣被申付候

十月

覺

大小監察ノ内小倉表ヘ越前守著到後ニ而モ宜候間是非御差向被下候様御厚配ノ程奉願候

十月廿八日

十一月朔日
二十三松平備前守攻懸ク《ケ》伺《カ》

攻掛期日ハ十八日ト被　仰出候ヘ共攻戰儀ハ天時地利敵ノ虛實防戰降伏ノ情体モ有之候間期日後ハ臨機應變ノ処置ヲ以兵端相開候様心得居申候為念伺上度候以上

松平備前守留守居

十月　花房七太夫

付札

書面ノ通御心得可被成候

十月廿八日
二十四日御出張御著陣ノ節御著服品稻葉閣老等ヘ御達

一左ノ通稻葉美濃守殿永井主水正ヘ相達之
前大納言殿當地出張井廣島著到被致候節陣羽織小襠著用被致候事
廣島表ヘ著陣ノ節ハ時宜ニヨリ小具足著用被致候儀モ有之事

十月廿八日
二十五日軍艦入港境通達方大坂市尹ヘ御達

一左之趣大坂町奉行ヘ相達
御軍艦東海ヨリ迅速浪華港ヘ乘込御引渡相成候樣　公辺ヘ被相達置候就夫右御船入港候ハヽ早々在坂役ノ者ヘ御通達御引渡有之樣イタシ度此段兼而申達候樣家老共申候
十月

十一月十一日
二十六戸川監察ヨリ毛利隱岐志道安房ニ追討ノ命ヲ傳フ

毛利大膳父子御征伐御趣意ノ趣今日藝州草津村海藏寺於ヘテ大膳家老毛利隱岐志道安方へ申渡候旨戸川鉡三郎相達之

十一月十二日
二十七阿部主計頭義參府ノ命有之候得共戰期モ相廻〔追カ〕リ候付出立見合達

阿部主計頭儀去月廿七日江戸表於イテ松平伯耆守殿ヨリ家來ノ者被呼出御用ノ品モ可有之候間可致參府旨ノ奉書等被相渡候旨申越奉畏右ニ付先手ノ人數重役ノ者へ爲相纏殘置早々當地致發足候心得ノ旨申達候付十一月十二日左ノ趣主計頭へ御達有之

依御用參府被　仰出候奉書幷追討ノ儀ハ人數殘置候樣可致旨ノ書付相渡候付而ハ御手前ニハ早々發足ノ心得ニ候趣被申達候右ゟ被

召呼候御用品ハ不相辨候ヘ共最早戰期モ相迫候事ニ付此上成功ノ見留相立候上出立猶豫ノ儀稻葉美濃守ヘ相達置候間其御心得可有之事

十一月十三日
二十八長防伏罪ノ儀吉川監物申立明石御旅館ヘ達ス

私本家々老益田右衛門介福原越後國司信濃去七月登京ノ上不用主命恐多クモ於　輦下騒擾仕奉驚宸襟候段　大膳父子平常ノ申付不行届罪科難遁奉恐入候右ニ付是迄奉歎願置候趣モ御座候処今度御征討ノ御期限切迫ニ及候段竊ニ奉伺誠以恐懼痛心仕國中一統弥謹愼罷在大膳父子寺院蟄居仕只管奉謝罪候右三人ノ者トモ所置ノ儀此内御差圖奉待候心得今日ニ到リ候而ハ却而過慮ニ相當自然御嫌疑モ可相生哉ト奉恐入候然上ハ速ニ嚴刑ニ處シ首級可差出心得ニ御座候且又私儀謹愼中越境ノ儀奉恐入候間不得止封疆ニ臨ミ罪ヲ幕下ニ奉謝候何卒

御寛大ノ御処置厚奉歎願候誠惶敬白
十月廿七日　吉川監物印
私本家々老ノ内乍恐於京師暴動仕候儀ニ付先達而奉歎願置候處此度御征討ノ御期限切迫ニ及候段竊ニ奉伺大膳父子ヲ始末家中闔國ノ士民一統心痛泣血仕候就而ハ御差圖ヲ不待罪魁益田右衛門介福原越後國司信濃三人ノ首級奉備御實撿其餘参謀ノ徒嚴科可申付候猶又公卿方去年以來山口御滯在ノ処何卒他州ヘ御轉座追而ハ都下ヘ御帰入相成候樣御取扱ノ儀奉願度心得ニ御座候乍併猶此儀ハ早速大膳父子ヘ申聞其分相計ヒ度奉存候得共遠路相隔往復ノ日數有之候付仰願ハ列藩御進發ノ儀暫御猶豫被成下候樣奉希上候此由可然
大總督幕下ヘ御執成ノ程只管奉懇願候恐惶敬白
十一月二日　吉川監物印
右吉川監物懇願書安藝守家來迄指出候由ニテ追々ニ同人差出候付益

田右衛門介初メ存命候ハヽ生活ノ儘差出候樣左ニ御談相成
吉川監物懇願ノ趣ニ而ハ罪魁益田右衛門介福原越後國司信濃三人ノ首級實撿可備トノ趣ニ候ヘ共右衛門介始存命候ハヽ生活ノ儘可差出筋合ニ候間此段爲心得相達置候方可然旨前大納言殿被申付候事

十一月十四日
二十九三謀臣首級持參翌日國泰寺ニ而實撿

毛利大膳家老志道安房儀廿日市迄罷出兼而內達イタシ置候通益田右衛門介福原越後國司信濃三人ノ首級持參イタシ候間實撿ニ備度宜指圖有之樣致度旨松平安藝守家來迄申立候由ニ而取計方ノ儀隼人正ヱ相伺候付右首級廣島國泰寺ヱ護送イタシ同寺於イテ一ト先實撿可有之候間右之趣ヲ以宜取計有之樣安藝守ヱ相達候

同十四日

一右衛門介始三首級今日於國泰寺戸川鉡三郎始列居隼人正及實撿候事

左ノ書付志道安房差出候由ニ而藝藩ヨリ相達之
去七月毛利大膳家來於京師及暴動候參謀ノ者トモ左ニ

宍戸左馬之助

佐久間佐兵衛

竹内正兵衛

中村九郎

右此度於國元斬首申付候此段御屆申上候以上

毛利大膳家來
志道安房

毛利大膳家來
久坂義輔

寺島忠三郎

來島又兵衛

右參謀ノ者ニ御座候處暴動ノ節於京師相果申候此段御屆申上候以上

十一月

毛利大膳家來
志道安房

益田右衛門介　首實檢略圖

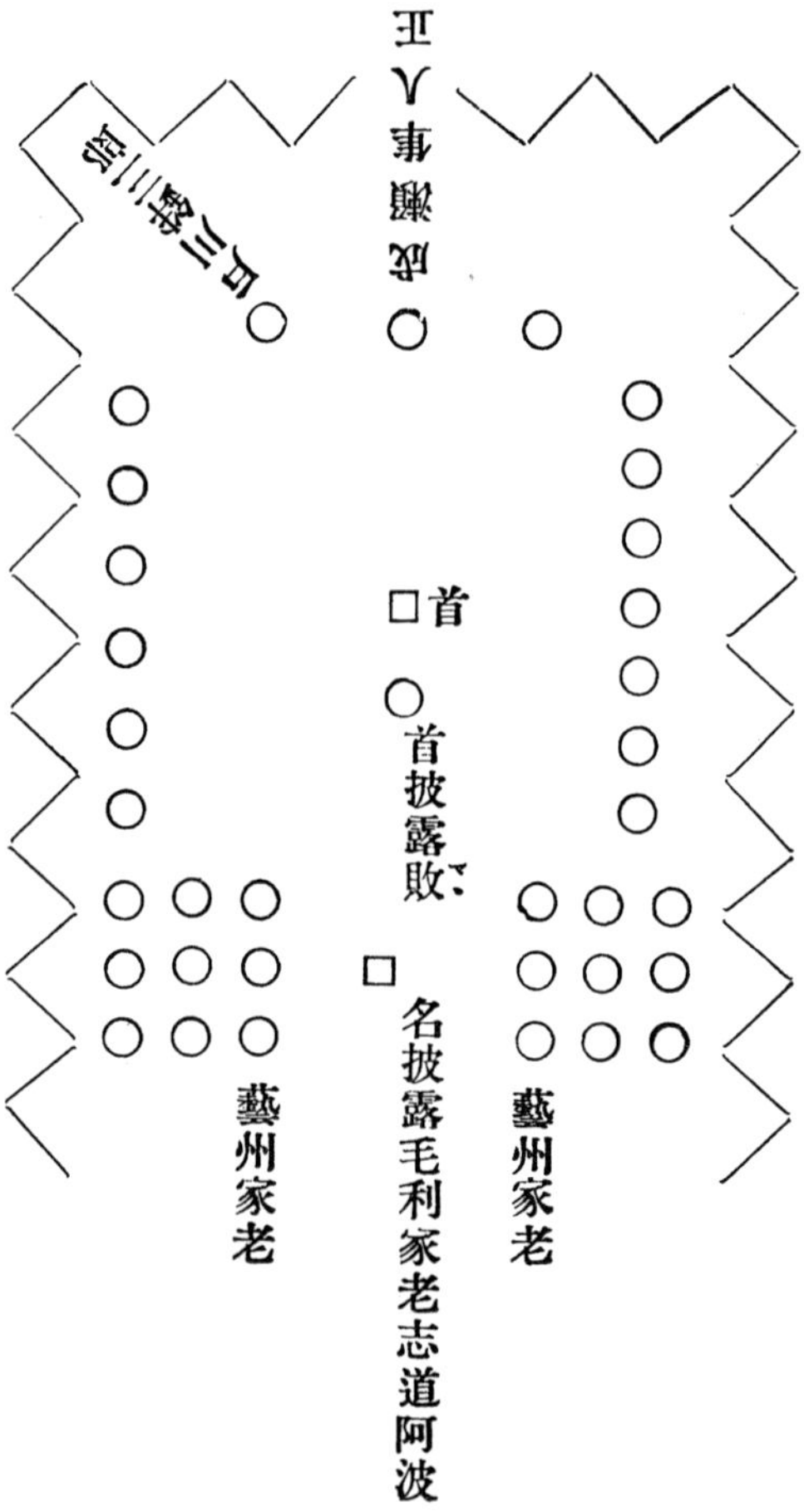

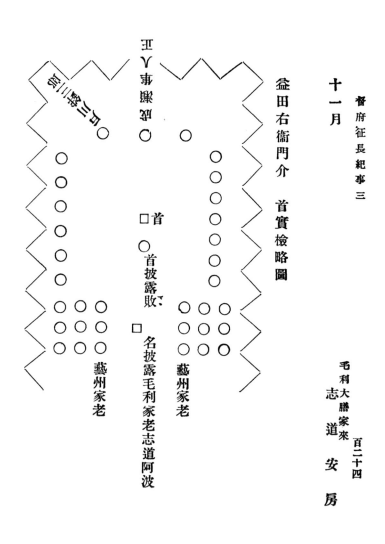

右ハ十一月十四日長州家老毛利隱岐志道阿波隱岐人數五十人程阿波人數三十人程藝州菩提所國泰寺へ益田右衛門介福原越後國司信濃三人ノ首白木長持へ入持參兩人共長髮ノ侭麻上下著用誠ニ恐懼ノ体ニ罷在成瀨隼人正拂曉半隊ノ人數繰出シ物頭以上騎馬其外供ノ者何レモ手繼小具足陣羽織ニテ凡百五十人程召連戸川鉾三郎列座尾藩間宮外記始役々出張藝州人數ヲ初寄手諸藩警衞嚴重實ニ勇々敷相見へ申候其後十八日攻掛ノ儀見合候御觸先手ノ諸侯方へ達有之候由近日吉川監物應接罷出候筈今十六日御惣督公當表へ御著陣云々

十一月十四日

三十日十八日攻掛ノ儀重而一左右有之迄見合ノ命

毛利大膳父子事伏罪ノ姿モ相見候付當月十八日攻掛日限ノ儀重而一左右相達候迄攻掛可被見合事

元治元年十一月十四日

御　官

十一月十四日
三十一　吉川監物爲謝罪軍門へ罷出度旨藝藩ヲ以願出

私本家毛利大膳儀兼而被爲禁入京候処陪臣福原越後ヲ以歎願ニ託シ强訴
仕國司信濃益田右衞門介等追々指出於
闕下發砲加之父子黑印ノ軍令条授國司信濃候罪科ヲ以御討伐可被
仰付旨當度奉蒙御嚴達實以奉恐縮候就而者私儀謹愼中越境ノ罪萬死難遁
儀ニハ奉存候得共御軍門ニ罷出難默止心底乍此上奉愁訴度只今草津驛迄
到著此所ォヘテ相扣候間　御垂憐ヲ以是等ノ儀何卒御取上被　仰付被下
候様伏而懇願奉リ候恐惶頓首

十一月十三日　　吉川監物

督府征長紀事

四

一十一月朔日大坂　御發駕同十六日藝州廣島へ　御著座

十一月十八日

二御旅館於テ稲葉閣老初立合首實撿

一今日廣島

御本陣ォイテ稲葉美濃守殿永井主水正戸川鉾三郎參上益田右衞門介初

首級

御實撿有之候事

仝日

三右之件々　朝幕へ御達

毛利大膳末家吉川監物儀本家大膳家老益田右衞門介福原越後國司信濃事

去七月登京之上不用主命恐多クモ於

輦下騒擾奉驚
宸襟候段全大膳父子平常之緩罪科難遁寺院蟄居謝罪イタシ候趣且右衛門介越後信濃三人之首級實撿ニ相備其余參謀之徒嚴科申付井山口滯在之公卿方他州ヘ轉座等之儀ニ付別紙両通之歎願書松平安藝守迄差出候由ニテ同人相達尤右歎願面々ノ内列藩進發猶豫之儀ハ督府ヘ難相達筋之旨申談置候旨ヲモ申添差出候付右衛門介初存命候ハヽ生活之儘可差出筋合ニ候旨心得申渡候樣安藝守ヘ相達候依此段申達候事

十一月

謹而奉言上候毛利大膳家來志道安房儀當月十三日藝州廿日市ト申所迄罷出申達候ハ當七月京師ヲイテ及暴動候罪魁益田右衛門介福原越後國司信濃三人之首級持參仕實撿ニ備度宜差圖有之樣仕度旨松平安藝守家來迄申立候右ハ右衛門介初存命ニ候ハヽ生活之侭可差出筋合之旨安藝守ヲ以先

達テ申談候趣未相達內斬首差出候付右首級廣島國泰寺ゟ護送之上同寺ニ差置爲仕置臣慶勝儀一昨十六日廣島表へ著到仕候付今日右衛門介始首級實撿仕候處相違無之候且右暴動ヲヨヒ候參謀之者大膳家來宍戸左馬之助佐久間佐兵衛竹內正兵衛中村九郎儀於國元斬首申付候旨井久坂義輔寺島忠三郎來島又兵衛儀ハ暴動之節京師ニオイテ相果候旨安房申立候就夫右衛門介初三人之首級ハ實撿濟之上吉川監物へ差遣申候右等ノ趣幕府へ申達候ニ付依之奉言上候誠恐敬白

十一月十八日　　前大納言慶勝

毛利大膳父子御征伐之儀當月十八日ヲ以可攻懸旨兼テ討手ノ諸藩へ相達置候然処此度當七月京師オイテ及暴動候大膳家老益田右衛門介始三人之首級實撿ニ差出井右暴動參謀之者大膳家來宍戸左馬之助初四人於國元斬首申付候旨井久坂義輔初三人ハ暴動之節京師オイテ相果候旨ヲモ大膳家

來志道安房儀廣島へ罷出中立其余トモ大膳父子伏罪之形跡モ相顯候次第ニ相運ヒ候付今十八日攻懸日限之儀重テ一左右相運候迄可見合旨副將松平越前守初討手之諸藩へ相達候尤此後之機會ニ依テハ迅速一左右相達爲攻懸候儀モ可有之候依之申達候事

十一月十八日

十一月十九日

四監物ヲ御旅館へ被召左之件御達之上三首級返却

大膳父子自判之書付　山口城破却

參謀人等斬首之承屆　五卿ハ五藩へ引渡之事

三老臣之首級ハ請取參謀之輩斬首之儀モ承屆候五卿之儀モ申出之通無遲引可指出候且右ニ付附屬之脱藩人之始末モ早々可申達候事

一山口之儀ハ新規修築之事ニ付早速破却可有之事

先達テ戸川鉾三郎ヨリ申渡候追討之
御主意之趣ニ付吉川監物ヲ以申出候謝罪之廉々ハ有之候得共猶大膳父子
恐入之次第自判之書面ヲ以早々可申出候

同節吉川監物へ演達

五卿ヲ奉シ候暴徒發動イタシ候ヨシハヒコラサル内早速取締可然候事
若手ニ及ヒ兼候ハヽ沙汰次第人數繰込可申一左右ヲ待候事

監物護送方
藝薩ヲ以岩國迄送リ届樣子次第見合可働機會有之候ハヽ速ニ手ヲ下シ候
樣薩へ申合候事

十一月廿日

五脫走之五卿五藩へ引渡之儀其藩々へ命

松平美濃守

去年脱走イタシ是迄長州へ滯在之三條實美初五人之輩長州ヨリ受取壹人ツヽ御自分井細川越中守有馬中務大輔松平修理大夫松平肥前守へ預置筈候間夫々請取候上引渡方共專被取計尤請取方難行屆節ハ越中守初申合兵力ヲ以速ニ臨機之所置可被有之候其段越中守初へモ申渡置候事

十一月

松平美濃守

今度三條實美始五人之輩他國へ引移方格別ニ被取計脱藩之者トモ長州ヨリ請取方等之儀ハ都テ便宜之処置可被在之事

元治元年　督府之

十一月　御印

細川越中守

去年脱走イタシ是迄長州ニ滯在之三條實美初五人之内壹人松平美濃守ヨリ請取預リ可被申事

但右五人之者美濃守長州ヨリ請取方難行屆節ハ有馬中務大輔松平修理

大夫松平肥前守申合兵力ヲ以速ニ臨機之処置可被在之候事

十一月

有馬以下右ニ准ス

同日松平越前守ヘ相達ス

三條實美初五人之輩并右ニ附属脱藩之者共受取方等之儀ニ付此度松平美濃守ハシメヘ申渡候趣ハ全ク追討外之所置ニ付下ノ關口討手之面々ォイテ右ニ傚ヒ如何之擧動有之候テハ不可然候間心得違之義無之樣可被相示置事

十一月

十一月廿一日

六山埜ォイテ發砲致間敷旨

松平備前守
松平安藝守
板倉周防守
阿部主計頭
脇坂淡路守
三浦備後守
松平近江守
板倉攝津守
本多肥後守

發砲之儀差定俣角場調練場等ニテ相試候儀ハ別段ニ候得共若山野ニオイテ發砲致候儀有之候テハ此節柄紛敷自然及動搖候テハ不可然候間在陣中山野等ニオイテ砲發之儀ハ遠慮被在之可然事

十一月

十一月廿二日

七緩急有之節人數繰出方藝州へ御達

松平安藝守

此節若緩急之事有之時西ハ廿日市五日市東ハ往還筋南ハ江波へ早速人數繰出設備之心得可被在之事

平生四方へ斥候之手配ハ素ヨリ可有之候へ共異狀見聞候ハヽ大小トナク卽刻總督へ被申達指迫候事變之時ハ松平備前守板倉周防守阿部主計頭脇坂淡路守三浦備後守松平近江守板倉攝津守本多肥後守へモ直ニ被相達設備之儀モ猶更厚可被取計候備前守始出勢之地ハ別紙之通之筈候事

十一月

西口

廿日市 五日市	松平安藝守
草津	阿部主計頭
己斐	板倉周防守
東口	
往還筋	松平安藝守 三浦備後守
南口	
江波	松平安藝守
水主町下	本多肥後守
國泰寺村下 竹屋村下	松平備前守
北口	
祇園口	脇坂淡路守 板倉攝津守
日通寺口	松平近江守

阿部主計頭

當地ォイテ若緩急之事有之時西口草津ヘ迅速出張設備之心得ヲ以平常斥候ヲモ被相用臨時手配等之覺悟可被在之事

十一月

（朱書）
松平安藝守始出勢之地ハ別紙之通之筈候事

十一月廿三日

八阿州ヨリ攻寄場所之儀ニ付伺并差圖

私儀此度長防御征伐ニ付海路四國ヨリ徳山ヘ著到夫ヨリ山口ヘ攻寄候様被

仰付置候品有之御差圖之上ハ早々出張之心得ニ御座候然処著到時期自然相過候ニ付テハ彼地攻懸之次第モ可有之且追々西北之風烈敷時節ニ付風波之趣ニ寄防州ヘ差向著岸無覺束奉存候右様之節ハ孰四國勢到著ヶ所ヘ可罷越心得ニ御座候此段御聞置可被下候以上

十一月十日

松平阿波守

御差圖
書面出張之儀當月十八日攻懸日限被見合候樣相達候趣ハ有之候へ共猶
一左右次第攻懸之機會モ可有之ニ付テハ
公辺御差圖之有無ニ不拘早々着到之場所へ出張之上指揮可被相待候末
書面著到箇所之儀ハ承置候

十一月

十一月廿三日

九長防伏罪ニ付諸藩見込御尋トシテ九州四國石州之口々へ御使差
立
毛利大膳儀追々謝罪之運ヒニ相成候付此上之御所置如何相立御爲可相成
哉承度候間重臣之内國論專對方行屆候者來月五日迄ニ廣島表へ可被差出

候事
但本文見込之趣直ニ申達度向ハ持口之兵備ヲ不憐《懈カ》様申付自身輕隊ニテ
廣島表へ早速罷出可被申達事
十一月

十一月廿五日
十加州家老長大隅守へ發向申渡之達

加賀中納言

其方儀病氣ニハ候得共毛利大膳父子始追討ニ付陸路藝州路之先鋒松平安
藝守板倉周防守阿部主計頭同樣被
仰付候間爲名代在京之家老長大隅守へ隊將申付早々發向尾張前大納言殿
御指揮ニ隨ヒ奮戰候樣可被申付諸事安藝守始へ申合委細尾州前大納言殿
へ相伺候樣可被申付候

右之通於江戸表加賀中納言へ相達候旨申越候間此段前大納言殿へ可被申上候事

十一月廿六日

十一月有馬中務大輔ヨリ人數繰出届之儀伺并差圖

有馬中務大輔人數繰出方御届之儀使者ヲ以松平越前守へ相伺候処請込無之一体萩口之儀ハ管轄無之由ニテ指圖無之節ハ如何相心得可申哉此段奉伺候

十一月

有馬中務大輔内
古庄源吾
本庄榮三郎

御差圖

書面人數繰出届之儀副將ヲイテ受込有之可然筋ニ付其段副將へ申談

候萩口指揮之儀ハ松平修理大夫ヘ申談有之候間得其意宜被申合候

十一月廿七日

十二有馬中務大輔ヨリ海路攻寄之儀ニ付屆

毛利大膳父子追討被

仰付候付私儀海路萩表ヨリ二之手被

仰付候間同所ヲ攻陷夫ヨリ山口表ヘ驅向ヒ大膳父子始誅戮可仕旨被

仰出奉畏候然處右海路之儀ハ大洋殊更秋冬ニ懸候テハ寄付六ケ敷御座候テ和船ニテ仕寄之儀容易ニ難出來趣ニ御座候其上弊藩ハ元來領海之敷軍艦ハ勿論荷船飛船トテモ極々手少ニ御座候右之軍裝ヲ以至嶮之海路ヨリ仕寄候儀如何ニモ勝算無之當時節ニ相成猶更以懸念仕候然處只今ヨリ相伺候テモ日間無之候付松平修理大夫ハ一番手之事故同方申談有來之和船ニテ力之限仕寄候儀ハ素ヨリ之覺悟ニモ御座候ヘトモ餘無謀之至輙敗衂

仕候テ自然賊徒之勢焔ヲ益候樣之儀モ御座候テハ奉恐入候儀ニ付不取敢人數丈ハ筑前國ヘ指出置イツレ共軍目付下向之上右之事情具ニ申達候テ惣督之御指揮モ相受候含ニ罷在候處軍目付下向無御座此侭默止罷在候モ奉恐入候尤下ノ關其外弁利見計渡海仕候テ萩表ヘ押寄候得者何角之儀モ無御座候ヘトモ一番手修理大夫海路ヨリ直ニ萩ヘ攻寄セ二番手之船外筋ヨリ攻寄候テハ　御軍令相背候儀ニテ是又難仕候去トテ只今ヨリ相伺候間合無御座當惑之仕合ニ御座候此上ハ一番手修理大夫申談便宜ニヨリ萩表ヘ攻寄夫ヨリ山口表ヘ驅向ヒ可申ト奉存候此段使者ヲ以御屆申上候以上

十一月

有馬中務大輔

十一月廿八日

十三吉川ヘ談候消息幷事機之內報等藝州ヘ內徹

先達吉川監物ヘ申談候條々之趣イマタ何等之消息モ相聞不申候右者尤無
如才内輪ォイテ相運ヒ居可申被存候得共
公武之御主意モ有之等閑ニ難致候間片時モ早行可取計筋ニ候條此段内徹
之事
但事機之有無大小ニ不拘両三日經候ヿニ必内徹有之度候事

十一月廿八日
十四閣老參政長州御用トシテ發足之旨達
伊豆守立花出雲守事長州辺爲御用近日江戸表發足之旨申越候此段可被申
上候事

十二月朔日
十五紀州家ヨリ一手之人數出張場所之儀ニ付達并揚取之事

毛利大膳御征伐之節別段一ト手之少人數御差出候品ニ付大御番頭富田甚
左衞門始御差出被成候右ハ彼地ノ形勢親敷見聞爲致置追而
中納言樣爲御後備御出張之節之御手都合ニモ被成候筈之御主意ニテ其段
公辺へ被　仰立候儀ニ御座候然處
公辺ヨリハ石州路へ差出候樣トノ御差圖ニ候へ共
公方樣ニハ藝州路へ
御進發被遊候ニ付テハ御後備モ御同樣之御道筋ニ御差向可相成ニ付此度
ノ一ト手モ石州路へハ御差向不相成藝州路へ御差向追テノ都合ニモ相成
候樣被成度此段申達候樣被
仰付候猶宜御差圖御座候樣被成度
思召候御一手之御人數藝州路へ御差向被成候儀ニ付被
仰進候趣
前大納言樣へ申上候處段々被

仰立候趣御尤ニ　思召候併討手之諸將持口割替等之儀ハ　御惣督ニオイ
テ御指揮被遊候得共右之筋トハ違ヒ候御人數之儀旁　公辺之御模樣モ難
相計候付御手限御聞置被成候儀ハ難被行屆儀ニ被
思召候間一應關東へ御伺被爲在候樣被成度此段申達候樣被　仰付候乍去
モハヤ御人數當地へ著到之事ニモ候付御伺之趣御差圖有之候迄ハ此表ニ
滯陣有之可然ト　思召候
右ニ付紀州樣ゟ左之通御達有之
一手之御人數藝州路へ御差向被成候儀ニ付被仰進候趣　前大納言樣御尤
被
思召候得共諸手之人數トモ違ヒ候御人數ニ付其品一應關東へ御伺ニ相成
候樣
思召候トノ品ニ付委細被　仰進候趣
中納言樣へ申上候処段々御配意之趣辱

思召候右ハ其砌　公辺ヘ御達相成候儀ニ付其表ヘ御差置臨時御用モ相濟惣御人數揚取候樣之機會ニ相成候ハヽ同樣揚取之儀猶此上宜御差圖御座候樣被成度思召候

十二月五日

十六越前家九州表ヘ出張ニ付差添御目付發足之命

松平越前守九州表ヘ出張ニ付御目付井上元七郎儀同人ヘ差添被　仰付近々發足之旨江戸表ヨリ申越候間此段　前大納言殿ヘ可被申上候事

十二月五日

十七大膳父子并三末家自判恐入之書面毛利隱岐持參

毛利大膳父子并大膳末家毛利讃岐毛利淡路毛利左京自判恐入之書付今日夫膳家老毛利隱岐差添粟屋隼太目賀田喜助ヲ以差出候事自判之書付ハ正月朔日ノ記ニアル

十二月八日

十八討手之諸藩被召出會議

毛利大膳父子謝罪之儀吉川監物ヨリ遮テ申出引續罪魁益田右衛門介福原越後國司信濃首級志道安房ヲ以差出參謀之者共一同斬首申付候段ヲモ申出候ニ付攻懸見合之儀諸手ヘ相達候事

一御追討之御主意申渡候付監物儀罷出大膳父子之情實申述候事

一三條實美始五人松平美濃守ヘ引渡之儀申渡候事

此趣奉畏此節長州オイテ専所置運ヒ中ニ候事

一山口城破却之儀監物ヘ申渡候処御請仕候事

一大膳父子謝伏之証書差出候事

益田右衛門介始暴行之一件大膳父子平生之綏《セカ》ヲ罪科難遁依之寺院ニ蟄居恐懼罷在何分之御沙汰奉待旨自判之証書差出候事

一三末家ノ者ヨリモ謝伏之証書差出候事
一右ニ付不日山口城破却且萩城之躰大膳父子蟄居謹慎之樣子等爲見留督府名代監察指向筈ニ候事

十二月八日
十九阿部主計頭引揚方之御達
毛利大膳父子謝伏之運ヒニ至リ恐入自判之證書モ差出候付先達相達候趣ハ有之候得共最早此表引揚候樣可被致候尤討手之人數ハ可被殘置候
十二月

十二月八日
二十小倉海岸於テ發砲之者有之哉ニ付越前守へ御達
近日小倉海岸ヨリ長州へ向ケ發砲ニテ傷候者有之趣風聞ニ候此節之儀ハ

奉
天朝幕府之命令進退候事ニ付別テ相愼輕擧妄動嚴禁ハ申迄モ無之其藩士共之擧動ニハ有之マシク候得共領内之事ニ付万一右等ヨリ他之變引出候得者自然譴責難免筋ニ候條向後之取締ハ勿論右風聞之虚實共精々取糺可被申達候事

十二月八日

二十一副將ヨリ三條始引渡方ニ付戰闘之節之伺并差圖

三條實美始五人之輩并右ニ附属脱藩之者トモ請取方之儀ニ付此度松平美濃守ハシメヘ達之趣ハ全ク追討外之御処置ニ付下ノ關口討手之面々オイテ右ニ傚ヒ如何之擧動有之候テハ不可然候間心得違之儀無之樣可相示置旨御書付之趣致承知候右ハ追討外之儀トハ乍申請取方之儀ニ付自然戰闘ノ場合ニヲヨヒ候節ハ攻口之儀ニテ追討外トモ難申且副將ノ任ニモ有之

其儘閣候樣ニハ難致候條下ノ關口討手屯集之人數ヲ以臨時應援之指揮ニモ及度心得ニ御座候猶御差圖可被下候以上

十一月　　　　松平越前守

御差圖

書面之趣ハ時宜次第從是指揮ヲヨフヘク候

十一月廿四日付

二十二小倉ヨリ同斷之儀願

口上覺

三條實美始五人之輩幷右附屬脫藩之者トモ受取方等之儀ニ付此度松平美濃守ハシメヘ申渡候趣ハ全ク追討外之所置ニ付下ノ關口討手之面々ヲイテ右ニ傚ヒ如何之擧動有之候テハ不可然候間心得違之儀無之樣可相示置旨昨廿三日御書付ヲ以被　仰渡之候條右ハ御追討外之御処置ニ候旨具ニ

奉得其意候然ルニ松平美濃守始彼地ヲイテ脱走輩受取方之次第ニヨリ自然戰鬪ト相成卽逆徒御誅戮之御發端トモ相運ヒ候モ難量奉存候間若右之場合ニ及候ハヽ私井同姓佐渡守近江守幸松丸儀ハ兼テ下之關口攻懸之先鋒殊ニ細川越中守奥平大膳大夫ヨリ先立可相向旨厚キ蒙御沙汰同姓一統武門之高榮難有仕合奉存候就テハ臣下イツレモ一際憤起仕居候折柄ニ付右場合ニ及ヒ候ニ討入モ不仕候テハ先鋒ノ命ヲ蒙候身更ニ不安殘念ノ至奉存候依之彼地戰鬪ノ形勢ニ候ハ同姓一同則先鋒ノ心得ヲ以討入仕度念願ニ御座候間至其期候ハヽ何卒速ニ討入之御指揮兼テ被成下候樣奉懇願候以上

十一月廿四日　　小笠原左京大夫

十二月九日

二十三三條初請取方等之儀筑前へ御達

三條實美初受取方等之儀夫々御書面之通ニテ可然候五藩ヘ分配之儀ハ其藩ヘ一旦請取候上左之通取計之事

筑前ヘ　三條實美
肥後ヘ　三條西季知
久留米ヘ　東久世通禧
薩州ヘ　壬生基修
肥前ヘ　四條隆謌

十二月十日

廿四副將ヘ大目付附添無之ニ付御目付ヘ申達候書付

一左之通稻葉美濃守殿ヨリ被相達候

別紙之通御目付井上元七郎ヘ江戸表ニオイテ相達候旨申越候間此段

可被申上候事

井上元七郎

副將ヘ附添之大目付ハ不被差遣候間其心得ニテ其方儀指揮イタシ尤

早々出立可被致候事

十二月十日

廿五熊本ヨリ脫走人引渡方願并付札

三條實美始五人之輩并右ニ附屬脫藩之者トモ請取方之儀ハ松平美濃守樣

ヘ被　仰渡之趣有之專御取計ニ相成申儀ト奉存候然處近年越中守國許ヨ

リモ脱走ノ者有之生死之境ハ相分リ不申候得共自然存命仕居此度於長州
請取方相濟又ハ兵力ヲ以臨機ノ処置ニヲヨヒ仮令他藩之手ニ入候共直ニ
此方ヘ御引渡被下候様豫奉願置候此段可然様御差圖可被成下候

十一月

細川越中守家老
有吉將監

郡夷則

付札

書面之趣督府ヲイテ差支無之候間黒田家ヘ打合都合次第宜敷被取計候

十二月十四日

廿六石河佐渡守戸川鉾三郎爲見屆長州ヘ被遣

十九日

山口新築破損見分

二十日
萩城并大膳父子菩提寺へ蟄居之件見分
廿一日
長門為謝罪佐渡守宿陣へ罷出

私共儀　般道中筋無異儀今晝後山口表へ到著仕候付新築破壞場所之儀千賀與八郎始役之一統今日見分相濟申候右ニ付明廿日萩表へ可罷越ト奉存候依之申上候委細之儀ハ私共帰著之上申上候様可仕候
十二月十九日
石河佐渡守

私共儀昨日萩表へ著到仕候付今日千賀與八郎ハシメ役々一統城内并毛利大膳父子菩提所天樹院ニ蟄居之様子見屆候處如何之筋無之候依之申上候猶委細之儀ハ帰著之上申上候様可仕候
十二月廿一日
戸川鉾三郎
石河佐渡守

戸川鉡三郎

毛利長門儀佐渡守宿陣へ罷出謝伏之次第等直々申立度旨相伺候付勝手次第仕候様及差圖置候処今晩罷出候付私共千賀與八郎列座面會仕候處今度山口新築破却之体并當城内等見屆相濟黍仕合奉存旨申述且家老益田右衛門介ハシメ三人之者去七月於　輦下騒擾之始末深奉恐入自判之證書ヲ以奉申上候通全平常之緩ヲ罪科難遁菩提所天樹院ニ蟄居恐懼罷在何分之御沙汰謹テ奉待候旨ニテ謝伏之次第申立候付御惣督へ申上ニテ可有之旨相達置申候且大膳儀ハ病氣ニ付難罷出旨ヲモ申立候此段申上候猶委細之儀ハ帰著之上申上候様可仕候

十二月廿一日　石河佐渡守

戸川鉡三郎

十二月十八日

廿七阿部主計頭長大隅守ゟ御固場之儀御達

阿部主計頭
長大隅守

此度參府ニ付草津御固心得之儀ハ相解候當地ニ殘置候人數攻懸持口之儀ハ期ニ臨ミ督府ヨリ可及指揮候

十二月

當地ニオイテ若緩急之事有之時西口草津ヘ迅速出張設場之心得ヲ以平常斥候ヲモ相用臨時手配等之覺悟可在之事

松平安藝守始出勢之地ハ別帋之通之筈候事

十二月

十二月十九日

廿八有馬遠江守ヨリ水戸脫走ノ徒在所ヘ押入候哉ニ付伺幷差圖

私儀今般長防御征伐ニ付援兵被
仰付雲州竹矢村ヘ出張罷在候処先月十三日於江戸表御用番阿部豊後守殿ヨリ家來之者呼出之上御達御座候常州辺屯集賊徒之内脱走之者有之候ニ付見懸次第討取方之儀并當月六日於京都表所司代松平越中守殿ヨリ御達相成候右賊徒トモ越前海道ヘ落行候哉ニ付前條同様打捕方御書付ヲ以被
仰渡候趣夫々申越承知仕候然処在所役人共ヨリモ先達テ中追々探索仕候処賊徒トモ美濃路ヨリ飛驒國ヘ相掛リ越前國ヘ押入候ニ付松平越前守始間部卍次土肥能登守小笠原佐衞門佐家來中申合夫々手配有之私領分之儀モ警固之人數少分ナカラ繰出仕既ニ土井能登守家來ハ戰爭ニオヨヒ候趣急飛ヲ以申越候私書陣中在所至テ手薄之儀ニ御座候得ハ捕押方迚モ行屆申間敷不容易事件甚以心配仕候依之私儀援兵之儀ニモ御座候間早急引取在所手當向精々指揮可仕方可有御座哉奉伺候此段早々御差圖奉願候以上

十二月十五日　　有馬遠江守

御差圖
書面一軍悉ク引揚候儀ハ難相整候併段々被申立候次第モ無餘儀譯ニ付出張人數之內程能引分チ在所へ差向ケ候儀ハ承屆候
但引分ケ差向候ハヽ右人數之譯追テ可被申達候

十二月廿三日
仝斷ニ付再應伺井差圖
常野脫走之賊徒越前國へ乱入既ニ土井能登守人數及戰爭候趣ニ付私儀當所引拂在所手當向精々指揮仕度段先達テ奉伺候処猶又今般一橋中納言殿ヨリ別紙之通在所家來へ御達有之其上右賊徒去ル九日ヨリ松平越前守領分今庄宿へ致屯集候ニ付私家來共今宿迄出張仕候段急飛脚ヲ以テ申越候愈以不容易事件留守中行屆候次第ニ無御座依之早急引取同國申合討取方盡力仕度此段奉願候以上

十二月十九日　有馬遠江守

付札

書面急務自國之事件再申立之趣無餘儀次第且應援之儀ニモ有之候付一ト先可被引揚候尤在所表賊徒鎭靜之上ハ猶又持口へ發向イタシ候様可被心得候

（以下二行朱書）

右ノ通候処賊徒今庄宿ヲ去今分自國急務ト申程ノ儀ニモ無之候間人數引分指返シ遠江守引揚ノ儀ハ當分見合候旨十二月廿七日申達之

十二月二十日

二十九　毛利淡路ヨリ粗暴之輩嚴科ニ申付候旨

別紙之人員是迄粗暴過激之所業不少奉對
天朝　公辺候テ恐多次第ニ付夫々嚴科申付候此段御聞置被下候様奉願候

覺

右在郷蟄居

右扇腹

福間一内

兒玉次郎彦

河田佳藏

江村彦之進

井上唯一

本城清

岩城謙同

信田作太夫

淺見安之丞

莊原登美衞

渡辺新三郎

入江弥源太
右入牢
板倉様へ御預
林　　麓
變名豊原衞士
遠藤貞一
閼様へ御預
右秋元但馬守様ヨリ御屆相成候由
以上

十二月廿日
卅長防鎮靜方之義毛利左京初へ申渡之儀藝藩植田乙次郎へ達ス
毛利左京毛利讃岐毛利淡路吉川監物申合長防鎮靜方專盡力可有之旨申渡之儀宜取計之事

十二月廿三日

卅一筑前ヨリ五卿受取方ニ付長州ヘ應接之儀伺井差圖

今度長州ヘ滯在之三條實美始五人之衆請取方美濃守ヘ御任セ相成居申候付テハ無事故受取相濟候樣折角盡力周旋仕居申候然処右一件ニ付萩表ヨリ先日來使者差越申候得共彼方ニハ絕交之儀御屆モ仕置候ニ付其節ハ於領端爲及應接申候然ルニ依事領端之取合ニテハ彼是急便之道相運兼候筋合モ可有御座候間此度周旋之儀御達ニモ相成候付絕交之儀御屆ハ仕居申候ヘ共此以後使者等指越候節趣次第ニハ城下表ヘ指通シ及應接度御座候此段奉伺候樣美濃守國元ヨリ申越候以上

十二月

松平美濃守内
桐山作兵衛

付札

書面之趣承置候間猶立入早行相運ヒ候樣便宜次第可被取計候

十二月廿三日
卅二五卿引渡ニ付附屬之暴徒次第ニヨリ打取候旨大膳ヨリ屆出候
旨
三條實美始五人當月廿五日頃迄ニ松平美濃守ヘ引渡候手順ニ運候ヘ共附
屬之暴徒不伏之者モ有之候付兵士差向及說得其次第ニヨリ彼等打取實美
始早々可引渡旨大膳ヨリ相屆候付爲心得相達候事
十二月廿三日
十二月廿三日
卅三五卿附屬之暴徒攝海ヘ脫候モ難計ニ付木津川御固メ土州ヘ御
達
長州ヘ脫走罷在候三條實美始松平美濃守ヘ引渡候手順ニ有之候處右ニ付

属罷在候暴徒之内不伏之者モ有之哉ニテ萩表ヨリ人數差向精々及説得候ヘ共時宜ニヨリ候テハ彼等討取實美始引取之手筈ニ有之候処右暴徒之内長州蒸氣ヘ乘込逃亡之聞有之候右ハ未眞僞不相分候ヘトモ若攝海辺ヘ可相越哉モ難量候間心得之爲相達候事

十二月

十二月廿四日

卅四日石河佐渡守ヨリ鎭靜方并五卿所置方等毛利家老ヘ申渡候旨

一左之通毛利大膳家老ヘ相達候旨佐渡守方被申達候

今度鎭靜筋等見屆之趣等督府ヘ可申達候猶此上トモ油斷有之間敷候事

三條實美始五人之輩等所置方之儀ニ付頃日申達有之候通無猶豫早行

引渡方盡力可有之候事

十二月廿四日

卅五阿州父子共病氣ニ付出張延引之屆

私儀此度長防追討被

仰付候ニ付過日以來總隊之内一番手ヨリ三番手マテ一門蜂須賀主殿迄出勢爲仕引續出張可仕心得罷在候處兼テ持病之疝積不出來罷在候ニ付別帋書面之通　公辺ヘ御屆仕置爲名代嫡子淡路守速ニ出張爲仕候心得ニ罷在候処先頃ヨリ風疾ニテ相勝不申押テ出張モ仕度彼是療養仕候ヘ共時々發熱仕今以解熱仕兼至極難澁仕罷在候御急務之際誠以奉恐入候得共當病ニ懸不得止事少快迄出張延引仕候間此段御聞置可被下候以上

十二月十八日　　松平阿波守

別帋之通申達候就テハ四國兵指揮之儀ハ別人ヘ被　仰付候儀ト奉存候ヘ

共兼テ被　仰出候御懸リモ有之候ニ付此段御聞置被下度奉存候以上
御差圖
別帋之趣承置候四國兵指揮之儀ハ御手前陣代之事ニ付淡路守ニテ爲
心得候樣可被致候

十二月廿七日
卅六陣拂之儀討手諸藩ヘ命
毛利大膳父子服罪ニ付國内鎮靜之躰爲見留候処異儀無之候仍討手之面々
陣拂可被致候
元治元年
十二月廿七日　　　　　　　　　　　御　官
前大納言殿事此上之時宜被見計近々廣島表被引拂候積ニ被在之候爲承知
被相達候事

右之趣石州口四國口下ノ關口萩口藝州口一手之面々并軍目付へも可被申通候

十二月

十二月廿七日

卅七五道軍監へ諸軍著到人數等取調之達

討手之諸軍持口著到之遲速人數之多寡勤怠之譯引拂之日限等委敷取調上京之上可被申達候

十二月

十二月廿七日

卅八五卿轉移迄人數殘置方五藩へ御達

松平美濃守

細川越中守
有馬中務大輔
松平修理大夫
松平肥前守

三條實美始轉移有之候迄ハ程能人數殘置宜被取計候

十二月

十二月廿八日

卅九五卿引放方等之儀ニ付五藩へ御達

松平美濃守

三條實美始五人之輩御自分へ請取候上壹人ツヽ細川越中守始へ被引渡候筈候處直ニ各藩へ引放シ候儀運ヒ兼候內情モ相聞候付當時之間ハ領內ニ可被置候尤相請持之心得守衞之儀トモ細川越中守始へ相達置候付便利宜

被取計事

十二月

細川越中守

有馬中務大輔

松平修理大夫

松平肥前守

三條實美始五人之輩松平美濃守へ請取候上壹人ツヽ引渡候筈之処内情運ヒ兼候次第モ有之候付當時之間ハ美濃守領分ニ被差置候條相受持之心得ヲ以守衞之儀共宜被取計候事

十二月

十二月廿九日

四十五卿引放方等之儀ニ付筑前藩ヨリ伺并付札

三條實美始五人之輩當時美濃守領內ヘ差置候樣御達之趣早速國許ヘ可申越候就テハ此先各藩申合精々說得五ケ國ヘ引分レ候樣可取計儀ハ勿論ニ御座候得共万一運ヒ兼候內情有之弊藩幷外一ケ國ヘ兩三人其都合兩國ヘ引連之儀相整候時宜ニ到候ハヽ先其意ニ任セ引分ケ置候テモ不苦儀ニ御座候哉左候時ハ美濃守領內ヘ指置候形ヲ以受持之藩ヨリ人數引分ケ守衛仕心得ニ御座候此段奉伺候以上

十二月

松平美濃守內
桐山作兵衛

付札

書面之趣承置候間宜被取計候

十二月廿九日

四十一陣拂ニ付鎭靜筋之儀三末家吉川幷長州家老ヘ命

毛利左京

毛利淡路
毛利讃岐
吉川監物
毛利大膳家老
毛利筑前

毛利大膳父子服罪領内鎮静異儀無之候付御追討諸軍陣拂申渡候此上長防
鎮撫筋猶更厚相心得追而之
御沙汰弥以謹慎相待可申候
十二月
但吉川監物へ今日申談毛利左京初へハ正月二日申談候事

四十二長防追討之諸藩人數著到書

一軍兵惣人數十一月十一日豊前小倉表へ著
凡四千人程
松平越前守

藝州口ヨリ討手之面々

一軍兵惣人數

壹万人　右之外荷持夫

一軍兵惣人數十一月九日藝州廣島へ著到

貳千人　但陪卒共

一軍兵惣人數十月廿四日藝州廣島へ著到

千四百六拾貳人　但陪卒共

一軍兵惣人數十一月十一日藝州廣島へ著到

千人　右之外荷持夫　但陪卒共

一軍兵惣人數十一月十一日藝州廣島へ著到

九百壹人　但陪卒共

一軍兵惣人數十一月下日廣島へ著

六百五拾八人　但陪卒共

松平安藝守

板倉周防守

阿部主計頭

松平近江守

三浦備後守

陣代三浦玄蕃頭

板倉攝津守

一軍兵惣人數十一月十日藝州廣島へ著到
五百人　但陪卒共
一軍兵惣人數
九千人餘内三千百五人藝州へ追々ニ著
一軍兵惣人數十一月十五日藝州廣島へ著到
千八百人餘　但陪卒共
一軍兵惣人數十二月十四日藝州廣島へ著到
三千九百三十三人程　但陪卒共
一軍兵惣人數十一月廿九日藝州廣州へ著到
四百六拾五人餘
石州口ヨリ討手之面々
一軍兵惣人數十一月廿九日伯州米子表へ著到
壹万百三拾八人　但陪卒雑夫共

本多肥後守
松平備前守
中備池田信濃守
脇坂淡路守
加賀中納言
名代家老長大隅守
紀伊殿人數
松平相摸守

一軍兵惣人數十一月八日先手之人數領分益田村到著　松平右近將監

三千六百人程　内貳千人余先差出

一軍兵惣人數十一月十一日先手城下高崎へ著到　龜井隱岐守

三百貳拾七人

内

戰兵四拾五人

戰卒百五拾壹人

從卒百三拾壹人

一軍兵惣人數十一月十五日雲州能儀郡清井村へ著到　松平三河守

貳千三百五拾九人

一軍兵惣人數一ノ先品儀ヨリ知井宮ニノ見今市遊軍直江町旗本備ヨリ殿備迄　松江松平出羽守

七千四人

内

戰兵千五百廿壹人
雜兵四千八百壹人
夫馬口取六百八拾貳人

一軍兵惣人數十一月十一日雲州安國寺へ著到　有馬遠江守
千三百人
內
徒士以上百八拾壹人
足輕　百五拾人
陪卒小者九百六拾九人

一軍兵惣人數十一月十一日領分境能儀郡松井村迄人數差出ス　松平佐渡守
九百拾壹人

一軍兵惣人數十一月十六日人數領分境迄出ス　松平主計頭
貳百人程

一先手一隊人數（先隊十一月八領分之内三机浦へ旗本隊同十月八幡宮へ著）　伊達遠江守
千九拾人程　但陪卒持夫之類
旗本隊人數
二千三百六十人程　但陪卒持夫ノ類迄
外ニ
船付水主類迄四千六百人程

一軍兵惣人數　松平阿波守
大凡壹万貳百人程
海路四國ヨリ討手之面々

一軍兵惣人數（十一月五日出立同十四日藝倉橋島へ著船）　松平讃岐守
貳千三百人計

一軍兵惣人數（十一月九出帆同十二日松山中島迄著船）　松平壹岐守
千三百五人程　但雜兵トモ

海路下之關ヨリ討手之面々

一軍兵惣人數 沼田勘ヶ由八月廿三日ヨリ出張其外追々　細川越中守
壹万人餘　但陪卒共

一軍兵惣人數 城外屋場三ヶ所へ出張　小原笠左京大夫
五千貳百五拾人　但陪卒共

一軍兵惣人數 十一月十五日小倉表へ著　奥平大膳大夫
二千百三拾四人　但夫ノ者共

一軍兵惣人數 十一月十五日豐前小倉へ著　小笠原佐渡守
二千四拾三人　但陪卒共

一軍兵惣人數 小倉へ出張之心居《マヽ》ニテ扣居　小笠原近江守
六百九拾五人　但夫ノ者共

一軍兵惣人數 十月十二日小倉へ著　小笠原幸松丸
七百四人余　但雜兵トモ

一軍兵惣人數 内六千人余領分境迄出シ余ハ城下ニ扣
松平美濃守
壹万五千人余　但陪卒共

一一手之軍兵惣人數 十一月十一日一手ノ人筑前國木屋瀬著
松平肥前守
八千八百八拾六人　但兵船手夫共

一軍兵惣人數 先手十一月十七日ヨリ豊前國ヘ追々著
立花飛騨守
千五百人餘　但雜兵共

一軍兵惣人數 十一月十九日領分高田ヘ著同二十五日迄ニ著
松平主殿頭
八百六拾六人　但陪卒共
外ニ
二千人余　小者
海路萩ヨリ討手之面々

一軍兵惣人數 惣宰島津又六郎初十一月朔日國許出立
松平修理大夫
國許ヨリ

三千八余筑前蘆屋ヘ當分滞陣　但陪卒共

京地ヨリ救應隊

千人位　同　斷

一先備惣人數追々著十一月十六日ヨリ　有馬中務大輔

二千九百人

内

二千八余陪卒雜兵トモ

右討手之人數凡拾五万人程

十二月十七日

四十三阿州病氣ニテ嫡子出張ニ付討手指揮之件

松平阿波守儀長防追討被

仰付候處病氣ニ付爲名代嫡子淡路守出張爲致候由就テハ四國ヨリ討手之面々指揮之儀兼テ尾張前大納言殿へ被仰達候へ共右之次第ニ付別人へ被仰付候儀ト相心得候旨別紙之通書面差出候ニ付可否トモ當地ニヲイテ可相達ト存候へ共最前其御地ヲイテ御達有之候儀ニモ有之且長防追討之儀ニ付軍事之儀都テ前大納言殿へ御委任被成候御判物之御文面モ有之旁當地ニテ右之趣可否相達候テハ御都合如何哉ト存候間阿波守差出候書面両通差進候間前大納言殿へ委細御達被成四國ヨリ討手之面々指揮之儀ハ別人へ被　仰付候共淡路守へ被　仰付候トモイツレニテモ於其地夫々御達有之様致度存候以上

十二月十七日

諏訪因幡守

阿部豊後守

松平伯耆守

牧野備前守

水埜和泉守

稲葉民部大輔殿

督府征長紀事

五

一慶應元年正月元日

長防鎭靜ノ件御使千賀與八郞長谷川惣藏儀永井主水正戸川鉾三郞ト共ニ大江丸ニ乘組十一日江戸著幕ヘ御達

毛利大膳父子御追討ニ付惣督蒙

仰藝州廣島ヱ出陣仕候処彼ニ於ヘテ只管悔悟服罪イタシ長防全及鎭靜申候此段御屆申上候宜御評議相當ノ御所置被　仰出候様仕度奉存候猶此上國内鎭靜方三末家幷吉川監物大膳家老ヱ急度申付松平越前守始討手ノ輩陣拂之儀申渡某儀モ引拂申候依之別紙六通相添申上候右等之趣早々出府可申上之処歸路ノ節一旦入京件々之次第

奏聞仕歸國之上出府可仕ト奉存候此段モ申上候

十二月　　　　　御　　官

罪魁益田右衞門介福原越後國司信濃嚴刑ニ行ヒ首級實撿ニ差出其餘參謀ノ者トモ斬首申付候旨申出候事

一暴臣トモ於
輦下騷擾ノ始末大膳父子平生ノ緩セ罪科難遁依之寺院蟄居恐懼罷在何分ノ　御沙汰奉待旨自判ノ証書并國司信濃ヱ軍令狀相渡候始末恐入候趣ノ書付ヲモ添差出ス

三末家ノ者ヨリモ恐入候段自判ノ証書差出ス

（朱書）右証書等都合五通差上申候

一山口ハ新規修築之事ニ付破却可致旨申渡則爲見屆家老石河佐渡守差向井立合ノ爲御目付戸川鉡三郎差遣候処破却ノ躰異議無之旨佐渡守鉡三郎申達候

一三條實美始五人松平美濃守細川越中守有馬中務大輔松平修理大夫松平肥前守ヱ分配各國許ヱ引取御預ニ爲取計候筈ニ候事

一大膳父子萩城立退寺院蟄居ノ躰佐渡守ハシメ見屆候処城中無異議大膳父子菩提所天樹院ニ蟄居罷在謹愼ノ躰疑敷儀無之旨佐渡守鉡三郎申達

之
一長防領内村市人民謹慎恭順ノ躰疑敷儀無之趣佐渡守鉾三郎申達之
大膳初自判ノ証書
私家老益田右衛門介福原越後國司信濃去七月於
輦下騒擾ノ始末深奉恐入候右ニ付三人ノ者禁錮申付御差圖ヲ奉待候処
却而過慮ニ相當候儀ト奉存此度嚴刑ニ処シ首級奉備
御實撿候幷ニ參謀ノ者トモ一同斬首申付委細吉川監物ヲ以申上候通ニ
御座候仝私父子平生ノ緩セ罪科難遁依之寺院蟄居恐懼罷在何分ノ御沙
汰謹而奉待候以上
元治元甲子年十一月廿六日
毛利大膳判
毛利長門判
去七月本家大膳家老益田右衛門介福原越後國司信濃於　輦下及騒擾候段

深奉恐入候右ニ付三人ノ者処嚴科首級奉備御實撿幷與謀ノ者一同斬罪申付候是全父子兼而ノ示方不行届ニ付罪科難遁依之退城謹愼罷在此上ノ御沙汰奉待候次第私於イテ深奉恐入候右等ノ趣篤ト被　聞召分何卒御寛大ノ御沙汰被
仰付被下候樣謹而奉歎願候以上

元治元子十二月朔日　　毛利左京判

私本家毛利大膳家老益田右衛門介福原越後國司信濃去ル七月於
輦下騷擾ノ始末深奉恐入候右ニ付三人ノ者禁錮申付御差圖ヲ奉待候處却而過慮ニ相當候儀ト奉存此度嚴刑ニ処シ首級奉備　御實撿候幷參謀ノ者一同斬首申付委細吉川監物ヲ以申上候通御座候全平常ノ緩セ罪科難遁依之寺院蟄居恐懼罷在何分ノ御沙汰謹而奉待候通大膳父子ヨリ奉歎願候処右件ニ付而ハ末家ノ私義是迄輔翼筋不束故ノ儀トモ於今ハ多罪重科奉恐入寺院閉居罷在候伏冀私身上如何樣ノ　御嚴罰被

仰出候共難有甘ゟ御受可奉申上念願ニ御座候間何卒格別ノ
御仁恕ヲ以大膳父子罪科一等
御寛大ノ御処置被
仰付被下候樣泣血奉懇願候誠惶誠恐頓首敬白
元治元年甲子十一月廿四日
毛利淡路判

去七月本家大膳家老益田右衛門介福原越後國司信濃於　輦下及騷擾候段
深奉恐入候右ニ付三人ノ者処嚴科首級奉備　御實撿并與謀ノ者一同斬罪
申付候是全父子兼ゟノ示方不行屆ニ付罪科難遁依之退城謹愼罷在此上ノ
御沙汰奉待候次第於私モ深奉恐入候右等之趣篤ト被
聞召分何卒御寛大ノ御沙汰被　仰付被下候樣謹ゟ奉歎願候以上
元治元甲子十二月朔日
毛利讃岐判

先般戸川鉾三郎殿ヲ以被　仰渡候
御書付ノ内國司信濃ヘ軍令狀相渡候上ハ軍謀顯然ノ旨此段深奉恐入候依之朝敵ニ相當仕候而ハ末代之汚名難相雪如何ニモ沍〔泣カ〕血ノ至ニ御座候右ハ脫走ノ者爲鎭靜人數差出候節印章差出候樣相願候付任其意候処於出先条々ノ主意ヲ取失ヒ遂ニ奉恐入候非礼非義ノ及暴動候段畢竟父子不明故任用非其人依賴仕過候ヨリ如此始末ニ至リ其罪科難遁如何成御譴責ヲモ可奉甘候得共素ヨリ奉對
天幕毛頭野心ヲ挾候儀無御座候間右等ノ処篤ト　御憐察被成下候樣伏而奉懇願候此段御內訴奉申上候間可然御取扱可被成下候以上

十一月廿六日　　毛利大膳
毛利長門

別紙ノ通御届申候就夫今般ノ御所置振ニヨリ實ニ天下ノ治乱安危ノ介界ニ有之無上ノ御一大事ト奉存如何相成候ハヽ御爲可然ト苦心ノ至リニ不

堪晝夜不安寢食熟考仕候得共何分不肖ノ某殊ニ一己ノ偏見ニテハ甚無覺束候付諸藩ノ見込ヲモ承リ篤ト折衷仕候処結局別紙ノ御所置ニ相成候方至極ノ御爲ト一決存詰候義ニ御座候若是ヨリ超候御所置ニ相成候ハヽ當今ノ形勢不思破ヲ生シ可申左樣相成候ハヽ段々增長遂ニ天下ノ大乱ヲモ引出衆中間敷極而御不爲ノ至ト奉存候間必爰ニ御決評相成候樣朝幕ノ御爲奉至願候尤罪按ノ儀惣督於ヘテ可申上儀ニハ無之候得共此一件御所置ノ次第ニヨリ天下ノ安危ニ關係可仕御儀ト存詰候付見込大綱ノ趣別紙ニ書取奉申上候事

十二月

一毛利大膳父子隱居被仰付薙髮永愼可被　仰付事

一毛利家ノ儀祖先以來公武ヱ勤筋ノ旧功モ有之家柄ノ譯ヲ以親族ノ内可然者ヘ家名御立被成

下長防ノ内十万石削除其餘萩城ト被下可相成事

　削地ノ儀ハ諸大名ノ内ヱ御預ニ可相成事

一三末家ノ儀ハ本藩御所置ノ釣合ヲ以夫々相應ニ可被　仰出事

(一行朱書)別段御内達此内御達書封物ニイタシ水野和泉守殿ヘ与八郎ヨリ差出候処追テ封ノ儘御差戻有之

大膳父子御所置ノ儀ニ付稲葉民部大輔方ヱ御書通ノ趣ハ委細承リ候得共猶見込ノ段左ノ通ニ候事

一御削地ノ儀當節長防ノ四民恭順謹愼ノ躰ヲ以相考候而ハ旧來ノ恩信格別ニ相見候間多分ノ御削除ハ勿論別紙ノ通御座候共更ニ旧主ヲ離レ候而ハ人心變動モ難計候間矢張其儘御預ニ可相成方哉猶御參考ノ爲申上候且右削地ノ儀ハ攝海辺海岸御嚴備ノ料ニ被宛行候ハヽ猶更格別ノ御儀ニ存候事

一三末家ノ儀本藩ニ准御所置可被爲在欤ニ候処當時鎭靜方專盡力罷在候儀ニ付其品ヲ以御所置可有御座候半哉ノ事

一吉川監物儀宗藩鎮撫方誠實盡力イタシ候儀ニ付何等之
御沙汰不被爲在方候半哉ノ事
正月二日
二長藩罪魁ノ妻子所置ノ儀藝藩ヘ御達
一益田右衞門介福原越後國司信濃妻子所置ノ右ノ趣御自分心得ノ振ニテ
毛利筑前ヘ無屹度相尋答之趣書取ニイタシ差出之事
(朱書)
右之通相達候処左ノ如ク答書差出ス
一益田右衞門介其外妻子ノ儀ハ於當節先親類トモヘ氣ヲ付候樣致沙汰置
候
一右衞門介其外家來共ノ儀ハ夫々分家ノ者ヱ鎭靜方申付置候
毛利筑前
正月二日
三毛利左京初督府ヘ達ノ義ハ藝州ヲ以可差出旨御達

毛利左京
毛利淡路
毛利讃岐
吉川監物
毛利大膳
家老

此以後督府ヘ申達候儀ハ藝州家ヘ申出有之候ヘハ夫ヨリ督府ヱ相達候筈候間得其意宜取計ノ事

正月

右ニ付辻將曹ヨリ左之通申出

昨日毛利左京始ヘ御達ノ趣ニ付毛利家ヨリ申出等御座候節ハ同藩中廣島迄罷越候儀ハ

御在陣中ノ通ニ相心得彼藩ヨリモ長防ヱ罷越引合仕候儀モ可有御座尤長

防人通行ハ差留候様兼而被　仰出モ御座候付廣島以東ヘ罷越候義ハ一切
仕ラセ不申心得ニ御座候右之趣奉申上置候以上

松平安藝守内

正月三日

辻　將　曹

四長防御所置寛大ニ過キ候而ハ不宜旨松前伊豆守ヨリ申上

長防御所置ノ儀餘リ寛大過候而ハ却而不可然旨松前伊豆守ヨリ藝州石立
鄉迄御使番御目付介土岐左近ヲ以申越候且又同人ヨリ差越候書付前大納
言殿御承知ニハ候得トモ寫相廻シ候右之趣前大納言殿ヘ可被申上候事
但伊豆守儀去月十五日京地ヘ著猶又御用有之同廿六日江戸表ヘ致出立
候事

寫

尾張前大納言殿出張前長州表所置ノ儀諸事寛大ヲ旨トシテ取扱候樣

御沙汰御座候趣傳承仕候寛大之所置ニモ輕重有之事ト奉存候右ハ如何程ノ
思召ニ御座候哉巨細奉窺度奉存候以上
十二月廿四日　松前伊豆守
右之通相伺候処
御附札
大樹前軍総督發向ノ上諸藩士氣引立弥盡力可有之御沙汰候事
十月十二日　尾張前大納言
今般長防征伐發向ニ付先達
三社御祈被　仰出候儀討手ノ諸藩弥以勵士氣人心一途ニ可有盡力更被
仰出候事
但此旨早々討手ノ諸藩ヘモ布告可有之尤關東ヘ可被爲在

御沙汰候処急速ノ儀ニ付総督ヘ直ニ被達候事
十月十六日
左之通
御沙汰ニ相成候此餘寛大ヲ旨トシテ取扱候様トノ御沙汰無之候事
十二月
正月
前大納言殿當月四日藝州廣島表發途被致候此段申達候様被申付越候
正月四日
五月番閣老ヘ申遣ス
六本郷御旅館ヘ大小監察江戸ヨリ御使ニ而來ル
但大膳父子江戸ヘ差下之件
大目付大久保紀伊守御目付山口駿河守儀爲

上使廣島表ヨリ早追ニ而參著今夕本郷驛
御旅館ヘ參上左ノ一二印御書付差上候付三四印ノ通　御卽答書御
渡之

一

一毛利大膳父子江戸表ヘ指下之事
　但御人數ノ內ニテ警衛之事
一三条以下七人江戸表ヘ差下之事
一大膳家來トモ急度爲相愼置御下知相待候樣吉川初末家共ノ內ヘ御達可
被成候事
一江戸表ヨリ御下知有之候迄所々出張ノ御人數ヲ始御引揚無之弥無油斷
警衛可被成候事
右之通御取計可被成候事

二別紙ノ通大膳父子差下申候ニ付テハ定而家來トモ附添罷出度段歎願可
申出ト存候其節ハ側向ノ者極少人數附從ヒ候儀ハ格別ノ思召ヲ以被爲
在
御許容候筈ニ候且重役ノ内壹人同時ニ罷出候樣可被成御達候尤人數引
連候儀ハ不相成候間其段モ御達可被成候事

三毛利大膳父子幷三条以下御所置ノ儀ニ付御書付ノ趣奉畏候然処右一条
ニ付而ハ段々熟考ノ上見込ノ次第等委曲稻葉民部大輔永井主水正戸川
鉾三郎ヲ以申上家來ヲ以モ老中迄申達候儀ニ付只今於ヘテ右之外何ト
モ難能勘辨兎ニ角前顯申上置候趣ヲ以篤ト御評議被成下候樣仕度尤前
以伺可申欤ニ候処左候而ハ遠路臨機ノ取計迚モ不行屆兼而
御黑印拜領御委任ノ御儀ニ付專
公武ノ御爲ヲ存上候而取計候儀ニ御座候間右ノ趣厚御汲取此上ノ御所

置御座候様仕度奉存候依之御受申上候
正月　御　官
四別紙ニ御請申上候通ニ御座候尤追而御沙汰御座候迄大膳父子謹愼國内鎭靜方ノ儀ハ吉川監物初三末家ヘ急度申渡置候儀ニ御座候
正月

七御上京ニ不及早々御參府ノ台命
前大納言殿御參府ノ節、御上京相成候ニ不及候當地御都合モ有之候間長防追討相濟候ハヽ、早々御參府被有之候様被仰出候間其段可被申越候事
右旧臘廿四日夕水野閣老ヨリ被相渡候旨江戸ヨリ尾州ヘ申來リ尾州ヨリ一文字宿次ヲ以西条驛ヘ到著ス

正月十一日姫路御旅館ヨリ
八御上京ニ不及早々御參府ノ台命有之候付乾山侯ヲ御名代トシ京都ヘ言上スヘキ旨
朝廷并幕府ヘ左ノ如ク御差出シ相成候事

朝廷ヘ御上申

謹而奉言上候毛利大膳父子服罪仕長防鎮靜仕候付臣慶勝義廣島表引拂近日登京可仕旨奉言上置候処大樹ヨリ今般歸路之節上京仕候ニ不及早々參府可仕旨申越候付一先參府可仕ト奉存候依之家臣成瀬隼人正義近々登京爲仕關白殿下迄言上可爲仕ト奉存候誠恐誠惶頓首敬白

正月　御官御諱上

公辺ヘ御達

毛利大膳父子服罪仕長防及鎮靜申候付帰路ノ節一旦入京件々ノ次第奏

聞仕帰國ノ上參府可仕旨申上置候処頃日旅中へ向ケ御沙汰ノ趣モ御座候間帰路ノ節上京不仕爲名代成瀨隼人正ヲ以關白殿下迄言上爲仕一旦帰國ノ上早々出府可仕ト奉存候此段申上候

正月　　　　御　官

九正月十六日

大坂表へ御凱陣ノ事

十一參內可有言上　朝命

(朱書)野宮中納言ヨリ御達

毛利大膳父子服罪長防鎭靜ノ趣近々成瀨隼人正ヲ以可有有言上ノ旨被
聞召
御不安堵ニ　思召候間帰路ノ節上京參內ノ上可致言上樣被　仰出候事

正月

（朱書）右ノ通候処御所勞ニ付暫時御滯坂ノ段御答
但正月十八日付ナリ

尾張前大納言口上

毛利大膳父子服罪長防鎮靜ノ趣近々成瀨隼人正ヲ以言上可仕旨被　聞召
御不安堵ニ思召候間歸路ノ節上京參内ノ上言上可仕旨被　仰出候然処旅
中ヨリ所勞罷在押而旅行仕候付猶以相勝不申候間無據大坂表ニ暫滯在手
當罷在申候間不取敢先々御受申上候トノ趣

十一　御上京並尾國へ御立寄無之御參府ノ幕命

右ニ付上京ノ朝命アレトモ御所勞ニ付御滯坂ノ処　朝命難默止ニ付廿三日一旦御上京ノ旨御答

元千代殿家老衆へ

前大納言殿御事去ル四日藝州御發途被成候由然処御歸路御上京且御國許

へ御立寄被成候趣左候而ハ御不都合ノ筋モ有之候間御上京并御國許へ御
立寄等ノ儀ハイツレニモ御見合早々御參府有之候様被
仰出候間其段可被申上候事

正月

（朱書）
右ノ通ニ候処左ノ通御答

毛利大膳父子服罪仕長防及鎮靜申候付入京件々ノ次第奏　聞ノ上參府可
仕ノ処旅中へ向ケ　御沙汰ノ趣モ御座候間帰路ノ節上京不仕爲名代家老
成瀬隼人正ヲ以關白殿下迄言上爲仕一旦帰國ノ上早々參府可仕旨申上置
候処大膳父子服罪ノ趣等隼人　ヲ以言上可仕旨被
聞召　御不安堵ニ被　思召候間帰路ノ節上京參　内ノ上言上可仕様被
仰出候旨傳奏野宮中納言相達旅中於イテ承知仕候処兼々所勞罷在押而旅
行仕猶以相勝レ不申候付無據大坂表ニ滯留手當仕罷在申候然処前顯ノ次
第ニ付未病中ニハ御座候得共押而明後廿三日當表發途一旦入京可仕奉存

候右ハ
御沙汰ノ趣ハ御座候得共
朝命難默止一旦入京仕早々參府可仕ト奉存候依之申上候
正月二十一日　御　官
正月廿三日
大坂御發駕牧方通御旅行廿四日京都へ御著
二月廿七日
御參　內
正月廿三日著十五日附
十二諸隊暴動ニ付乍愼中爲鎭靜發足ノ旨長州ヨリ屆
但藝州藩ヨリ差出
本家毛利大膳諸隊ノ者共近來段々暴動ノ所業有之難捨置次第ニ御座候然

ルニ長防鎭撫ノ儀ニ付而ハ兼而被
仰渡候趣モ御座候付私義謹愼中ノ儀ニハ御座候得共不得止爲鎭撫人數召
連發足仕候此段御屆申上候以上

正月十五日　吉川監物

十三大樹上坂被　仰付候間暫滯京ノ朝命野宮中納言殿ヲ以御達

尾張前大納言

今般大樹上坂ノ儀更被　仰出候ニ
御用有之候間暫滯京候樣
御沙汰候事

正月

右之趣月番御老中へ御達

前大納言殿儀今般

公方様御上坂ノ儀更被　仰出候付　御用有之候間暫滞京被致候様被
仰出候段野宮中納言殿ヨリ御達有之候付　御請被申上候此段申達候様被
申付越候

正月

十四脱走ノ五卿黒澤驛ニテ受取候旨黒田ヨリ届出候ニ付左ノ通御
達シ

三条實美始五人ノ輩當月十五日松平美濃守ヘ請取候段別紙ノ通申出候依
之先右ノ趣申上候

正月　　御　官

三条實美始五人ノ輩毛利左京家來迫田伊勢ノ助差添昨十五日私領黒崎驛
ヘ送來候付於同所受取申候先此段申上候以上

正月十六日　　松平美濃守

十五松平右近將監ヨリ諸隊暴動ノ趣ニ付領分境ヘ人數差出候屆
此度於長州諸隊ノ者諸所ニテ暴動イタシ候ニ付愼中ノ儀ニ候得共不得止事及追討候段隣國ヘ爲知ノ趣松平安藝守ヨリ通達御座候且長防ノ内度々戰爭モ御座候趣相聞候就而ハ暴徒領內ヘ入込ノ程モ難量奉存候間爲手宛領分境迄無屹度人數差出置申候御陣拂被仰出候時節人數差出候ニ付此段御屆申上候以上
正月　　松平右近將監

十六大樹上洛候ハヽ被召候間可有用意旨玄同公ヘ朝命　　尾張玄同
先頃以來大樹上坂或ハ上洛可有之御沙汰ニ付上著候ハヽ可被

召候間豫其用意可有之旨
御沙汰候事
二月
十七伊達遠江守ヨリ長州暴動難計ニ付公辺勤向ノ儀ニ付伺并差圖
毛利大膳父子服罪ニ付陣拂ノ御沙汰奉畏候然処未長防ノ結末御裁斷モ無
之ニ付至其節再暴動可有之モ難計ニ付領分ニテ其手當仕居候間最早解嚴
ノ場ニ至候ハヽ今一應御沙汰被成下度左候ヘハ夫ヨリ平生ノ通公辺勤向
モ相心得候儀ト奉存候此段遠江守申付候間御伺申上候
伊達遠江守内
岡田八郎兵衛
御差圖
書面ノ趣ハ長防追討ノ面々モ帰邑ノ上ハ四月六月前々割合ノ通參府
可致旨此節従

公辺御觸有之候付右ノ趣ニ可被心得候

二月六日
十八五卿筑前へ引渡ノ旨大膳左京ヨリ届出ニ付御達

毛利大膳領内滯在ノ三條實美初去月十五日松平美濃守へ引渡相濟候段別紙ノ通大膳并毛利左京申出候依之申上候

二月　御　官

私領内滯在ノ公卿方筑前表爲渡海過ル十四日長府ヨリ乗船翌十五日到彼地黒崎著船直樣松平美濃守方へ引渡相濟候段爲警衛附添差越候家來ノ者ヨリ注進仕候依之御屆申上候以上

正月十七日　毛利大膳

五卿方筑前表爲渡海昨十四日辰中刻長府乗船今十五日申刻到彼地黒崎著船直樣松平美濃守方へ引渡相濟申候依之本家大膳ヨリ御屆可仕候得共此度警衛等差出申候付此段御屆申上候以上

正月十五日　　　　　　　　　　毛利左京

十九五卿取締筋ノ儀細川初副將ヘ伺出候由ニ付
惣督府ヨリ御達可有之談置候旨越前ヨリ差出幷差圖

手覺

長州滯在ノ五卿衆松平美濃守樣ヘ御受取越中守肥前守方ヘ壹人ツヽ御渡相成候上當分ノ間美濃守樣御領內在留中左ノ廉々奉伺候

一最寄遊歩ノ儀如何相心得可申哉

一五卿ノ內互ニ往來面會扱又文通ノ儀如何相心得可申哉

一他藩ノ人等面會ノ儀右同斷

一付添ノ者勝手ニ外出不苦儀ニ御座候哉

右之廉々御付札ヲ以御差圖被成下度奉存候

細川越中守內
長谷川仁右衞門

松平肥前守内
愛野忠四郎

一有馬ヨリモ右同様ノ趣伺出候
御差圖
書面条々ノ趣御所置被
仰出候迄ハ都而遠慮爲致候積可被心得候其内無餘儀子細有之時ハ締
向緩セニ不相成樣勘弁次第宜被取計候

廿筑前ヨリ同様可相伺ノ処國許ヨリ到著不致候付細川初ト同様心
得可申旨

長州滯在ノ三条實美初受取候上美濃守領内へ在留中心得方ノ儀御伺可申
上ノ処未國許ヨリ到來不仕候然ルニ右心得方ノ儀細川越中守様有馬中務
大輔様松平肥前守様御家來ヨリ相伺御差圖ノ趣モ爲心得御達御座候付國
許ノ儀モ右御差圖通相心得候様申遣度此段御聞置可被下候以上

二月
松平美濃守留守居添役
三木省吾

御差圖
書面ノ趣承置候

廿一五卿引分方筑前井四藩へ御達

松平美濃守

三條實美始五人ノ輩御自分へ請取候段被相達候付而ハ五ケ國へ引分レ候儀万一運ヒ兼候內情有之御自分井外一ケ國へ両三人引分レ候儀相整候時宜ニ至リ候ハヽ先其意ニ可任哉ノ趣旧臘廣島表於イテ伺出承置候儀ニハ候ヘトモ畢竟先方ノ心儘ニ有之候而ハ御威令難相立候間精々申談實美初五人ノ輩井附屬ノ者共手番ヒ次第最前相達候通各藩へ引渡方盡力被取計候樣可被致候尤請取方等ノ儀細川越中守初へモ相達置候事

二月

細川越中守
有馬中務大輔
松平修理大夫
松平肥前守

三條實美始五人ノ輩松平美濃守へ受取相濟候付各藩へ引渡方ノ儀美濃守へ申談候付而ハ三条西季知(朱書)細川、東久世通禧(朱書)有馬、壬生基修(朱書)薩州、四條隆謌(朱書)肥前、事御自分へ御預ノ筈候間請取方等宜被取計候事

二月

廿二五卿附属ノ者モ人數引分方四藩へ御達

松平美濃守

三條實美始五人ノ輩幷附属ノ者トモ手番ヒ次第各藩へ引渡方ノ儀頃日相達候就夫是迄實美初へ附属脱藩人各藩申合程能人數引分ケ引渡方可被取

計候尤右之趣細川越中守始ヘ相達置候事

二月

細川越中守

有馬中務大輔

松平修理大夫

松平肥前守

三條實美始五人ノ輩并附属ノ者トモ引渡方ノ儀松平美濃守ヘ申談候付受取方ノ儀頃日相達候就夫實美初ニ附属脫藩人各藩申合程能引分ケ引渡候樣可取計旨美濃守ヘ申談候得共其意宜可被取計事

二月

諸軍著到等軍目付達ノ趣御達

二月十五日

但本書無之

廿三大膳父子幷三條以下被召寄大小監察被遣右御用モ有之候間早
々參府ノ旨幕命
尾張前大納言殿へ
毛利大膳父子幷三條以下御所置ノ儀ニ付大久保紀伊守山口駿河守ヲ以被
仰出候趣被成御承知候処右一條ニ付而ハ段々御熟考ノ上御見込ノ次第等
委曲稻葉民部大輔永井主水正戸川鉾三郎ヲ以被
仰上猶御家來ヲ以モ老中迄被仰達候儀ニテ只今ォイテ右ノ外何トモ難能
御勘弁兎ニ角前顯ノ趣ヲ以此上ノ御所置有之候樣被成度旨等委曲御受被
仰上候趣達
御聽候右ハ　御趣意モ被爲
在候ニ付イツレニモ江戸表へ被　召寄候旨被
仰出候依之大膳父子爲警衛御人數御差出可被成候右御人數へ警衛方其外

指揮トシテ大目付駒井甲斐守御目付御手洗幹一郎被差遣候間御人數ノ義ハ大坂表ニ揃罷在右両人ノ指揮ニ隨ヒ候樣御申付可被成候右ニ付大膳父子ヘ申渡等ノ儀ハ甲斐守幹一郎ヨリ申渡候筈ニ候且又三条以上ノ者共ハ松平美濃守初御預ノ面面家來警衛イタシ江戸表ヘ差越候樣夫々ヘ被　仰付候事

尾張前大納言殿へ

毛利大膳父子井三条以下ノ者共江戸表ヘ被召寄候ニ付而ハ御用モ有之候間早々御參府被成候樣被　仰出候事

右御所置ハ御爲メニ相成間敷旨幕ヘ被　仰立左ノ通

(二行朱書)
二月廿一日月番牧野備前守殿ヘ御差出サセ

毛利大膳父子江戸表ヘ被爲召寄候旨大目付駒井甲斐守御目付御手洗幹一郎ヨリ申渡候筈ニ付人數大坂表ニ揃ヘ置両人ノ指揮ニ隨ヒ候樣可申付旨御書付ノ趣承知仕候然処大

膳父子於イテハ兼而申上置候通ノ次第ニ付尤可奉畏候得共長防ノ士民ヲ
エテ譜代恩顧ノ主人難見放ナトノ氣辺ヨリ如何樣ノ變動モ難計夫ヨリシ
テ終ニ增長仕候ハヽ天下ノ治乱ニモ相關ハリ不被安　台慮次第ニ可及哉
ト深ク痛心仕候付而不憚忌諱心底ノ趣申上候是等ノ見込ハ副將松平越前
守ニモ同意ノ儀ニ御座候間長防ノ情態篤ト申上候迄ハ兎ニ角御猶豫御座
候樣仕度乍併一旦被　仰出候御儀ニ付
御威光難相立　思召ノ程モ可有御座此段ハ實ニ奉恐察其辺ノ儀モ乍不及
盡慮仕候処私オヘテハ別段ノ見込難相立仮令列藩へ被　仰付御主意貫徹
ノ御見込被爲在候共天下ノ
御爲メニ相成間敷ヤト痛心仕候右ハ不恭ノ至深奉恐入候得共
御爲一途ニ存詰誠實吐露仕候是等ノ趣御恕察御賢斷被成下候樣仕度依之
申上候

二月　御官

同十五日
二十四日諸軍著到等軍目付達ノ趣御達
一左ノ通月番御老中ヘ御達有之
（一行朱書）
二月廿一日牧野備前守殿ヘ御差出サセ
毛利大膳始御征伐ニ付討手ノ人數著到日限等五道ノ軍目付ヨリ別紙
ノ通相達候付右十五通相添此段被申達候
二月
（朱書）
別紙無之

廿五一旦御上京ノ　朝命ハ無據候得共御用濟早早御參府ノ幕命
元千代殿家老衆ヱ
尾張前大納言殿
毛利大膳父子服罪長防及鎭靜候ニ付御歸路ノ節御入京ニ不及直ニ御參府

被成候様相達候処傳
奏衆ヨリ被相達候趣モ有之候ニ付一旦御入京有之候段無御據事ニ候得共
當地ニオヘテモ御用有之候間京都ノ御用相濟候ハヽ早々御参府成サレ候
様可被申上候事

二月二十一日
長州諸隊暴動鎮靜ノ趣瀧川又左衛門ヨリ申越

二月二十一日
廿六藝藩寺尾生十郎儀長藩柏村數馬ト直話ノ要旨左ノ書付二月十
七日ノ便ニ又左衛門此節左〔在カ〕藝ヨリ差越之

一去ル廿九日爲諸隊追討長門出馬ノ筈ニ御座候処俄ニ延引イタシ候次第
ハ此内申上置候其後色々議論有之約ル処追討ニ一決當月朔日致出馬明
倫館ヘ滯陣其所ヨリ奥用人役柏村數馬等先越シ山口迄罷越是迄色々申
諭候得共更ニ承伏不致無據其方トモ爲追討長門親ラ出張云々ノ旨隊長
エ申聞候処殊之外恐入タル体ニテ私共儀ハ重役以上ノ人々ヘ意趣有之

訳ニハ無之只々要路ノ小吏五六輩奸人有之只今ノ成行ニテハ遂ニ國家ノ御不爲ト相成歎ケ敷奉存候付右奸吏ヲ追ヒ退ントノ存念ノミニ御座候処君公御出馬迄ニ相成何共奉恐入候何卒右奸吏御退ケ被下候ヘハ如何様トモ御差圖ニ應シ可申尤斯迄御國力疲弊イタシ候テハ
尊王攘夷モ心底ニ不任儀ニ付今暫クノ間ハ何事モ御捨置一途ニ民政等ヘ御力被爲入御國力富强ノ御國是御一決御動搖無之様有之度奉存候其餘更ニ申上候儀モ無之云々ノ旨ニ付尤ノ儀ニ相聞候ヘ共奸吏ノ儀ハ其方トモ申聞候迄モ無之既ニ夫々御所置モ付キ居候儀御國力富强等ノ儀ハ罷帰リ具ニ可申上候間差向所々屯集罷在候者共速ニ一應山口迄引取ラセ追テ御沙汰次第他地ヘ退散可致哉ノ儀モ押合申候処承知ノ旨ニ付直ニ長門出張所迄引取右云々ノ旨申述候処大膳ヘ右等ノ次第可及相談旨ニテ直ニ陣拂幷清光寺東光寺ノ勢モ一應引取方取計置右等ノ趣監物エ爲可申入岩國ヘ罷越候旨申聞候事

一岩國ヱ罷越候道筋ハ山口通リ罷越候ヘ共何ノ障リモ無之通行ノ節見受申所同所新關館關門等修理等ノ儀ハ丸而虚說ニテ大ニ安心イタシ候尤關門ハ破却ノ儘ニテ番人ハ付ケ有之候三田尻辺ニテハ最早追々人數引揚候体モ有之按外都合好鎭靜ニ到リ其外イツレモ相替候儀無之今三四日モ經候ヘハ道路モ開キ差支無之樣可相成抔ト慥ラシク申聞候事

右ハ眞ノ要旨ノミニテ其余色々申聞候儀モ有之候ヘトモ筆頭ニテハ難申解御座候以上

二月廿七日

廿七御參內有之長防鎭靜御奏達

謹而奉言上候毛利大膳父子追討爲惣督臣慶勝儀藝州廣島ヱ出陣仕候処大膳父子寺院蟄居謝罪仕暴臣幷參謀ノ徒斬首申付罪魁ノ首級差出遂實撿其後愈以悔悟服罪仕長防全鎭靜仕候付猶両州鎭撫方夫々申渡臣慶勝儀當正月四日廣島表陣拂仕候尤委細幕府ヘ相達申候間大樹ヨリ奏　聞可仕奉存

候右ノ通速ニ長防鎮靜仕候段全
御威異《呉カ》故ト不堪感激ノ至奉存候誠恐誠惶頓首敬白

二月

御官御諱上

右節左ノ書付御差上有之

一十一月朔日大坂發途同十六日藝州廣島ヱ著到

一十一月十三日首級廣島ヱ護送

一十一月十八日攻懸日限見合ノ儀同十四日使ヲ以討手ノ諸藩ヱ申渡候事

一十一月十八日首級實撿

一十一月廿日首級吉川監物ヱ爲引渡遣ス

一同日三條實美初五人ノ輩長州ヨリ受取預リ置候様松平美濃守始ヘ申渡
候事

一十二月五日毛利大膳父子始自判恐入ノ書付指出

一十二月十四日長防見屆ノ者發途申付候事

一十二月廿四日山口新築破却場所丼萩城内等見屆濟ノ趣廣島ヘ申來候事
一十二月廿七日討手ノ諸藩陣拂申渡候事
一益田右衞門介福原越後國司信濃妻子親類ェ氣ヲ付候樣沙汰右家來トモハ分家ノ者ェ鎭靜方申付置候旨大膳家老申達候事
一正月四日廣島表發途同十六日大坂ェ到著
一三條實美始五人ノ輩正月十五日長州ヨリ松平美濃守ヘ受取候事
一實美始ニ附屬脫藩人ノ儀モ引渡方申渡候事
一實美始左ノ通分配方申渡候事

松平美濃守ヘ
三條實美
細川越中守ヘ
三條西季知
有馬中務大輔ヘ

東久世通禧
松平修理大夫へ
壬生基修
松平肥前守へ
四條隆謌
一諸隊爲追討毛利長門二月朔日出馬明倫館へ滯陣ノ処隊長於イテ恐入候付所々屯集ノ者トモ速ニ山口マテ引取追テ沙汰次第他地へ退散可仕旨申渡候処致承服追々鎭靜ニ到リ候事
但山口新館關門等修理ノ体更ニ無之事
廿八三條初御呼寄ノ儀暫御猶豫ノ儀幕へ御達
(一行朱書)
三月五日諏訪因幡守殿へ爲御差出
三條實美始五人ノ輩松平美濃守へ引渡濟ノ儀先達而申上置候右ハ實美始

（朱書）（實美始分配ノ名前書ナリ）
別紙ノ通各藩ヱ引渡方取計候樣美濃守ヱ申渡置候間引渡濟ノ境申出次第可申上候就夫實美始引渡ニ付而ハ難默止事情モ有之彼是遲緩仕候付美濃守へ精々申談專盡力爲取計候折柄實美始江戸表ヱ差越候樣被仰付美濃守始各藩於イテ深心配仕候儀ニ御座候間暫御猶豫御座候樣奉存候依之右壹通相添申上候

二月　御　官

廿九大膳父子御呼寄ノ儀先ニ被仰出候通ト再幕命（三月二日著二月廿六日付）

尾張前大納言殿ヱ

毛利大膳父子江戸表ヱ被召寄候旨被　仰出依之大膳父子爲警衛御人數御差出可被成候右御人數其外指揮トシテ大目付駒井甲斐守御目付御手洗幹一郎被差遣候間御人數ノ義大坂表へ揃置右兩人ノ指揮ニ隨ヒ候樣御申付可被成旨先達而被　仰出

候処駒井甲斐守ハ御役　御免被　仰付代リ大目付塚原但馬守差遣候間都テ先達テ被
仰出候通御心得可被成候事
(一行朱書)
右ノ通候処一位公ニハ存候分有之警衛人数ハ不差出旨御答
毛利大膳父子江戸表へ被為
召寄候依之大目付駒井甲斐守御目付御手洗幹一郎御差向相成候趣被
仰出候処甲斐守御役
御免被　仰付代リ大目付塚原但馬守被差遣候間警衛人数指出方等都テ先
達而被　仰出候通可心得旨御書付ノ趣承知仕候然処大膳父子被為
召寄候事件ニ付而ハ心底ノ趣委曲申上置候儀ニ付猶更御評議御座候様仕
度奉存候依之猶又申上候
三月　御　官
右ニ付塚原但馬守御手洗幹一郎へ左ノ通御達

毛利大膳父子江戸表ヱ被爲
召候間爲警衞人數被差出大坂表ニ揃置御指揮ニ隨ヒ候樣可被申付旨御達
ノ趣有之候然処大膳父子被爲
召候儀前大納言殿存慮ノ趣被在之江戸表ヘ被申上候付先々右人數ハ不被
差出候此段申達候樣被申付候

三月六日

以手紙令啓達候今般長州表ヱ爲御用當月初旬江戸表御出立被成候付テハ
御書取ヲ以被仰渡候儀モ有之候間被及御打合候儀モ可有之旨家來ノ者ヘ
御達ノ趣旨承知候右ハ尾張殿用達役ノ者大坂表ニ相詰罷在候間御打合ノ
儀モ候ハヽ右役ヘ御申談有之樣存候依如是候以上

三月六日　成瀬隼人正

塚原但馬守様

御手洗幹一郎様

（三月三日）三十參內ノ節賜酒饌征長ノ始末御賞詞ノ旨幕府ヘ御達

但本多美濃守ヘ爲御差出

今度參

內ノ節爲凱陣御祝酒肴ノ間於イテ賜酒饌小御所ヲイテ　關白殿下始列席征長ノ始末御尋ニ付言上仕候処貳百年來太平ノ処及ニ不血速ニ及鎭靜候段重疊ノ旨殿下ヨリ演達ニ付全

公武ノ御威光故ノ儀ニテ不肖ノ身不及儀ニ御座候旨御請申述候右節松平越前守ニモ同座仕（朱書）二月廿七日ノ記御奏達別紙ノ趣言上仕候依之右壹通相添申上候長防御所置振ノ儀モ殿下始ヨリ御尋御座候処右ハ總督ノ任ニ無御座幕府ヨリ奏達可有御座旨御受申述候此段申上添候

三月　　　　　御　官

三十一瀧川又左衞門過ル二月二日諸隊暴動爲見分被遣候処監物ヨリ鎮撫ノ見込申出候付本日歸著

左ノ書付差上

今度藝州ヱ御差向ニ付二月三日京都發足仕同十五日廣島ヱ著仕郎刻藝藩呼出明朝御口上ノ趣等可相達候間御請ニ罷出候樣幷辻將曹初モ罷出候樣申談候

一十六日朝御口上御請トシテ用人堀江太左衞門罷出候付御口上ノ趣申聞別段

御書相渡被遣被下品等夫々爲引渡申候

一追刻辻將曹植田乙次郎寺尾生十郎罷出候付今度御差向ノ御主意申聞右ニ付岩國家來ノ內差心得候者早々廣島ヱ呼出當節監物見込ノ趣幷諸隊暴動ノ情實等爲申達候樣岩國ヱ可申遣旨申談候事

但岩國ヘ通路方等早弁ノ爲林左門儀途中ヨリ爲追込差遣藝藩ヘ爲及談判候付生十郎儀去月十二日岩國ヘ相越御差向ノ次第監物ヘ申聞夫々及懸合候由ノ処其砌萩ヨリ柏村數馬ト申者使トシテ相越鎭撫治定ノ段相達談判ノ趣等生十郎傍聞イタシ追テ書取指出候付去十七日仕立飛脚ヲ以申上候且又兼テ藝藩ヨリ縣合有之諸隊暴動ノ始末等書付差出候筈監物ヨリ萩ヘ申遣有之既ニ數馬罷出候砌右書面持參可相成摸樣ノ旨相咄候由ニ付猶更早行差出方幷當節萩政府ノ者壹人早速廣島ヘ差出事情爲申上候樣數馬ヱ申含差戻候旨監物ヨリ申聞候由生十郎罷帰申聞候事

一二月廿日御請可被申上ニ付本城ヘ罷出候樣使ヲ以被申越候付寺山靫負林五郎四郎始罷出候処安藝守病氣ノ由ニテ紀伊守出會私御差向ニ付段々御懇ノ蒙御沙汰別段御書幷拜領物家來ヘモ被下品ノ御礼被申上御安否モ被相伺且今度御差向ノ御主意被相尋候付一ト通相達引取申候

但覲負五郎四郎始ヘモ別段逢被申候

一二月十九日岩國家老香川邦太郎用人塩谷貞助長新兵衛別紙一印書付持參ノ旨藝藩ヨリ申出候付藝藩差添旅宿ヘ呼出面會仕右書面受取候段申聞此度御差向ノ御主意猶更申談當節監物見込ノ趣且諸隊暴動ノ始末等相尋申候処本藩於ヘテ鎭撫治定相成候段最前御達申上候通ニテ分ケテ申上候儀モ無御座且諸隊暴動ノ儀ハ相互不通路ニテ逐一ノ儀難申上候間本藩ヨリ當節政府ノ者壹人早々廣島ヘ差出候樣申遣置候間右ノ者ヨリ爲申上候段申聞候事

一監物見込ノ趣并諸隊暴動ノ摸樣等二三印書面差出本藩於イテ當時鎭撫取計中ノ摸樣等モ近々使ヲ以爲申上候旨等申達候付京地ヘ申上方等猶藝藩ヘ引合置去月廿五日廣島表發足仕今七日上著仕候事

三月七日　瀧川又左衛門

一本家毛利大膳諸隊ノ者共暴動ノ所業有之候付人數召連發足仕候段最前

御届申上候処去十二日本家ヨリ使者ヲ以鎮撫取扱ノ治定ニ相成候段申越候付帰邑仕候此段御届申上候以上

二月十七日　吉川監物

二本家毛利大膳諸隊ノ者暴動ノ所業有之候処去十二日本家ヨリ使者柏村數馬ト申者ヲ以鎮撫取扱ノ治定ニ相成候段申越於私モ同意ノ儀ニ御座候付應其意申候此段御届申上候以上

二月廿六日　吉川監物

三正月二日諸隊ノ者赤間關新地會所ヲ襲ヒ役人ヲ追返シ武器金錢等少々奪取翌三日隊ノ者不殘會所引拂イタシ候由ニ相聞申候

一同六日夜八時繪堂粟屋帯刀出張場エ向ケ砲發陣屋燒失粟屋帯刀一手ノ者アカト申所ヘ引取候由ニ相聞申候

一繪堂ヘハ諸隊ノ者入替リ屯集イタシ候由

一諸隊ノ者小郡勘場ヲ襲ヒ代官ヲ縛シ候趣同九日徳山ヨリ報知有之申候

自然何日
別行マヽニ襲ヒ候哉ノ処ハ相分リ不申候

一同九日夜山口代官所ヘ隊ノ者多人數詰掛ケ候ノ処代官ハ萩ヱ罷出居合不申夫ヨリ町奉行所ヘ詰掛候由ニ相聞候得共委敷樣子ハ相分リ不申候

一同十日朝萩ヘ出浮ノ役人トモヨリ仕出ノ飛脚到來諸隊追討ノ趣隣藩ヘ致爲御知置候樣頼來候

但書前ヘハ長府ヨリ相運候由

一諸隊ノ者イツレモ暴動イタシ候付長門殿爲追討出馬被致候間監物儀モ爲應援致出張候樣トノ事萩出浮ノ役人トモヘ本家ヨリ達ニ相成候段十四日朝飛脚到來仕候

一同十五日監物儀玖阿マヽ驛出張仕候

一同十日ヨリ十六日迄繪堂佐々波両所ニ於イテ度々戰争有之互ニ勝敗有之候樣子ニ相聞申候

一同廿一日玖珂陣中へ本家ヨリ使者ヲ以申越候趣ハ毛利讃岐殿諸隊鎮撫ノ取扱ニ相成候就而ハ監物儀不取敢出萩イタシ候様ニトノ事ニ候得共折悪敷不快ニ付出萩ノ儀ハ斷申出候
一同廿五日監物儀不快且讃岐殿鎮撫取扱ニ相成候旁一先帰邑仕候
一二月朔日讃岐殿取扱調兼候付長門殿弥爲追討出馬被致候間監物儀モ早々出張イタシ候様トノ儀本家ヨリ使者ヲ以申越候得共病氣今以聢々無御座且最早領分近辺へ隊ヨリ人數差出候様ニモ相聞候付此砌容易ニ出馬難致追々時宜ニ寄應援可致段申斷置候
一同十二日本家ヨリ柏村數馬ヲ以又候諸隊鎮撫取扱ノ治定ニ相成候段申越候
一山口往來今以開ケ不申殊ニ花岡ヘハ比日隊ヨリ人數指出番所ヲ建嚴敷往來ノ人ヲ改候様子ニ相聞申候
但裏街道モ有之候へ共右同様ニ相聞申候

右ノ内ニハ風説取交相認候儀ニ付虚實難相分儀モ御座候間左様被聞召可被下候以上

二月廿六日

卅二龜井隱岐守ヨリ長州人城下へ罷越候段屆

二月十五日士分ト相見候者十二人從海上隱岐守領分城下ヨリ八里外飯浦ト申所へ致上陸夜ニ紛責原村ト申所迄罷越候処無程長州境從間道右ノ者ヲ追掛罷越候人數モ有之双方共長州人ノ趣兼テ差出置候家來ノ者トモヨリ注進仕候付早速人數出張爲仕事實取糺時機次第討取可申旨手堅申付差遣候処右出張ノ儀承知仕追掛來候者ハ夜中速ニ長州へ引取申候殘十二人ノ者取糺見候得ハ何角内輪混雜ノ儀有之萩表立退岩國へ罷越候ノ由勿論常服ニテ通掛候ノミト相聞候得共去秋以來長防人ノ儀領内へ入込且通行等差留置候儀付其段篤ト申聞候得ハ承服仕引取候付此上不都合ノ儀無之

樣仕差返申候尤隱岐守領內於イテ動搖等ハ無御座候得共此節柄ノ儀ニ付
在所表ヨリ申付越候間此段申上置候
三月
龜井隱岐守內
森岡新五右衛門
卅三大樹公上坂暫餘間モ可有之ニ付暫時帰國朝廷ヘ御願
但御聞届無之
謹而奉言上候先般豪征長ノ大任候処因
御威靈早速鎮靜ニオヨヒ其段奏
聞仕候就夫大樹更上坂被
仰出其節御用モ被爲　在候付臣慶勝儀被召留滯在仕候然処右上坂迄聊餘
間モ可有之奉存候間暫時ノ內帰國ノ御暇被下置候樣仕度三ヶ年來多分在
國不仕國務モ多々指湊國力疲弊ノ儀申迄モ無之且昨秋以來ノ征役人氣モ
倦怠仕候間一先右等条々一洗仕度御用ノ節ニ至リ候ハヽ尤急卒上京可仕

何卒右ノ趣早行　御許容被成下候樣仕度奉懇願候誠恐誠惶頓首敬白

三月　御官御諱上

右ニ付傳　奏野宮中納言殿ヨリ重役ノ内一人罷出候樣申來候付中奥

御小性水谷助六差出候処雜掌ヲ以左ノ趣申聞有之候旨同人差出

私儀傳

奏野宮中納言殿ヱ罷出申候処

御帰國御暇御願ノ儀

上ニモ御無理ナラズ

思召候得共先達ヿ阿部豊後守へ

御沙汰ノ趣モ御座候処未何等ノ儀不申上幕府ヨリモ何等御答無御座候付

ヿハ急便ヲ以御催促被爲在候事故其内ニハ申參リ候付今暫ノ内御見合相

成候樣雜掌木下右兵衞少尉ヲ以被申聞別紙御書付御返シ相成申候依之申

達候

御手筒頭格
中奥御小性　水谷助六

三月廿二日

卅四大膳父子御呼寄此節難被變ニ付最前ノ通人數御差出ノ幕命

尾張前大納言殿

毛利大膳父子江戶表ヱ被
召寄候付爲警衞御人數御差出大目付塚原但馬守御目付御手洗幹一郎指揮
ニ隨ヒ候樣御申付可被成旨先達而及御達候処大膳父子被　召寄事件ニ付
而ハ御心底ノ趣委曲被　仰立置候儀ニ付猶評議仕候樣被　仰立候得共右
ハ　思召モ被爲　在被
仰出候儀ニテ夫々御達モ相濟旣ニ塚原但馬守御手洗幹一郎儀ハ最早當地
出立モイタシ候付此節御所置相變候樣ニテハ被
仰出候御主意貫徹不仕候ニ付イツレニモ御人數御差出最前及御達候通御

心得御取計可被成候事
右ニ付再應申上候ハ痛心ナレ圧天下ノ爲メ猶御評議ノ儀御答
毛利大膳父子江戸表エ被
召寄候一件御猶豫御座候樣心底ノ趣申上候処右ハ　思召モ被爲　在被
仰出候儀ニテ夫々御達モ相濟既ニ塚原但馬守御手洗幹一郎儀ハ最早其御
地出立モイタシ候付此節御所置相變候樣ニテハ被　仰出候御主意貫徹不
仕候ニ付イツレニモ最前御達ノ通可心得旨御書付ノ趣承知仕候右ハ再應
御達モ有之候儀押返シ申上候段何共痛心ノ至ニ候得共天下ノ御爲實ニ御
大事ノ際ニ有之何卒今般ノ御所置ヲ以遍ク　御威德ヲ奉感戴候樣希望仕
候付最前申上候趣ヲ以猶更御評議御座候樣仕度不顧恐存慮ノ趣謹而申上
候
三月　　　　御　官

三十五御上洛被　仰出候ヘ共長防御所置ニ付暫時御見合ノ幕命

長防鎮靜ニオヨヒ候ニ付此上
御進發ハ不被遊時宜ニ寄猶被
仰出候儀モ可有之旨先般被
仰出有之候処京師ヨリ被
仰出候儀モ有之候付此度　御上坂ノ儀被
仰出候然処イマタ長防其外御所置モ有之候ニ付而ハ御發途暫御見合被成
候時宜ニヨリ速　御發途被
仰出候儀モ可有之候間御不都合無之様可致旨被　仰出候間此段可申上候
右ノ通被　仰出候間此段可申上候

三月

右ニ付暫時御暇ノ儀再應　朝廷ヘ御願

謹而奉言上候大樹上坂聊餘間モ可有之ニ付暫時ノ内帰國ノ御暇被下置候

樣奉願候処先達而阿部豐後守ヘ御沙汰ノ趣幕府ヨリ何等御答不申上候付今暫ノ內見合候樣可仕旨奉謹畏候然処大樹上坂ノ筈相決發途ノ儀ハ暫見合候趣等關東ヨリ申越今朝承知仕候就而ハ最前願ノ趣何卒早行御許容被成下御暇被下置候樣仕度只管奉歎願候臣慶勝誠恐誠惶頓首敬白

三月廿三日　御官御諱上

卅六暫時歸國御許候得共大樹上坂前可出京朝命

但乾山侯ハ被　召留候旨

尾張前大納言

先般來被召留候

御用中ニ付歎願ノ儀難被及

御沙汰筋ニ候ヘトモ去秋征長以來永々出國ノ事ニモ候間暫於國許養士氣

大樹上坂以前早々上京可有之猶其上御用濟ニテ御暇可賜候事

但何時可被召登哉モ難計ニ付兼而用意可有之事
三月
雑掌ヲ以
演達
成瀬隼人正儀ハ被　召留候事
三月廿五日頃
卅七松平右近將監ヨリ長防全鎭靜ニ付人數引揚候御屆
當正月中長防ノ内度々戰爭御座候趣相聞候ニ付暴徒領内ヘ入込ノ程モ難計奉存候間爲手宛領内境迄無虼度人數差出置候儀兼而御屆申上候処當節長防國内モ一致仕鎭靜ノ趣ニ相聞候間當月八日右人數引揚申候此段御屆申上候以上
三月　松平右近將監

三月廿六日
卅八御帰國ノ事
今曉　御發駕御帰國被遊
伊勢路四日振
御旅行三月廿九日
御著城
同日右之趣石部御旅館ヨリ幕ヘ御達
前大納言殿事
公方様御上坂ノ儀被　仰出候ニ付
御用有之候間暫滯京候様先達而
御所ヨリ御沙汰ノ趣御座候付是迄滯留被在之候然処此度　御上坂可被遊
旨被　仰出
御發途ノ儀ハ暫御見合被遊候トノ趣御達御座候付而ハ　御上坂迄聊餘間
モ可有之候間暫時ノ内帰國ノ御暇被下置候様仕度段

朝廷へ被奉願候処先般來被
召留候御用中ニ付歎願ノ儀難被及
御沙汰筋候ヘトモ去秋征長以來永々出國ノ事ニモ候間暫於國元養士氣
御上坂已前早々上京可有之候何時可被召登哉モ難計ニ付兼テ用意可有之
旨被
仰出候段野々宮中納言殿ヨリ御達有之候ニ付今廿六日京師發途伊勢路四
日振旅行同廿九日國元到著被致候積御座候此段申達候樣可〔被カ〕申付越候

四月

督府征長紀事

六

三月廿九日

一本多美濃守殿御渡四月五日京都到著

尾張殿家老衆江

先達而

御上阪之儀被　仰出も有之候処方今長防之形勢全鎮靜トモ不相聞既ニ

激徒再發之趣も有之被於京師候テモ深被惱

宸襟被　仰進候儀も有之且先達而塚原但馬守御手洗幹一郎被差遣候

御主意若相背候ハヽ急速

御進發被遊候間御日限被

仰出候節ハ聊御差支無之様可致旨被

仰出候

右之通被　仰出候間此段元千代殿前大納言殿玄同殿へ可被申越候事

三月

右ニ付　前大納言様ヨリ左之趣御達被遊候方可然哉ト尾州表ヘ談判申越候処評議中猶又御書付出候付此御達ハ御見合セ相成候ヘトモ為後鑑誌置
毛利大膳父子被
召寄候儀ニ付追々建白仕置候次第御座候然処此度塚原但馬守御手洗幹一郎被差遣候
御主意若相背候ハヽ急速　御進發可被遊旨等猶又被
仰出之趣奉承知候就夫再三之
御沙汰《遮カ》テ申上候段ハ何共恐懼之至奉存候得共實ニ治乱安危之境界不容易御場合ニ御座候付世態事情深御照察御評議御座候様仕度天下之御為難默止奉存候付心底之趣幾應モ申上伏而奉懇願候儀ニ御座候
四月
四月九日

二松平安藝守使者尾州罷登差出候書付

毛利大膳父子服罪ニ付此度江戸表へ被召寄右爲御用大御目付衆始廣島迄御下リ吉川監物其外　御呼出之儀モ可有之其節ハ右御役人中ヨリ御達次第取計可申旨二月廿六日於江戸御達有之候処昨冬以來之御運ヒ合モ有之當節之情態ニテハ安藝守家來トモ取扱方可行届儀トモ不被存候間別寫之通江戸表ェ申出仕置候此段一應御届申上候樣京師へ國元ヨリ申越候処最早御發駕後ニ御座候付去ル四日京地出立仕右之趣申上候

四月　　松平安藝守内　熊谷兵衞

此度毛利大膳父子江戸表江被召寄候儀ニ付御達之趣退而愚考仕候処昨冬以來　官軍之御威武ヲ以罪魁并參謀之徒等処嚴科只管謝罪之運ヒニ相成上ハ長防二州民心之企望モ大意推知仕候処自然御所置振行違ヒ是迄之御手續ニ反シ候抔ト異念ヲ生シ

申間敷トモ難申上奉存候萬一此度之一事ニ付最前之御運ヒ合無詮事ニ相成候而ハ再
皇國之騷乱ニモ可移行哉ト深ク奉案煩候右等之情態ハ素ヨリ
御廟筭モ被爲在候御儀トハ奉存候ヘ共猶當節之國情モ得ト御洞察被爲在度奉存候前文之次第ニ御座候間吉川監物其外御呼出シ等之儀不束之家來共取扱仕儀ハ中々可難行屆ト苦心罷在候却而
御武威ヲ損シ候樣之儀仕候テハ重々奉恐入候間別書御受申上候趣ハ御座候得トモ其期ニ至リ無餘儀御斷申上候品モ可有御座歟其段ハ下地御含置被下候樣仕度此段申上候以上

三月廿八日　松平安藝守

四月十一日夕

三松平伊豆守殿ヨリ御渡四月十七日京著

此度　御進發被　仰出有之候趣
御神忌御法會濟　御進途モ可被遊
思召ニ候此度ノ儀ハ御軍事之儀ニ付御武備ノ外ハ先規ニ不拘格別御省略
被爲在御手輕ニ御發途可被遊思召ニ候間御供之面々ニモ實備專一ニ相心
得聊ニテモ虛飾ヶ間敷儀無之樣可致旨被　仰出候
右之通向々ヘ相觸候間此段可申上候
四月
尾張前大納言殿江
毛利大膳父子當地ヘ被
召寄候儀ニ付再三被　仰立之趣達
御聽候処當今長防之形勢鎭靜共不相聞激徒再發之趣ニモ有之彼是御配慮
被遊
御進發之儀被　仰出候程之御事ニ付イツレニモ最前及御達候通御心得被

成候様被　仰出候事

右ニ付左之通

公辺へ御達之儀尾州ヨリ江戸江申遣之四月廿日以一文字宿次

毛利大膳父子江戸表江被

召寄候義ニ付再三申上候趣達

御聴猶又被　仰出候趣奉承知候右ハ長防鎮静之儀ハ兼テ申上候通御座候付テハ其後心得違之者暫暴動之所業御座候趣相聞候処大膳父子并末藩中ニオイテ専鎮撫仕既ニ隣境諸家之内右暴動ニ付再封域へ指出候固人数モ先達テ引揚候由ニ御座候是等之趣モ篤ト御照察被為在候様仕度尤鎮静方之儀ニ付テハ三末藩并吉川監物大膳家老之者へ精々申渡置候段ハ先達テ申上候通ニ御座候間此上万一心得違之者トモ有之御座候ハヽ鎮壓方被為仰渡可然儀ト奉存候併追々申上候主意見込行違居候テハ奉恐入候付副將松平越前守始討手諸藩之見込ヲモ御尋相成候様仕度此御一

擧ハ實ニ天下治乱之分際ニテ誠以不容易御大事ニ可相成ト深ク心痛仕
候間
御進發被　仰出候上之御儀ニハ御座候へ共猶厚御評議御座候樣仕度愚
衷之趣幾應モ申上伏テ奉懇願候
四月
四月十九日
四
一左之書付京地オイテ藝藩ヨリ差出之
四月廿一日尾州へ差遣之
先達而瀧川又左衞門殿ヨリ吉川監物家來江御示談之趣モ有之候付此
度毛利大膳家來林良輔監物家來井上司馬太郎ヲ以別紙御屆書両通廣
島迄差越右ハ鎭靜方懸引中彼是ニテ指出方延引相成此先弥鎭靜ニ至

候段ハ其節御届書差出候旨演説ニテ差出候付右之趣申上候樣國元ヨリ申越候此段申上候

四月　松平安藝守留守居　菅野肇

本家毛利大膳領内諸隊之者鎭撫取扱之治定相成候段ハ先達テ御届申上候通御座候之処追々及説得先ハ鎭靜仕候付弥以右之所置行届候樣仕度且國民爲撫育蟄居中奉恐入候得共出行仕候段此度大膳ヨリ申上候由使者ヲ以申越候此段私ヨリ申上候以上

三月廿三日　吉川監物

私領内長門國美稱《禰カ》郡伊佐辺屯集諸隊之者爲鎭靜人數差出候段先達テ御届申上候通ニ御座候然処少々及爭闘候儀モ有之候得共追々致説得先ハ鎭靜仕候付弥以彼者トモ鎭靜之所置行届候樣仕度且國民爲撫育此度彼地迄罷越候蟄居罷在候折柄出行仕候段奉恐入候得共不得止儀

ニ御座候間此段被聞召届可被下候以上

三月　　　　　　　　　　　　　毛利大膳

右之趣左之通

公邊江御達有之

長防及鎭靜候段兼テ御屆申上置候処私上京之砌長防國民之內心得違之者暫暴動之所業御座候趣相聞候付其砌鎭撫方之儀松平安藝守ヲ以テ毛利大膳并吉川監物江爲申渡候処鎭撫取計中之趣申達候付猶更鎭撫方之儀精々爲申渡置候然処此節別紙之通大膳并監物ヨリ申達候旨安藝守ヨリ申越候依右貳通相添申上候

四月

四月十九日

一左之書付於京地藝藩ヨリ差出之

長州表江脫走之七卿當時五卿ニ相成候訳合井舊臘十九日萩ヲイテ斬首被処候人名等萩表ヨリ御届仕候樣先達ゟ林左門殿ヨリ植田乙次郎ヘ御噂之趣吉川監物迄申遣候処七卿之内壹人ハ遠行壹人ハ脫走有之其度々別紙両通之通御届相濟候旨且又斬首ニ被処候者トモハ京地暴動ニ加ハリ候者トモニ無之外罪ニゟ被處候者ニ付申出ハ不仕トノ旨申來候付右之趣申上候樣國元ヨリ申越候此段申上候

四月

松平安藝守留守居
菅　野　肇

去亥八月末家毛利讃岐其外國元へ罷帰候砌御越元錦小路有馬守樣先達テ以來御病氣之処御療養不被爲叶去月廿五日申下刻被成御卒去候此段御届申上候樣宰相ヨリ申付越候間申上候以上

四月

長門宰相内
乃　美　織　江

先達ゟ末家毛利讃岐守外國元江罷帰候砌御越七卿之内元澤主水正樣

去月二日夜何処トモ不知御脱走被爲成候付追々ニ御尋仕候得共御行衛相知不申候此段御屆申上候樣宰相ヨリ申付越候間申上候以上

十一月三日

長門宰相内
乃美織江

四月廿六日

五朝廷江御願

謹而奉言上候家臣成瀨隼人正儀被召留滯京罷在候処此度毛利大膳父子始爲征伐大樹進發仕候付玄同事先手惣督之儀關東ヨリ申越候就夫右征伐之當否且玄同惣督之儀トモ不容易重大之事件ニ御座候付專謀議中ニ御座候処隼人正懸隔罷在候而ハ万端不都合難盡毫端當節

朝廷御用之御摸樣ハ奉量兼候ヘトモ自國急務之程深御垂鑒被成下隼人正儀此節暫時成トモ御暇被下置候樣仕度伏而奉懇願候臣慶勝誠惶誠恐頓首敬

白
四月　御官御諱上
四月廿七日傳　奏野宮中納言殿ヨリ御渡
尾張前大納言
成瀬隼人正暫時御暇願之儀被
聞食候就而者有官階家老爲代早々上京可有之
御沙汰候事

四月廿六日
六
一左之通松平美濃守ヨリ相達
長州御征討御帰縣被爲在候後二國之動靜探索仕候樣被
仰付置候付追々探索仕候得共浮説區々ニ而不分明候折柄比日萩表ヨ

リ内使差立同表一ト先諸隊動揺ニ付テハ大膳父子謹愼中深恐入鎭靜方別而致心痛候処此節一定候由勿論父子ニハ弥謹愼罷在候趣ニ候然ニ動揺之趣
天幕へモ相響且隣端嫌疑差發候而ハ第一　皇國御爲筋ニモ關係仕候旨猶更恐入候次第ニ付父子謹愼之儀ハイツ方迄モ貫徹候樣有之度旨委細申越候同表此節之所置不片寄樣鎭靜申付候趣ニ相聞候へ共此節申上候儀ハ前文之次第ニ候間右情實委細遂探索候者猶申上候樣可仕候此段不表立申上候樣美濃守申付越候以上
四月廿六日
松平美濃守留守居
東郷吉作
右之趣　公邊へ御達相成候方ニモ可有之哉之趣尾州へ申遣之
四月廿七日
五月九日

七

一左之通　朝廷江御達方長谷川惣藏尾崎八右衞門江申遣之
五月十二日御達取計候旨且御聞屆被置被下トノ御文意ニ付御達切之趣
京都ヨリ申來候事

謹而奉言上候今般 家臣成瀬隼人正儀 暫時帰府之御暇被下置右代合トシ
テ官階有之家老可差登旨被
仰出候付水野石見守上京之段言上仕候然処折惡敷痛所有之上道難仕
其外官階有之者病氣等ニテ差支候就テハ右病氣全快迄之処家老千賀
與八郎上京爲仕度一旦申上候テ再右樣奉願候儀恐懼之至御座候得共
不得止次第御聞屆被置被下候樣只管奉歎願候誠恐誠惶頓首敬白
五月　御官御諱上

五月十日

八

一松平越前守ヨリ左之通建白イタシ候由ニテ其段前大納言様へ申上之儀越藩ヨリ申來

今般毛利大膳父子御征伐トシテ御進發被　仰出候ニ付私儀大坂表ニテ御待受仕度奉願候処願之通被仰出難有仕合奉存候右ニ付昨秋以來之景況ヲ以愚考候処大膳父子降伏謝罪之次第ハ尾張前大納言殿ヨリ委細被及言上候通ニテ此上ハ大膳父子ヲ始二州之御仕置夫々御裁決迄之御儀ト相心得居候処今般之被　仰出ニ而ハ大膳父子悔悟之躰モ無之其上不容易企達　台聴候趣ニ而亦復御征討トシテ御進發被　仰出候儀如何之御次第ニ被爲在候哉難奉計御座候元來父子之譴責ヲ初始末嚴重ニ過一同死守之勢ト相成候ハ實ニ不容易事柄ニテ天下之御爲不可然ニ付父子重疊服罪之所ヲ以テ降命相待罷在候條々モ前大納言殿ヨリ具ニ

被申上置候事ニ御座候然処夫等之筋ハ一切御取揚モ無之再發之趣ヲ以　御進發ニ被爲及候御儀必御定筭可被在御儀トハ奉存候得共昨年之所二百年來未曾有之御大儀モ　御威光ヲ以不及干戈鎭靜ニモ可相成姿ニテ　朝野トモ漸安堵ニ帰シ候処又々大兵ヲ被動候儀ハ必天下之乱階ニ而諸大名之困究万民之怨嗟誠以不一方事トモニテ此上如何成不測之變可生哉モ難計乍恐　御家之御爲ニモ相成問敷欤ト不堪恐懼奉存候夫ニ付種々盡愚考候処畢竟　御上阪之上速ニ　御上洛大膳父子始二州之御処置
叡聞御伺　公武御合躰之御裁決ニ相成候ヘハ不覺干戈大膳初二州之士民ニ至迄モ如何様ノ御譴責ヲモ無異議甘受可仕ハ勿論ニテ天下ノ人心モ靖定ニ至可申必然之儀ト奉存候昨年之御機會ニ候ヘハ如何ニモ迅速御征伐御成功之上
御上洛御至當ニ奉存候得共當時勢ニテハ

朝廷ヨリモ先達以來每々
御上洛之御沙汰モ被爲在候哉ニ奉拜承候得ハ直ニ大坂ヨリ　御進發
被爲在候而ハ御都合如何ニ奉存候何御事モ
叡聞御伺之上ナラテハ
朝廷之　思召ハ素ヨリ天下ノ矚目ト申防長鎭壓之御運ヒモ如何可相
成哉ニ奉存候呉々モ御輕擧之御儀不被爲　在尙又再度叛狀之事實御
糺彈之上
朝命ヲ被奉天下ニ聲言シテ倶ニ御征伐被爲在候ハヽ御成功之程モ万
々無疑可爲御儀ト奉存候實ニ此度之儀ハ　御名義之正否　御家ノ御
興廢ニモ關係仕至重至大之御儀ト奉存候ニ付冐萬死奉言上候尙厚
御廟議被成下候樣伏而奉至願候誠惶誠恐頓首謹言

五月十五日

九御進發之儀ハ人心不居合ニ付無熟慮之儀幕府ヘ御建白

毛利大膳父子始不容易企有之更ニ悔悟之躰モ無之趣ヲ以爲　御征伐可被遊　御進發旨被仰出候右不容易トノ趣ハ如何樣之儀御座候哉素ヨリ御確證御座候上之御儀トハ奉存候得共御主意之趣諸藩ヘ貫徹不仕人心居合兼候節ハ御爲ニモ不可然哉ト奉存候間条々明ラカニ御觸示シ罪ヲ鳴ラシテ御征伐被遊候樣有御座度奉存候私儀乍不肖昨年征長惣督之　命ヲ蒙リ万緒御委任ニテ出征仕處処元ヨリ將器ニ乏敷重大之事件實以痛心仕候処偏ニ　御威德ニ依テ大膳父子速ニ服罪仕候次第等ハ委曲申上置候儀ニ御座候就夫今般之御儀　御廟謨之程ハ不奉伺候ヘトモ實ニ治乱之分際ニテ不容易御大事深御案事申上日夜不堪苦心奉存候間弥以　公武御一和人心帰嚮ヲ被爲得候御所置被爲在度御儀ニ奉存候私儀一旦惣督之命ヲ奉シ殊ニ御懿親之儀國家ノ御爲難默止奉存候間不憚忌諱申上候尤長防之情實列藩

之形勢等委曲御承知可被爲在候へ共猶深　御熟慮被爲在候樣只管奉懇願
候

五月　　御　官

右五月廿日水野泉州殿へ長門守罷出差出演説申添之趣共申述候処此儀
ニ付テハ京都ヨリ追々被　仰進候趣有之
御進發被遊候右以前ニ候ハヽ宜候へトモ最早　御發途後暫相成殊ニ
御主意之趣ニ而ハ御跡ヨリ御道中へ差上候儀ハ如何ニモ被存候間御國
元ヨリ御道中欤又ハ名古屋表　御泊城ニモ御成候事ニ付右節被　仰上
候而者如何併其儀ハ御差圖ハ被致兼候間右ノ心得ヲ以テ宜申上候樣ニ
ト被申聞候由ニテ御書付被相戻候段江戸ヨリ申來ル
一右之御書付　御道中へハ不被遣　御泊城之節モ御差出無之

五月七日御屆

十領内屯集ノ諸隊鎮靜方ニ付三末家ヨリ申達

私本家毛利大膳領内長門國美禰郡伊佐村辺屯集諸隊之者先達而少々及爭鬪候儀有之私儀郭門外迄出馬仕候之処追々大膳説得ヲ以先ツハ鎮靜仕候付弥以彼者トモ鎮靜之所置行屆候様大膳申談度付猶又此度美禰郡辺迄罷越申候閉居謹愼中之折柄出行仕候段深奉恐入候ヘ共不得止儀ニ御座候間此段御聞置可被下候以上

四月七日

毛利淡路

私本家毛利大膳領内長門國美禰郡伊佐村辺屯集諸隊ノ者先達而少々及爭鬪候儀有之大膳父子爲心添私義萩ヘ罷越候処大膳説得ヲ以先ハ鎮靜仕候得共此上鎮撫方行屆候様申談度儀ニ付引續美禰郡辺迄罷越申候猶又此後之趣ニヨリ申談度儀御座候節ハ大膳居所迄乘切ニテ罷越候儀モ可有御座謹愼中出行仕候段深奉恐入候ヘトモ不得止儀ニ御座候間旁之趣被聞召置可被下候以上

五月五日　　毛利左京

同文意

五月五日　　毛利讃岐

閏五月七日

右ニ付　公辺へ御届

毛利大膳領内鎮静方ニ付三末家之者トモ出行仕候段別紙三通之通追々申出候此段申達置候様前大納言殿被申付候

閏五月

閏五月十九日

十一志道安房初歎願書ニ吉川監物添書ヲ以藝藩へ差出ス

毛利大膳家老共ヨリ歎願書差出末家中へ周旋之儀歎出候旨ニテ吉川監物

ヨリ添書ヲ以同人家來目賀田喜助森脇一郎右衛門廣島迄差越シ別帋歎願
書両通差出方賴談仕候尤右家老共ヨリノ歎願其儘指出候儀ハ失敬ニ付歎
願之主意監物ヨリ書取可差出筈ニ候得共左候テハ事情相違モ難計ニ付其
儘寫取差出㒵失敬之段厚ク演説イタシ何分差出方只管賴談仕候趣國許ヨ
リ申越候此段申上候

閏五月十九日　松平安藝守留守居　菅野肇

本家毛列大膳家老共ヨリ別紙之旨趣徹上仕候樣末家中へ周旋之儀歎出候
右ハ此度不意之浮説ヲ受臣子之至情難忍段ハ無餘儀次第御座候得共厚御
憐察被成下候樣私トモオイテモ奉懇願候依之乍恐別帋其儘奉備尊覽候間
可然御執成之程奉願上候以上

閏五月　吉川監物

大膳樣　長門樣御事元來
皇國之御爲一途ニ御大義御名分ヲ被爲重

天朝　幕府ヨリ御沙汰之御旨ヲ御遵奉御確守被遊不誤期限被及攘夷候処
監察使御下向
叡感ヲ賜リ實ニ無究之鴻恩ト擧國感奮決心罷在候然処其後御沙汰之御次
第最前ノ御議論弥確定ニ被爲在候哉ト御國内之者自然疑惑ヲ生シ候儀有
之慨歎之餘リ終ニ去秋脱走之者有之闕下近ク罷出從來之
叡慮弥御確定相成度歎願ヲモ可仕樣子ニ付御家老被差登精々鎭撫被　仰
付尤歎願之趣ハ徹上仕候樣ニト被　仰聞モ有之候処豈計ランヤ於
闕下及妄動誠以日夜御寢食ヲモ不被安御恐懼至極ニ被成御座候折柄外夷
大擧襲來内外之大患相迫リ攘夷モ一己私鬪之樣ニ罷成不得止一旦止戰之
取計被　仰付上京之御家老共外嚴科ニ被処
天幕へ御詫被　仰上御恭順御謹愼ニ被成御座候内役人共処置不當之廉有
之擧國奮懣及變動候不得止　御父子樣御出被成是非ヲ御糺シ御告諭被爲
在漸々鎭靜ニ及候付愈以御恭順御謹愼ニ被成御座候御次第ニ御座候然処

近來
御父子樣御悔悟之躰無之却テ不容易企モ有之或ハ　幕府ノ御爲ナラス《ヌカ》儀
ヲ外夷ト相謀候ナト風說モ有之哉ニ承及ヒ言語ニ絕驚歎之至奉存候御家
來中ノ心事不得明亮之儀者血泣覺悟相極居候得共第一
皇國之御大義御名分ニモ相係リ上ハ
天朝　幕府ヘ奉對下ハ天下草莽ノ者迄存入モ可有之遺憾千万之儀實ニ臣
子之至情難忍ニ付此段厚ク御亮察被成下右等之浮說天下後世之爲メ得ト
御取糺被成下　御父子樣ノ御心事明白ニ相成候樣偏ニ御尽力之程舉テ奉
伏願候以上

五月

志道安房
根來上總
井上主計
毛利伊賀

毛利出雲
毛利能登
毛利筑前
宍戸備前

閏五月廿四日

右ニ付公辺へ御届

毛利大膳家老トモ歎願書差出候旨ニテ吉川監物ヨリ松平安藝守迄差越候段別帋之通申出候依右三通相添此段申上候事

閏五月　　御官

六月

十二大樹公上阪前上京被　仰出候処病氣御猶豫願

謹而奉言上候臣慶勝儀先般格別之以
御沙汰暫於國許養士氣大樹上阪以前早々上京可仕旨被　仰出候然処今般
大樹進發有之當節大阪表ヘ下向右地ニ滯留罷在候付テハ早々登　京可仕
筈御座候処頃日中持病之逆上眩暈時々强差發此節之躰ニテハ押テモ上途
難仕候付暫ク御猶豫被成下候様仕度此段兼テ御聞置御座候様仕度奉歎願
候誠恐誠惶頓首敬白

六月　　　　　　　　　　　　前大納言慶勝上

六月四日

十三　千賀與八郎上京之処大阪江差出旨

朝廷へ御屆

謹而奉言上候成瀬隼人正儀暫時御暇給候爲代家老千賀與八郎上京爲仕置
候処今度大樹依命主同儀登京仕猶又下阪仕候付而ハ用向都合候付與八郎

事大阪表江差下候樣仕度代リ人之儀ハ不日爲差登候樣可仕候間先此段御
聞置被成下候樣仕度御屆奉申上候誠恐誠惶頓首敬白

六月

前大納言樣

御官御諱上

六月十三日

十四公方樣大阪　御在城中三末家初申達候儀取計方藝藩家老ヨリ

伺御差圖之事

公方樣大阪
御在城中ニテモ長州三末家初吉川監物幷大膳家老共申達候儀安藝守ヨリ
督府樣江差出方兼而御達御座候通取計可仕哉且又右申達方ニ付毛利家藩
中ノ者廣島ヘ入來リ弊藩ヨリ長防ヘ罷越引合仕候儀ハ其砌申上候通其儘
相心得可申哉今般　御進發之儀ニ付右等一應奉伺候事

松平安藝守内
野村帶刀

御差圖
書面之趣両條トモ
公辺ヘ伺之上宜被取計候

十五大膳始ヨリ願之筋ハ御供之老中ヘ差出筈御沙汰之事

六月廿五日

尾張殿家老衆江
毛利大膳始ヨリ願立有之候節松平安藝守ヨリ尾張前大納言殿ヘ差出來候処此度紀伊中納言殿　御先手惣督被　仰付候ニ付以來紀伊殿江爲差出可申旨御同家江御申合被成候由ニ候ヘ共方今大阪　御滯座中之儀ニ付願立有之廉々ハ都テ御供之老中江差出紀伊殿前大納言殿ヘハ不及差出旨爲御心得前大納言殿江可被申上候事

六月廿六日
十六國内鎭撫筋ニ付大膳居所迄閉居中相越候旨淡路申出ル
寫
本家毛利大膳ヨリ國内鎭撫筋相談之儀申越候付無據大膳居所迄罷越申候
猶又此後ノ趣ニヨリ申談度儀御座候節ハ乘切ニテ罷越候儀モ可有御座候
閉居謹愼中出行仕候段奉恐入候ヘトモ不得止儀ニ御座候間旁之趣被
聞召置可被下候以上
六月二日
毛利淡路

征長紀事附錄

玄同公御進發御供之御內諭

一此度
公方樣御進發ニ付
玄同樣御供御願被遊候樣
御同所樣江可申上旨阿部豐後守殿ヨリ御內諭有之候付而林藤左衞門御小納戸蒲五兵衞御徒格支配勘定尾州ヘ罷登四月十日御內諭之次第委曲申述候趣佐渡守ヨリ之自筆手紙五兵衞持參十四日夜京著イタシ候右返報五兵衞ニ爲持差遣之十五日夜京發

玄同樣ヨリ御斷之御主意
陳者今般

公方様御進發ニ付從軍出願云々之御儀家來林藤左衞門蒲五兵衞へ御内諭之趣委曲奉伺候扠御進發ニ付親藩從軍之儀ハ素ヨリ之事ニ候得共小子へ先般從朝廷被　仰出候云々之御次第モ有之候付一己之決定ニモ難取計一應ハ關白殿下江モ申上候上ナラテハ　朝幕之命一時ニ難奉殊ニ御内密之御儀深心配仕候間不得止事次第厚御憐恕可被成下候且又毛利大膳父子江戸表江被召寄候儀ニ付テハ重大之事件深御案思ヲ申上候何卒天下之御爲相成候様仕度右辺之所者猶篤ト御廟謨被爲在度奉存候猶委細之儀ハ家來江申含候間御聞取可被下トノ趣

四月十二日夕松平伯耆守殿御渡四月廿四日京著

徳川玄同殿

方今長防之形勢全鎮靜トモ不相聞候ニ付　御神忌御法會濟
御進發モ可被遊旨被　仰出候依之
玄同殿ニハ　御先手惣督被
仰出候間格別被尽忠勤候樣ニトノ
上意候
右之御儀ニ付伯耆守殿別段內々被申聞候趣委曲五味織江差心得四月十四日出立
急行ニ而尾州へ罷登四月十八日尾著
五味織江演達之趣書取
伯耆守殿別段內々被申聞候趣ハ今般
玄同樣御先手御惣督被
仰出候付而ハ若々
前大納言樣ヲイテ征長
御惣督之御所置御不行屆等之御疑心被爲在間敷ニモ無之右ハ

前大納言樣ニハ御病中押テ御出張永々之御遠征御勞レ被遊候御儀ト
御推量被遊候ヨリ今般ハ
玄同樣江被　仰出候御訳合ニ候処万一彼是之御疑念等被爲在候而者
公方樣御爲幷尾國之御爲ニモ不宜候間是等之
御主意　御入腹被遊候樣
前大納言樣江繰々申上候樣可致旨尤
御進發ニ付御從軍等之儀
御發氣ニテ御出願被遊御儀ニ候ハヽ
公方樣ニハ不一形　御滿足思召ニテ可有之候間繰々モ前文之御訳合
不行違樣篤ト申上候樣ニト被申聞候事
一上意　御書付被相渡候上演說ニテ御達事長キ儀ニ付心得ノ爲メ演達振
公用人ヲ以テ相渡候旨被申聞公用人ヨリ差出候書付左之通
毛利大膳父子御征伐ニ付テハ先達テ前大納言殿ヘ諸藩討手ノ惣督被

仰付候処今般之儀ハ深キ
思召之御旨モ被為
在御先手惣督玄同殿へ被
仰出候尤御病氣ノ段ハ兼テ御承知モ被為在候得共格別御勉强御出張
被在之候様被
仰出候此段玄同殿へ可被申越候事

四月十八日松平伯耆守殿ヨリ御渡 四月廿四日京著

元千代殿家老衆江

毛利大膳父子初
御征伐之儀先般塚原但馬守御手洗幹一郎ヲ以被　仰出候　御趣意相背候
ハヽ急速
御進發可被遊旨先達テ被

仰出候処未右之摸樣ハ不相分候得共不容易企有之趣ニ相聞更ニ悔悟之躰
モ無之且御所ヨリ被
仰進候趣モ有之旁
御征伐被遊候旨被
仰出候依之五月十六日
御進發被遊候
右之通被仰出候間此段可被申上候
四月
一林藤左衞門蒲五兵衞儀罷登阿部豊後守殿ヨリ內々被申上候次第等及言
上候付左之通
玄同樣ヨリ豊後守殿へ
御直書ヲ以被　仰遣右

御書藤左衛門五兵衛江相渡今夕爰元發足道中差急可罷下旨申渡之
右ニ付末ニ相見候丸印之
御主意豊後守殿へ申達候樣ニト両人江申含候事
一書進呈向暑之節御座候得共
公方樣益御機嫌能被爲成　御座恐悦之御儀奉存候隨而貴君愈御淸寧
被成御奉職奉賀候陳者今般公方樣御進發ニ付從軍出願云々之御儀家
來林藤左衛門蒲五兵衛江御內諭之趣委曲奉伺候扠
御進發ニ付親藩從軍之儀ハ素ヨリノ事ニ候得共小子江先般從
朝廷被　仰出候云々之御次第モ有之候付一己之決定ニモ難取計一應
ハ關白殿下へ申達候上ナラテハ
朝幕之命一時ニ難報殊御內密之御儀深心配仕候間不得止事次第厚御
憐恕可被成下候且又毛利大膳父子江戸表江被　召寄候儀ハ重大之事
件深御案思ヲ申上候何卒天下之御爲相成候樣右辺之処ハ篤ト

御廟謨被爲　在度奉存候猶委細之儀ハ家來へ申含候間御聞取可被下
候餘ハ後鴻之節ト早々如此候不具
月日
再白兎角不順之時候ニ有之候間折角御自愛專一ニ奉存候以上

御一手ニテ御征伐之儀深御案思被遊候事
一御親征ニ付テ御從軍之儀ハ素ヨリノ処
朝廷ヨリ被　仰出云々御心配被遊候事
一御一分御從軍之儀ハ御傍觀難被遊候ヘトモ御大任之儀ハ難被行屆
思召之事
一御引卒《率カ》之御人數ハ
前樣御召連之御人數繰返シ御遣ヒ被遊候筋ニテ一同勞疲難堪候事
一昨秋來之御長役殆御疲弊トテモ御再擧之御用途難被支事

五月五日

一玄同樣御惣督

御免之儀左之通　公辺へ被　仰達候筈御決被遊候付御達方之儀一文字

宿次ヲ以今晩差立江戸江申遣之

右ニ付御內慮之趣

御直書ヲ以閣老江被　仰遣候次ニ誌

一御泊城之節　御主意之趣　御直ニ御伺被遊其品ニヨリ　御從軍可被

遊　御內慮之趣閣老ヘ演達之儀ヲモ申遣之右　御主意之趣末ニ誌之

一五月九日松平伯耆守殿ヘ差出候趣等江戸ヨリ申來

今般長州　御征伐ニ付　御先手惣督被　仰付冥加至極難有仕合奉存

候然処不肖之私大任之成功無覺束去年來征長ヲ初重大之國役差添ヒ

疲弊仕候折柄猶又私儀惣督蒙　仰候段何分用途難支且前文之通不才之私トテモ大任難相勤候間深　思召之程ハ奉計兼候へ共厚　御憐恕被爲在前願被仰出之趣幾重ニモ　御免被成下候様仕度只管奉懇願候

五月　御　官

御直書

陳者今度　御進發ニ付御先手惣督被　仰付冥加至極難有奉存候然処不肖之私大任之成功甚無覺束却而　御威武ニモ相拘リ候而者奉恐入且昨年來國費夥敷財力士氣共ニ疲弊仕再擧之籌策更ニ相立不申候間惣督之儀幾重ニモ　御免之儀奉願候儀ニ御座候就夫紀伊中納言儀ハ昨年　御進發御後備被　仰付候処出軍ニヲヨヒ不申猶亦今度御後備被　仰出候儀ニ御座候処私儀ハ素ヨリ非器不才ニテ一國撫育モ行届兼且病軀ニ付不得止先年退隱奉願候程之儀ニ御座候間何卒右之儀御照察被爲在願之通　御免被成下候様仕度乍併今般被　仰出候　御

主意之趣篤ト　御直ニ奉伺候上短才不肖之私ニハ候ヘ共親藩之儀
御進發被遊候儀觀傍仕候存慮ハ毛頭無御座候付小勢ニテ成トモ　御
後備ニ從軍仕一分ノ微忠ヲ尽度存念ニ御座候間是等之情實ハ具ニ被
達　御聽願之通　御許容被成下候樣只管奉懇願候トノ趣
御老中方ヘ演達之主意
御惣督之儀ハ御斷被　仰上候儀ニ候得共別段　御内慮之趣被爲在
御進發當御地御泊城之節　御主意之趣　御直ニ御伺被遊其品ニヨリ
御從軍可被遊　思召ニ候得共先般　玄同樣御事　公方樣御上阪或ハ
御上洛被爲在候ハヽ可被　召旨　朝命之趣有之事ニ付タトヒ　御從
軍被遊候思召相立候トモ一應關白樣ヘ御伺ノ上ナラテハ公辺ヨリ被
仰出之趣　御受難被　仰上被　思召候付右等之趣豫申上置候トノ趣
右之趣　殿下始ヘ申上之儀京都ヘ申遣之五月七日

五月十三日阿部豐後守殿御渡

五月十六日尾州到著

此度　御進發ニ付御旗本御後備之儀先達テ紀伊中納言殿ヘ被　仰出
候処　思召之御旨モ被爲　在候ニ付御先手惣督被　仰付候旨被　仰
出候此段可申上候

五月十六日水野和泉守殿ヨリ御渡

五月廿日尾州到著

此度　御進發被遊候ニ付先達テ徳川玄同殿　御先手惣督被　仰出候
処今般段々被仰立之趣無據事ニ被　思召此度者先
御開届被遊候猶追而被
仰出候品モ可有之候此段玄同殿ヘ可被申上候事

閏五月二日水野和泉守殿ヨリ御城附共へ一決ニ而被相渡候書付
今度　御進發ニ付テハ山城路御通行被遊候間天氣爲御伺　御參　内
被遊候旨被　仰出之
右之通去月廿六日於駿府被
仰出候間可存其趣候
閏五月
閏五月十一日
一公方樣今日名古屋　御城へ著御午中刻此日御本丸公方樣御座間ニオイ
テ　元千代樣　前大納言樣　玄同樣　御對顏　元千代樣ニハ御初而之
御對顏也
閏五月十二日
一公方樣今朝　御出發辰中刻
閏五月十一日夜

一左之通ニ付於　御本丸阿部豊後守殿ヨリ　御城附へ御渡

張札　玄同殿へ可差出旨相達家老衆之内へ可差出候事

此度　御進發ニ付山城路　御通行被遊候就而ハ天機御伺被遊候ニ付
玄同殿ニモ御上京可被成候時宜ニヨリ御從軍ニモ可被命候間其御心
得ニテ被在之候樣被　仰出候其段可被申上候事

右御請左之通

此度　御進發ニ付山城路　御通行被遊候付テハ天機御伺被遊候ニ付
早々上京仕候樣　台命之趣奉畏候兼テ申上置候通　朝廷ヨリ御沙汰
之趣モ御座候間右之段
奏聞仕御跡ヨリ上京可仕ト奉存候依テ御受奉申上候

閏五月　　　　　御　官

閏五月十二日

一右ニ付　御發駕御日限　御參　內御都合等之儀左之通書取ニ調京阿弥

ヲ以豊後守殿ヘ差出サス
十六日發途伊勢路四日振十九日京著同日參　内之積
右參　内之儀ハ　公辺ヨリ御具合附キ候樣被致度候
閏五月十二日
一左之通　朝廷ヘ御達之儀不時急便ヲ以京都ヘ申遣之
謹而奉言上候今度大樹進發山城路通行候就而ハ天機奉伺候ニ付臣茂徳
ニモ上京仕候樣被命候就夫大樹上阪或ハ上洛仕候ハヽ可被召候間豫用
意可仕旨兼テ被
仰出之趣御座候付一應奉伺候上上京可仕筈候得共大樹儀モ上京仕候儀
ニ付分ケテ不奉伺臣茂徳儀モ來ル十六日國許發途上京仕候猶京著ノ上可
奉伺候依此段奉申上候誠恐誠惶頓首敬白
閏五月　　　　　　　　　　　　　　　徳川玄同茂徳上
閏五月十六日

一玄同樣今朝　御發駕被遊候事

征長出陣記

巻一

征長出陣記卷一

○元治元年甲子八月四日江戸に於て閣老牧野備前守殿宅へ知邸を召喚し少將公に征長副將を命せらるゝ旨の宿繼奉書を下附せらる此奉書にも別に宿繼の証文を添へて交附せられこれを受領せし家にては傳馬町なる問屋を召喚して遞送方を命せる例なり此日紀伊中納言殿に征長惣督を關西諸侯數十家に征長出陣を命せられしなり家譜

○八月七日江戸に於て大目付より征長のため出陣を命せられたる諸家の外引續き大樹公にも進發せらるへき旨及ひ惣督を紀伊中納言殿に副將を少將公に命せられたる旨を廻達せらる左の如し家譜

松平大膳大夫家來共兵器を以奉劫　朝廷不屆至極ニ付征伐之儀諸家へ被　仰出候得共猶引續　御進發も可被遊旨被　仰出候依而も銘々愈忠勤を勵ミ御主意之趣相心得候樣可致旨被　仰出候

八月

松平大膳大夫家來共奉劫　朝廷不屆至極ニ付速ニ御征伐被成候依而も
今般万石以上之面々追討被　仰付惣督之儀も紀伊中納言殿副將之儀も
松平越前守ニ被　仰付追而出張可被在之候就而も　御進發も可被遊旨
被　仰出候間御籏本之面々ニも兼而致覺悟銘々限用意可被在旨　御沙
汰ニ候間厚相心得可被申候
右之趣武役之面々且武役ニ無之候共御陣立ニ拘り候向々ニ可被相達候
八月
○同日夜より入て閣老水野和泉守殿より知邸を召喚し征長惣督を更て尾張
前大納言殿より命せられし旨を達せらるこの達書ハ八月十六日福井より著せ
左の如し家譜
松平越前守
松平大膳大夫御征伐ニ付惣督之儀紀伊中納言殿へ被　仰付候旨相達候
得共　思召之御旨も被爲在候ニ付尾張前大納言殿ニ惣督被　仰付候間

都ゟ御同人ニハ相伺追伐可被致候

○八月十日宿繼の奉書福井より到達す左の如し家譜

一筆令啓達候松平大膳大夫家來共兵器を以奉劫　朝廷不屆至極ニ付速ニ御征伐被成候付ゟも諸大名ニハ追討被仰付紀伊殿ニも今般被仰付候諸藩之惣督御心得諸事御指揮被成其方ニも副將被仰付候間紀伊殿ニハ相伺追伐可致旨被仰出候間格別盡忠勤候樣　上意候此段爲可相達如斯候恐惶謹言

八月四日

諏訪因幡守忠誠
牧野備前守忠泰
水野和泉守忠精

松平越前守殿

同日妹尾濱三郎大番組を江戸より遣はさる本日到著せし奉書の受書を幕府より出さるゝによりてなり又此日一藩中へ副將の命を蒙られし旨を告示せら

る其受書及ひ告示左の如し家譜唐桑秘筐

受書

今般松平大膳大夫御征伐ニ付副將之　台命を蒙り於當家武門之面目對祖先候而も冥加至極難有仕合奉存候乍併無能拙劣之私如斯大任を辱候義一身之恐悚ハ不及申上諸藩之具瞻も如何可有御座哉与深く恐懼仕候得共夫等之儀も素ゟ　御公評之上被仰出候御義可有御座處今更彼是避退之筋及言上候而も此節ニ至り御手筈ニも相拘り可申義与奉存候ニ付右等云々之儀も悉皆放下仕唯々二百餘年鴻恩之萬一を奉報度与國家身命を抛チ一途ニ忠勤相勵申度と家來共一統迄も決心仕候右ニ付而も兼々同氏大藏大輔ゟ建白も仕候通り速ニ　御上洛之上夫々御手厚之御所置も被爲在度御儀と奉存候私義ハ當月を限り出陣も仕候事故遮而建議仕候場合ニも無御座只管前途之御奉公而已指急候事ニ御座候得共持論之義ニも御座候故一應建言仕置候且又方今之御時節ニ相成申上候も甚

以心外至極恐入候へ共遠征ニ付而も國力ニ及兼候次第も御座候ニ付其
邊之儀も指向候譯故於京都家來共を以歎願可仕候間可然樣御聽納被下
何分ニも今般之御用向無指滯行屆候樣御厚評被成下夫々御沙汰被成置
被下候樣奉願上候以上

松平越前守

告示

去ル四日御老中御連名之　御奉書宿次を以今十日御到來松平大膳大夫
家來共兵器を以奉劫　朝廷不屆至極ニ付速ニ御征伐被成候ニ付而諸大
名江追討被仰付候紀伊殿ニも今般被仰付候諸藩之惣督御心得諸事御指
揮被成殿樣ニも副將被仰付候間紀伊殿へ被相伺御追伐可被成旨被仰出
候間格別御忠勤御盡被成候樣　上意之旨被仰蒙候此段申聞候樣被仰出
候依之御供之儀も夫々可被仰付候得共一同致用意罷在候樣被仰出候

○八月十三日本多修理高知席に家老職及ひ軍事惣奉行を命せらる長州征討の副將を仰せ出されし故なり家譜

○同日來る十九日を以て福井を發し上京せらるへき旨を一藩に告示し又中根雪江を京師及ひ大坂に出發せしめらる公征長副將の命を蒙ふられたれと一封乃宿繼奉書到來せるのミにて軍事に關する廟算の在る所固より詳かならさりし故速に上京して其在る處を一橋中納言殿以下在京の閣老に伺ひ且其事務を紀州惣督に協議せらるへしとて急に出發の期を定められ且著京以前豫しめ其事を始め兵器糧食等運漕の方法を調理せしめらるゝため中根を京坂に出されしなり中根今夕六時福井を發し夜白兼行せり

一藩に告示せられし書面左の如し征長一件記、樞密備忘

來る十九日御發駕被遊候旨被　仰出候

八月

○同日夜江戸に於て牧野閣老備前守殿宅へ知邸を召喚し長州征討出陣の期限

及攻口の割合軍目付の姓名出張閣老の人名書を達せらる左の如し家譜

松平越前守

松平大膳大夫追討被仰付候ニ付攻口之割合別帋之通被仰出候尤當月中出陣之心得ニ而出張日限之儀ハ尾張前大納言殿ゟ可相伺旨別紙之面々ゟ相達候間得其意其方儀も當月中出陣候樣可被致候尤委細之儀ハ前大納言殿へ可被相伺候此段可相達旨被仰出之

別紙

攻口の割合書

陸路藝州ゟ岩國夫ゟ山口ゟ攻寄候面々

松平安藝守
板倉周防守
眞田信濃守
阿部主計頭

壹番

松平安藝守始へ應援之面々

松平近江守
三浦備後守
板倉攝津守
本多肥後守
松平備前守
脇坂淡路守

陸路石州ゟ萩夫より山口江攻寄候面々

貳番

松平相模守
松平右近將監
龜井隱岐守

壹番

松平三河守

貳番

松平出羽守

松平三河守始ゟ應援之面々

有馬遠江守
松平佐渡守
松平主計頭

海路四國より德山夫より山口ゟ攻寄候面々

壹番

松平阿波守
松平隱岐守

貳番

松平讃岐守
伊達遠江守

松平讃岐守始へ應援

松平壹岐守

海路下之關夫より山口ゟ攻寄候面々

壹番

細川越中守

小笠原大膳大夫儀も領分近之儀ニ付細川越中守奥平大膳大夫よりハ先立可相伺候小笠原近江守小笠原幸松丸儀も小笠原大膳大夫と一手ニ相成可相向候

小笠原大膳大夫
奥平大膳大夫
小笠原近江守
小笠原幸松丸

貳番

松平美濃守始ハ應援

松平美濃守
松平肥前守

小笠原佐渡守

海路萩ハ夫より山口ハ攻寄候面々

壹番

松平修理大夫ハ應援

松平修理大夫

貳番

松平主殿頭
有馬中務大輔
立花飛驒守

右之通被仰出候ニ付陣中之儀万事尾張前大納言殿御指揮ニ隨ひ速ニ遂成功候樣被仰出之

軍目付人名書

陸路藝州ゟ岩國夫より山口江攻寄候面々江

御使番
松平左金吾
向井左門
小笠原鍾次郎

陸路石州ゟ萩夫より山口江攻寄候面々江

同
內藤彌左衞門
大嶋主殿

海路四國より德山夫より山口に攻寄候面々に

朝倉小源太

同

水野采女

服部中

遠山左衛門

海路下之關夫より山口に攻寄候面々に

同

多賀靫負

曲淵鑄市

岩路敬太郎

海路萩に夫より山口に攻寄候面々に

同

天野民七郎

平岩金左衛門

內藤平八郎

右之通爲軍目付被差遣候間可被得其意候

出張閣老の人名書

美濃守儀松平大膳大夫御征伐之御用被仰付且長州表ニ出張可致旨被仰出候間可得其意候事

○八月十四日岡部豐佐（高知席）蘆田信濃（高知席）ニ備奉行を命せらる（家譜）

○八月十五日中根雪江京都岡崎の藩邸ニ著は此時宰相公より一橋中納言殿及ひ稻葉美濃守殿へ遣はさるへき書翰を中根ニ携帶せしめれより左の如し（樞密備忘）

一橋殿へ遣はされし書翰

一翰奉拜呈候秋爽相加候處先以　天機清麗隨而公方樣益御機嫌能被爲入御同意重疊奉恐悅候隨而公ニも彌御淸泰被成御精勤珍重奉存候陳は方今不容易御多事晝夜之御配勞千々萬々奉恐察候扠又今般江戶表老中より奉書到來今般伐長之御盛擧ニ付紀伊殿へ總督被仰付越前守ニは副

將被仰出候旨申來り速ニ御請申上候武門之冥加當家之面目難有奉存候得共至重之任晝夜苦心配勞罷在候於小生も御撰擧之處難有奉存候へ共何分討長之成功を速ょ奏し德川御家之御武威益以海內ニ輝候樣仕度至願不過之奉存候此節專ら軍事取調中ニ御座候右ニ付何角之用向旁中根靱負事雪江上京申付候京著之上ハ尊館へも罷出相伺相願可申儀も可有御座候間無御覆藏御指揮奉願上候拜謁之儀も相願候樣申付候間定而可相願御多忙中奉恐入候得共拜謁被命候樣是亦奉企望候扨又本月上旬加州家來中納言直書持參中略黃昏之亂筆時候御見舞旁如此御座候頓首拜

八月十三日　越前宰相

一橋黃門君玉机下

二白時下御自玉奉專念候下略

稻葉美濃守殿へ遣されし書翰

一翰致謹啓候秋涼相催候處先以　上ニも益御機嫌能被爲入奉恐悅候隨

而愈御清安被成御奉職敬賀不啻奉存候陳も爾後打絶不本意之契濶奉恐懼候方今不容易御用多中呈書仕候も却而御面倒と存態と差控申候失敬之罪ハ御海涵被下度候扨先般長州人京師へ亂入遂ニ　鳳闕へ奉向發砲實ニ危殆之至ニ候處皇運幕威御隆盛加之橋公始貴君格別御忠勇之御盡力を以賊兵御壓伏一時之擾亂速ニ鎭定　宸襟を被爲安候御義恐悅此上なく難有事ニ御座候貴君晝夜之御煩勞萬々奉恐察候扨又今般江戸表御老中方々御奉書到來長州御征伐ニ付今般被命候列藩之總督紀伊殿へ被仰付右副將越前守へ被命候段申來り速ニ御請申候武門之冥加家之面目難有仕合奉存候得共何分征長之副將と申而も實ニ一國之存亡のミよならに徳川御家之御興廢天下之安危ニ相關り重任不可過之越前守も未た若年之身と申萬事熟達も不仕候事故實よ日夜寢食を不安心痛罷在候小生ニ於而も甚以御撰擧之處ハ難有奉存候得共苦腦《惱カ》裂膓之仕合此節專ら越前守申談軍事取調中ニ御座候右ニ付而も紀伊殿へ掛合も有之其他種

々之用向ニて家來中根雪江上京申付候間京著之上ハ尊家へも罷出相伺候儀可有御坐其節拜謁相願候樣申付候間方今御用繁中御面倒之處奉恐入候得共何卒拜謁被仰付萬事御指圖被成下候樣奉希上候又御家來へも家來ゟ問合セ候義も多々可有之候間敎示ル〻し遣候樣ニ御序ニ御致聲被成下置候樣奉希上候扠又越前守上京不遠可仕候間萬事御敎示被成下候樣奉依賴候右之段相願旁草卒之亂筆御海涵被成下度候書餘期重信候頓首

八月十三日　大藏大輔

美濃守樣

二白時下御自玉奉專念候次ニ小生碌々消光先日來瘧疾後少々快く罷在候乍憚御省意被下度候以上

○同日京都ニ於ゐ傳奏飛鳥井殿へ近々上京すへき旨を届出させらる左の如し家譜

當月四日老中連名之奉書同十日到著今度松平大膳大夫家來共兵器を以奉劫　朝廷不屆至極ニ付速ニ御征伐被成候ニ付而諸大名へ追討被申付紀伊殿ニも今般被申付候諸藩之惣督相心得諸事指揮被致越前守儀も副將被申付候間紀伊殿へ承合追伐可致旨ニ候間格別盡忠勤候樣被申付候依之近々上京可仕候此段申上候以上

八月十五日　松平越前守内　雨森儀右衛門

○同日中根雪江紀藩木村條右衛門を訪問も征長の事務を協議もらん爲横井治太夫ニ面會もへしとて問ひ合もせしニ下坂せりとの事なりし故木村を尋ねしなり此時中根去る四日江戶發の奉書福井ニ達し而紀公ニ惣督我公ニ副督の命ありける事を告け已後伺ふ事もあるへく又御協議ニ及ふ事もあるへしと申せしニ木村の許へハいまたさる報道なしと答へし故中根不審の事とも思ひたれとさてハせんもへなきまゝ空しく歸邸せりとそ樞密備忘

○同日公の上京ニ随從すへき輩の心得方を指示され左の如し家譜

一道中列伍不亂且又他組ニ混雜致間敷事

一御泊所御先立を始旅籠代拂方之儀跡ゟ御拂ニ相成候間賄札書付御勘定所へ差出受取可申事

但賄札受取方之儀も其手之頭々引受取扱可申事

一晝腰兵粮之事

但前夜之泊所ニ而爲詰候事尤面桶銘々持參之事

一陣笠野服之事

但小袴裁付胴服勝手次第之事

一雨具勝手次第之事

一出立ニ付諸渡物一切無之事

但無息竝士分以下ニハ壹人ニ金貳歩御渡被成候事

一先達而御供ニ而罷越候無息竝士分以下共半高御渡之事

一銘々著替之儀御掛定所へ差出候得も跡廻しニ取扱可申事
但士分以上一箇拾貫目ツヽ小役人ゟ小算迄二人合ニ一箇ツヽ荒子之類四人合ニ一箇ツヽ
一馬持之面々馬爲牽可申事
一從者召連之儀兼而御規定有之候得共要具之者之外も可成丈簡易ニ召連候儀不苦候事
一六百石以下士分以上夫人足壹人ツヽ御渡之事
但持物六貫目を限り之事
一無息之分ハ士分以上都而夫人足壹人ツヽ御渡之事
但銘々姓名書前以郡役所へ差出可申事
一御醫師之儀外ニ藥籠持壹人夫人足ニ而御渡之事
但右同斷
一廿五石未滿並無息之面々ハ別段手人不召連候而も不苦候ニ付鎗鐵炮

之内一品も御勘定所ゟ差出候得ハ相廻し可申事
一小役人三人合ニ渡人壹人之事
一一統格以下諸組迄五人合ニ渡人壹人之事
一京著之上御焚出し被下候間御扶持方都而御渡無之事
一長州ゟ御發向之節も別段御軍令被仰出筈ニ候事
一御供之諸士並御徒迄ハ鎗小銃之内自分ニ携御本陣ニ而も手近ニ差置可申候且又具足前胴小手鎖等衣服下ニ著込致御供候儀勝手次第之事
但馬上御供之面々鑓小銃等手廻りニ爲持可申事
一諸士之御印白黑横段染木綿鉢卷又ハ襷ニ可相用尤御道中陣笠著候節ハ前之方ゟ挾ミ可申事
一諸士以下白淺黃段染同斷之事
一陪臣ハ兼而被仰付候通鬱金色襟掛可申事
但壹本差之者ハ御定之腰白法被著用襟掛候ニ不及陣笠爲著可申事

一自然法被差支候向ハ鬱金色襟掛可申事
〆
此度御上京御供之面々著替荷物類於御勘定所御廻送被下候事
一士分以上一箇ツヽ
但目方拾貫目限り之事
一無賃之事
一無息之面々右同斷
一與力貳人合ニ壹箇ツヽ
但右同斷
一右同斷
一小役人〻小算迄貳人合ニ壹箇ツヽ
但右同斷
一右同斷

一諸下代諸組三人合ニ一箇ツヽ
　但右同斷
一右同斷
一荒子之類四人合ニ一箇ツヽ
　但右同斷
一右同斷
右之通ニ候間手廻シ次第差出可申事
一御上京御供之面々飯札并雑用金共明後十七日御渡之事
一飯札無失念泊宿ゟ指出可申事
　但自然相殘り於京地差出候共可爲反古事
○八月十六日上京出發の日限を延引せられ其旨を一藩ニ告示せらる去る七日征長惣督を更ヲ尾張前大納言殿ニ命せられしよし本日江戸より申來

りし故一旦發表せられし惣督を俄に變更せられしにも何事か其子細あるへけれも此上も尾張殿の出發せらるへき期日を聞き合せ然る上出發をへしとて一時延引せられしなり此時一緒に告示せられし趣も左の如し家譜

來る十九日御發駕之處今度御惣督尾張前大納言様ニ被仰出御同人様御在國ニ付御先方へ御打合ニ相成筈ニ候間御發駕御日限追而被仰出候

八月

○同日京師に於て堺町御門の御固を免せられたき旨所司代へ出願せらる長州征討のため出陣せらるゝ事となりし故なれと容易く免せらるゝ事ニも至らさりき願書及ひ指令左の如し家譜

越前守儀今度長州御追討之副將被仰付候ニ付而も自國海防若州援兵も有之其上品川沖内海御臺場御警衛も御免被仰出候而已ニ而未タ引渡も不相濟兼而申上置候通寡人數ニ而方々之御警衛も難相勤候ニ付此節出

陣用意も有之旁堺町御固之儀も早急御免被成下候樣仕度此段奉願候樣申付越候以上

八月十六日　松平越前守内　伊藤友四郎

指令

別紙願之趣尤ニも候得共當節柄之儀ニ付御固之儀是迄之通可被相心得候事

○同日京師に於て征長の軍務を何方へ伺ふへしやと所司代へ伺ひしに閣老稻葉美濃守殿に伺ふへき旨指令せられさり昨日中根雪江紀藩木村條右衞門に逢ひし際同藩にては未タ惣督の命ありし事を知らすと答へし故伺ひし事なるゟ此時京都にては更に尾張殿へ惣督を命せられさる事を知らさりしかは其伺書指令書左の如し家譜樞密備忘

今度長州御征伐ニ付紀伊殿惣督被蒙仰越前守儀副將被仰付候間紀伊殿相伺速ニ可致追伐旨被仰付難有奉存候依之近々上京仕筈ニ付先家來

共指出紀伊殿ニハ相伺候様申付越候處未タ紀伊殿御上京茂無之ニ付追々可相伺急務之儀何方ニ伺可申哉宜御差圖被成下候様奉願候以上

八月十六日

松平越前守内
雨森儀右衛門

指令

別紙伺之趣モ稲葉美濃守長州追討之御用被仰付候ニ付差懸り候儀モ同人ニ相伺候様可仕候事

○同日中根雪江一橋殿の許ニて黒川嘉兵衛を訪問も紀州殿惣督乃云々を昨日木村條右衛門より尋ねしよいまさる報道ありしと申し故一橋殿よも必も承知せらるへしと思考し訪問せしなり此時黒川過日紀公ニ惣督を命せられなるよし所司代より　朝廷へ申上られたれも素より相違あるましき筈なるか其後稲葉閣老ニ出陣を命せられしニも尾張惣督ニ附添云々とありしよし閣老申出られたり故ニいつれを眞とせんか甚紛もしたれと紀

公ニ惣督を命せられしハ去る四日ニて稲葉閣老ニ附添を命せられしハ七日のよしなれハ今日の所ハ多分尾公のかたか眞なるへしと申し故中根副督ニ當月中出陣すへしとある程の急事なるを惣督の誰なるかを捜索するニ苦しむとてもさても〳〵奇怪千萬なり斯ることを有のまゝに國許へ申遣すしなも一藩の人心ハ如何あるへきかしかし是らの是非はしはらく闇き命を諸道の侯伯ニ降して大兵を擧けらるゝ上は必らす豫し先一定の策略あるへし此儀ハいかゝと尋ねしニ黒川此節の降命ニも關係させりし故いまた策略の如何を知られ永井主水正ニ尋ねられなれも或ハ承知し居るへきかと答へし故永井の出勤を待合いせて更に惣督及策略云々を尋ねしかと永井も黒川ニおなしく知らすと答へたりき楓衛備忘

○八月十七日中根雪江一橋中納言殿の旅館ニ伺候す毛受鹿之介も同道せり兩人一橋殿ニ謁して今度長防征討のため大兵を擧けられ則越前守ニ副將を命せられしか該征討ニ係る廟算も如何の御内定なりやと伺ひしニ一

橋殿征討兵を舉けらるゝの儀にも與かりけれと廟算まてに參與られす故に何事も承知せされと已に惣督を定められたれは軍務ハ渾へて惣督に一任せらるゝなるへしと申されし故中根上京已來諸方にて承ハり合ハせしに該惣督いまた定まらさるよし今日の場合軍務を一任せらるゝ惣督の定まらさる樣にては征討に關する諸藩は如何心得へきの當惑至極なりと申しかは一橋殿いよ〳〵尾の前公に相違あらさるへし紀御免にて尾命せられしよし已に紀より届出たりと申さる中根更に今度征討の令を發せらるゝに先たち定めて　朝廷へ御伺ありしなるへし　朝議ハ如何あらせられしやと伺ひしに一橋殿長よりも外國の方を先にすへしとからされは外人等征長の虛を窺ひ攝海に闖入すましきにあらすとありけれと外國の方に手を出せは容易く其局を結ひかたしさて其局を結はさる中長州若其禍機を奇貨として意外の舉に及はゝ再ひ挽回すへからさる變亂に至るへし故に矢張長の方を先にせさるへからすと申上しに今日の場合長を先にせは或

ハ幕府ハ窃ニ外國人と謀を合ハせて長を圖るものなりなとの疑惑を招くなとあるへしとあ了し故外國の力を仮りて長を討ちぬ如きも斷然幕府の爲さゝる所なれも御安心遊もさるへし且長よりも外國を先ニもへしとなる　朝議ハ外間より進め者る説ニ基られしものと推測らるゝ事なるらそも窃ニ長ニ加擔して天下を亂さんとそる輩の唱ふる所ニて眞ニ國家を憂ふるもの之ゝ説ニはらされも必らに御惑ひなさらさる樣又外人等征長の虚を窺ひ攝海ニ闖入そる如き事あらも慶喜ハ單騎其衝ニ當りても逐ひ拂ふへしと申上しあも諸卿始めて了解せられいよ〱征長ニ決せられしなりと申されきかくて中根歸途稻葉美濃守殿の旅館ニ赴き謁見を乞ひ征長の策略を如何と伺ひしニ稻葉殿も矢張一定乃策略なし惣督始の詮議を以て定めらるへき筈なりと申されたりき樞密備忘

○同日紀藩横井治太夫よ了中根雪江ニ書翰を遣ハに昨十六日中根横井を訪問しけるニ紀州ニ惣督を命せらるへしとの事ハ去る四日江戸ニ於て内

々御沙汰なりけれどいまた表向よりも仰出されも此上表向仰出さるれも家
老有本左門上京をへしと申しゟ本日ょ至り尾張前大納言殿ょ惣督を命せ
られし書面到達せるよしょて其達書を送致せし恐又左の如し樞密備忘
昨日も御入來其砌御申合之儀も御座候處江戶表ゟ別紙之通申來候趣大
坂ょ王今曉申越候ニ付右寫一通差出申候
八月十七日
紀伊殿家老衆へ
別紙
松平大膳大夫御征伐ニ付惣督之儀紀伊殿へ可被仰付儀之處　思召之御
旨も被爲在候ニ付尾張前大納言殿ニ被仰付候間爲心得相達候
別啓
本文之次第ニ付有本左門儀も上京不致候間其段御承知迄申上置候
○同日夕方薩肥後越土會津久留米桑名の各藩士三本木なる某樓ょ集會も
此集會ハ會津藩の催しょて其主意も此程英佛米蘭の四國軍艦を長防の地

に向け已に開戰に及ひたるよし京地に聞えし故各藩の議決を以て其處置方を一橋中納言殿に申立るためなりし本藩よりは伊藤友四郎青山小三郎參會せり此時種々議論に及ひし末曩に長人ら各國の商船に對して發砲せしハ素より罪なしとせすされと其罪を糺す事ハ日本政府の宜しく爲すへき所にこそあれ彼れ四國をして恣に糺さしむへきにあらす故に此際彼等に談判して速に軍艦を退かし然さて政府は討伐の爲め已に大軍を興さんとする今日なれも直ちに境に臨みて其罪を問ふへきなりとの主意に一定し會津藩を本日集會せる各藩の惣代として一橋殿に申立る事に決したりき樞密備忘

○同日嶋津十太夫藝藩野村帶刀の許に赴く外國の軍艦長防地方に來れる景況を報道するため此程同藩寺尾精(生)十郎上京せしとの事なりし故其詳細を聞合いせんとてななりしか此日は野村寺尾の兩士關白殿下の御許に參候し時宜によりては參内すへきなとの事にて面會を得さりきかくて知邸

附屬員某欠名に面接して其景況を尋ねしに外國艦の事ハ乘船業の者より聞得たる所を報道せしまてにて詳細なる事ハ分明ならぬと申し故さらに寺尾氏の上京せられしハ別に故ある事にやと尋ねしに今度征討軍を興さるゝ事となりしより毛利家御父子大に悔悟せられ罪を　朝幕に謝せらるへしとて吉川監物をして本藩に依賴の旨ありし故なり云々答へたりき樞密備

○八月十八日暮六ッ時中根雪江京都を發して歸國の途に就く夜白兼行して廿日曉七ッ半時福井に著せり樞密備忘

○八月十九日江戸に於て内海二之臺場詰合の人數を急速出發歸國せしむへき旨の伺書を幕府に差出さる征長副將を以て本月中出陣せらるゝ筈なりし故なるか即日許容せられたり伺書及ひ指令書左のことし家譜

今般内海御警衛二之御臺場御預松平大和守様ヘ被仰出候就而も御引替日限之義早速及示談處未タ幾日頃御受取可相成治定出來兼候由ニ御座

候然ル處此中越前守ニは當月中出陣可致旨被仰出候ニ付而も陣屋詰之人數兼而伺置候通り早急國許ニは指遣不申候ニ付而も出陣之間ニ合兼候儀も御座候間急速出立爲致度候依之御臺場引渡相濟候迄ハ番人共殘置其他不殘爲引取申度此段奉伺御內慮候急速御指圖可被成下候以上

八月十九日　松平越前守內　千本彌三郎

指令

書面之通相心得不苦候事

○八月廿一日大宮藤馬御用人今立五郎太夫御先物頭福井を發して名古屋に赴く尾張前大納言殿に征長惣督を命せられし故諸端打合いせのためなり家譜

○同日上京日限を來る廿八日に定め其旨を一藩に告示せられ家譜

○八月廿二日從軍諸兵の出發日限を追て定めらるへき旨一藩に告示せらる左の如し家譜

松平大膳大夫追討被仰付候ニ付　殿樣當月中御出陣被成候樣委細之儀

も尾張前大納言樣ゟ御飼被成候樣牧野備前守殿ニ而御書付を以御達有之候右ニ付一旦御上京之上御出陣被遊筈ニ候惣人數出立人限等之儀も追々被仰出筈ニ候此段諸向ゟ可被致通達候

八月

〇八月廿四日幕府より毛利家父子の官位を削り大樹公の偏諱及ひ松平の稱號を放さるゝ旨を公布せらる此公布中よある軍令狀ハ去る七月十九日長人京師ゟ闌入せし時薩藩の手よ入りしものありとそ公布の文軍令狀左の如し波家譜日記

松平大膳大夫家來共迫　禁闕砲發候條不恐天朝次第殊ニ父子之軍令狀家來ゟ遣候始末重々不屆至極ニ付父子共官位並　御一字御稱號被召放候旨被仰出候此段爲心得向々ゟ可被達候

八月

申聞條々

一今度其方上京申付諸隊之者預置候諸事無緩可管轄事
一伍中之者令を伍長ニ受伍長ハ令を隊長ニ受隊長ハ令を惣督之指揮を
受諸隊一和可爲肝要事
一私闘ハ不及申輕卒妄動事を誤り候も尤嚴禁之事
一惣而非禮非義之振舞有間敷事
一國家之動靜を妄ニ他へ洩間敷事
一奸淫大酒令堅禁候事
一潜《僭カ》上虚飾之衣服ハ勿論無用たるへく惣而諸士匹夫貴賤之分限不可亂
事
右之條々違背之もの於有之ハ軍律を以相糺品ニ寄切腹可申付もの也

元治元年六月　黒印
○
○　○

國司信濃とのへ

○八月廿七日大宮藤馬今立五郎太夫福井に歸著す去る廿一日出發後名古屋に於て尾張前大納言殿の出陣せらるへき日限其他征討に關する順序を伺ひしに前大納言殿過日來病氣殊ニ惣督ハ重任故旁辭退せられたり故に何事の御答にも及ひかたしとの事なりしとそ斯て兩人其旨を復命しけれと公ハ今月中に出陣すへしとの命を受たれと躊躇すへきにあらはとて明廿八日を以て出發せらるへき豫定を動かさしす即日今後の心得方を幕府に伺はれたり伺書左の如し（摠列剝札、波記錄）

松平大膳大夫追討被　仰付候ニ付攻口之割合別紙之通被　仰出候尤當月中出陣之心得ニ而出張日限之儀も尾張前大納言殿ゟ可相伺旨別帋之面々ゟ御達ニ付得其意拙者儀も當月中出陣候樣可致旨尤委細之儀も前大納言殿へ相伺候樣被　仰出候ニ付則尾張殿へ以使者右之趣相伺候處前大納言殿去比以來病氣被在之上京難被致程之儀殊ニ惣督之任も大任之事ニ付旁御辭退之儀

公邊ゟ被　仰達候由ニ付相伺候趣ハ御答ニ難被及段被　仰遣候右樣惣督之御方御辭退ニ付ゐも不肖之拙者副將之儀ハ相勤兼候次第ニ付如何相心得可申哉早々御指圖被成下候樣御沙汰も御座候事故一旦上京仕御指圖相待罷在候此段御屆旁奉願候以上

八月　　松平越前守

同日征長出陣の經費莫大ニ至るへきを以ゐ藩中へ御借米倍懸りを命せらる其達書左の如し家譜

今度長州御征伐之副將被　仰蒙重大之御軍役ニゐ御心痛思召候御次第も先日御直ニも御沙汰有之候通ニ候就ゐも　公邊へも厚御歎願之御含も被爲在候得共差向候御融通方も有之ニ付御賴事も無之御愛養被爲在候宰相樣ゟ被對候ゐも甚御不本意至極思召候得共無御據御運ひニ付御家中下地御借米之倍懸り被　仰付候此上一統厚加勘辨治世之費用相省

キ取續相勤候樣被　仰出候

○八月廿八日福井を發し上京の途に就らせらる道路ハ東近江路にて休泊左の如し家譜 波日記

月日＼休泊	小休	小休	晝休	小休	小休	泊
八月廿八日	淺水		水落			府中
八月廿九日	脇本		鯖波			今庄
八月晦日			板取	栃木峠		中河内
九月朔日	椿井峠		柳ヶ瀬			木ノ本
九月二日			國友			長濱

九月三日	米原		鳥井本			高宮
九月四日	四十九院		越知川	清水ヶ鼻		武佐
九月五日	鏡		守山			草津
九月六日	鳥井川		大津	山科	蹴上	京都著

○八月晦日　朝廷より大樹公に上坂なるへき旨仰出され又防長追討軍の進發を幕府に催促せらる左の如し武田日記

上坂を仰出されし　敕書

防長追討被仰出候ニ付大樹ニも進發可有之旨過當之儀　思食候逐而支度有之彌進發とハ被　思食候へとも自然及因循候而ハ人心ニも差障り候間早速上坂有之候樣被遊度被仰出候事

八月
追討軍之進發を催促せられし書付
抑防長追討總督も尾張前大納言へ被申付候へとも今以御受無之哉ニ相聞候右樣及延日候而も不都合且混雜之儀出來候も難計候間急速御受上京等無之儀ニ候ハヽ先副將以下進發早速追討可有之旨被　仰出候ニ付申入候猶被申談可然御勘考有之候樣奉存候依而如斯候也
八月晦日
野宮中納言
飛鳥井大納言
松平肥後守殿
松平越中守殿
稻葉美濃守殿
○九月二日京都ニ於而傳奏野宮殿へ上京のを先去月廿八日福井を發せられし旨を屆け出らる屆書左の如し家譜

私儀先達ゟ從　御所御沙汰之趣ニ付國許發途仕候處途中ゟ不快ニ付相願一旦國許へ引取養生致居候處追々快方ニ有之且又今度松平大膳大夫御征伐ニ付當月中出陣之心得ニ罷在候樣被申付も御座候ニ付旁一旦爲上京今廿八日國許發途仕候此段御屆申上候

八月廿八日　　松平越前守

○九月五日中根雪江京都岡崎邸ニ著を去る二日福井を發せしかハ此時中根に上京を命せられしハ少將公征長として出陣せらるゝに就きてハ京都に於て　朝廷幕府の顯官重職に謁し其他諸藩士ㇳ接して伺もし協議もせへき事多かるへしとの旨趣にて從軍の爲めにもあらさりしなり八月廿六日中根に上京を命せられし辭令左の如し樞密備忘剳札

御供外立歸上京被　仰付候

八月　　中根雪江

○九月六日京都岡崎邸ニ著せらる去月廿八日福井を發せられし後廿九日大雨晦日も雨朔日ハ殊ニ强雨風をさへ交しへ木本と長濱との間なる姉川妹川洪水小谷國友のあたへ迂回して長濱ニ著せられしか二日後ハ晴天となり豫定の如く本日著京せられなり波日記

○九月七日朝五ツ半時出邸二條關白殿下中川宮山科宮議奏傳奏衆を廻勤し夫より一橋中納言殿稻葉美濃守殿を訪問せらる此時關白殿下兩宮及ひ議奏衆ニてハ過般長藩士の京師ニ闌入せし時堺町御門ニ於て守衞の藩士等か防戰ニ盡力せるを賞せられ昨五日賞品鞍一具移賜ハりし故其御禮をも申述られ一橋殿ニてハ今度副將の命を蒙ふり且八月中ニ出陣もへしとの事なりし故取敢へも上京せしニ惣督ハ其命を請けられなりや否やいまた分明ならさるよしかくてハ出陣もへき各藩の士氣ハ如何あるへき必ら須幾分か沮喪すへし故ニ此上ハ一日も早く惣督の一定ニ至る事を希望もと申されしニ一橋殿小拙も御同樣ニ心配いたし已ニ尾前公へ書面を以て速

に御請ある樣にと申遣はしたれといまた返答なく甚當惑なりと答へられし故公又夫のミならす今般の一擧ハ大樹公上洛せられすては其成功到底覺束なし此義ハ如何と申されしに一橋殿其事も御同意なり故に最前より屢申立其後進發せらるへしとまては發令せられたれともいまた御出發の期は定められす何事も此地と關東とも行違の事のミ多く實に歎息の外なしと申され稻葉殿にても惣督を定めらるゝの急務なる事を申出られしに一橋殿におれしく當惑の旨申されさて此上の時宜に寄りては副將を以て征討軍を指揮せらるゝ事にはなるましきやと申談せられしか公さる事ハ到底なしかたしと答へて引取られたりき 樞密備忘

○同日會藩周防恒吉來る青山小三郎面接せしに周防長防征討の典を擧けられ一日片時も進軍を急かるへき今日なるに副將已に出京せられても惣督はいまた確定せす實に緩慢と云はさるを得す全体今般の擧に就ては弊藩は最初より將軍家の上洛を希望し屢上言に及ひ尚其後直接に要路の方

々へ藩議のある所を陳述するため小拙江戸に下り其筋の方々に面會を請けれと容易く面會せられさりし故板倉殿へ紹介を願ひ更に諏訪因幡守殿松平縫殿頭殿の許に赴きしか諏訪殿ハ將軍家上洛の議を宜しからすとも申されさりしけれと急には整ふへからんと答へられ松平殿ハ病中なれともて終に面會せられさりし此節も野村左兵衛江戸に在りて頻りに奔走すれと矢張容易く面會せらるゝ人なきよし實に慨歎に堪へさる次第なるかされはとて前にも申せる如く一日片時を急なるへき場合なれハ此まゝにハさし置かたく今一應重役を江戸に下さん事に内決せり貴藩にても副將の大任に當らるゝ場合なれも御同意の上も共々に御盡力を希ひたし云々申聞たりき樞密備忘

○九月八日要職の輩邸中に會して昨日會藩周防恒吉か申聞たりし大樹公上洛乃事を本藩よりも建議すへしや否やの時宜を議しけるか此件ハ少將公にも固より緊要と認められ已に作日一橋中納言殿の許にて御相談に及

もれし程の事故いつれも異議なく速に建議せらるへきに決定したりき樞密備忘

○同日中根靱負山科宮に参候し宮に拜謁して大樹公上洛の事は　朝議如何在らせらるゝやと伺ひしに宮昨日一橋参内せし故大樹上洛の期はいつ比なるへしやと尋問せしに關東に於ても上洛する事に決してはあれと此節浮浪の徒各所に嘯集し最初は八百人許と聞えしに其後貳千人許に及ひ幕府よりも派遣せし討手の兵敗走せしよしさらのみならす水戸に於ても同藩士互に黨を樹て戰ひ殊の外騷擾のよし故此一事鎭靜の上ならても出發せらるゝ事は難なるへし當地にて推測をなすに多分來春に至らされは上洛にならさるへしと申せり云々仰せられき此日中根中川宮へも参候せしに御達例のよしにて拜謁は仰付られさりし樞密備忘

同日江戸に於て閣老諏訪因幡守殿より下之關口討手諸藩の進ミ戰ふるに順路變更の達書を交附せらる左の如し家譜

松平越前守ハ

毛利大膳父子始追討被仰付候諸家之内松平美濃守細川越中守松平肥前守小笠原左京大夫奥平大膳大夫小笠原佐渡守小笠原近江守小笠原幸松丸義ハ下ノ關ゟ山口へ攻寄候樣相達置候處下ノ關ゟ府中淸末共攻落シ夫ゟ山口へ攻寄候樣尙又右之面々へ相達候此段爲心得相達候

九月

○九月五日本多修理嶋田近江一橋中納言殿の許に參館し昨日の邸議いよ〳〵使者を江戸に遣しし大樹公の上洛を催さしへきに決せし故尙中納言殿乃内意を伺ひ御同意ならせ其旨をも使者に陳述せしめんとてなり斯て本多嶋田謁見を請ひけれと對面せられさりし故黑川嘉兵衞を以て大樹公の上洛を催さしき旨近々使者を江戸に下しへき積りなるか公の御高案ハ如何在らせらるへしやと伺ひしに一橋殿にも固より同意なり使者を遣しさるゝ事も大に然るへしと答へられたり樞密備忘

○九月十日中根雪江黑川嘉兵衞を訪ふ此時中根大樹公上洛の御支度ハ當月十三日までに悉皆整備をへたれも遠からす發途せらるへきよし昨日永井主水正より本多修理嶋田近江（本多嶋田の両人昨九日一橋殿の許に参候せし時永井にも面會せしなり）承はりぬ此事も相違あるましきやと尋ねしに黑川それ此程上京せる大久保紀州ゟ申せる趣なれと決して信用しかたし其故も關東の諸役員此節ハ全く戊午の此要路に當られたる彥根間部なとの挑灯持ともいふへき人々のみなれも御支度ハ整備もをへたれと畢竟名聞のためにて實際は言を左右に托し決して御發途ハ在らせられさるへしされも此程來計畫せられし如く御使者を關東へ遣はさるゝ事ハ是非とも御決行を希望すと答へたりき樞密備忘

○九月十二日閣老阿部豐後守殿入京せられ此程汽船にて大坂に著せられしなり樞密備忘

○同日江戶發竹挾急飛狀大津驛に達せるよし同驛より報知も急飛狀の大意を大樹公長防征討として進發せらるへき故品川より陸地姬路までの間

人二万五千人馬千五百疋外ニ駄馬千五百疋通行の準備すへき旨を通達ありしなり樞密備忘

○九月十三日江戸に於て閣老諏訪因幡守殿より本藩重役を召喚せられ岡部造酒助千本彌三郎參邸せしに封物を以て長防兩國之繪圖を交附せられたり其達書左の如し甲子漫錄第七

周防長門國繪圖面御貸渡相成候間越前守方へ早々差越候樣可取計候尤毛利大膳父子始追討相濟候ハヽ返上可仕候事

○同日伊藤友四郎を阿部閣老の許に遣はさる此時伊藤閣老に謁して征長に關する事件を伺ふため明日老臣を差出さるゝ筈なるか御指支なるましきやと尋ねしに閣老明日は指支ありて面會しかたけれは後日の事に延はされたし尤此度の上京は征長事件のためならは故に尋ねらるゝ廉ありても指圖には及ひかたけれと相談までの事なれは何事によらは承はるへしと申されたり樞密備忘

○九月十四日朝四ッ時出邸山科宮に參候せらる宮鄭重に饗應せられ本多修理隨従しけるか本多をも御饗應の席へ召出されたり歸館は夕八ッ半時なりき樞密備忘

○九月十五日肥後藩長谷川仁右衛門酒井十之丞の曹舍に來る此時長谷川肥後藩にても大樹公の進發を希望し勸告のため明十六日京師を發し江戸に下る筈なるか此程阿部豐後守殿に謁して關東の情況を承はり且大樹公御進發を促かすため東下する積と申しゝに阿部殿日限は定められされと已に進發の準備を整へられたれは當月中には必す發途ある筈なりしかし鄭重の上にも鄭重を要する事故越中守殿にさる御意見なる事ならは速に出府ありて然るへしと答へられたり云々申聞けたりき樞密備忘

○九月十六日夕八ッ時出邸阿部豐後守殿を訪問せらる此時公惣督いまた確定にいたらね尾張前公はいかゝ仰立らるゝやと尋ねられしに阿部殿此公は文通三回に及ひけれと今以て御返書來らさる程の事にていまた惣督

の命を請けられもゑなし近々上京せらるゝ事ハ相違なきよし故入京せられし上ハ一橋殿とゝもに飽く迄勸告もゑ　決心なりと答へらる公又大樹公の進發ハいよく御相違なるましきやと尋ねられしに阿部殿御進發なるへき事ハ疾くより治定せられてあれと二百餘年中絶せし事故萬事不整頓第一諸物頭ハ老人のミ其組子も老幼打交りなり故にこれを淘汰するのミも容易ならさる事業なるに武器類も多くも古損に屬し是を修繕するにも多數の時日を要し頗る困却せしか追々手數を盡し本月十日まてにも大のゝ整理もへなれとも十一日に行軍を試ミ十五日に大樹公一覧せられさて進發の期日を定めらるゝ筈なり多分當月下旬にハ發途せられ夫より一日五里或ハ七里の行軍にて大坂に著せられ十日許同所に滯城ありし上更に姫路まて進まれ姫路よりハ時宜により軍艦を以て廣嶋城へ進まるゝ豫定なりと答へられ尚又今度公の速に上京せられし事を殊の外歎賞せられさて大藏大輔殿も引續き御上京あらせらるへきやと尋ねられし故公是ハ國

許無人故過般御許容ありし如く當分ハ上京せすと申されしにも阿部殿征長の一擧成功の上ハ大樹公上洛ありて今後の國是を定めらるゝ筈なるか其節ハ天下の賢諸侯を召集せらるへけれ共大藏大輔殿にも是非御上京なる事を希望す大樹公にハ先年來兩度まて上洛せられけれと多分の經費を要せられしのミにて些少の効驗もなかりし故今回も半年か一年に渉りても大坂に滯在せられ斷然國是を定めらるゝなるへしと申さる公又此節外國人等軍艦を以て攝海に來るへきよし風說せりさる事實あるへしやと尋ねられしに阿部殿さる事ハあらさるへし萬一なりとするも政府に告けすして來るへきにあらされとも政府ハ必す論止すへしと答へられき斯て隨從せし本多修理酒井十之丞も阿部殿に謁して公の尋ねられし廉々を更に申出たるか阿部殿公に答へられし趣を再述せられたり樞密備忘

○九月十七日嶋田近江坂野壯九郞京都を發し江戶に赴く大樹公の進發を促し及惣督を確定せられん事とを請ふるゝためなり嶋田等廿二日江戶に

著せり此時嶋田をして幕府より出さし𛀁られし書面左の如し樞密備忘、家譜、波日記

拙者儀此度長州御征伐之副將被　仰付ニ付而も紀伊殿へ惣督被命候間紀伊殿江相伺追伐可致旨御奉書之處其後又々尾張大納言殿江御轉任ニ付都而御同人江相伺追伐可致旨御達之趣於國許致承知候ニ付早速名古屋表江使者指出相伺候ヶ條も御座候處前大納言殿ニも御當病ニ而惣督之儀御辭退相成候間伺之廉も難被及御挨拶との御返答ニ付如何とも可致樣無之候得共何分去月中出陣候樣御沙汰も御座候事故不取敢京都迄罷登一橋殿並美濃守殿江早々惣督之御方御定りニ相成候樣及示談候得共是等之儀も惣而關東ゟ御仕向ヶ無之儀とも難被及御挨拶との儀ニ而唯々當惑仕居候內尾張殿御上京之由ニ付御請ニも相成候事欤と大ニ力を得罷在候處彼御方御家來ゟ拙者家來迄不拘惣督御上京之旨以書狀申來り御請ニハ不相成趣ニ在之右等之御運ニ而も次第ニ御征伐之儀も御手

後レニ而　朝幕之御威光ょも相拘候儀と申彼是御遷延相成候内諸侯解体之場合ニも相成可申欤と甚以恐懼罷在候將又當今之時勢　御上洛無御座候而も　公武之御間柄を初征長之御一擧其外諸般之御都合も如何と申儀も天下之輿論ニ御座候得共弊藩ニ取候而も別而大任を相蒙罷在候儀故猶更御進發一日之御遲速ハ御威光一日之御加損ニも可相成御儀ニ而誠以御大切至極之御機會と奉存候得𪜈惣督之儀ハ强而尾張殿ニ被命候欤又御別人ニ而も一日も早く被仰付御征伐之御廟算も被相定猶將軍樣ニも不日ニ御進發御指揮も被成下置候ハヽ御威光ニ相縋り追伐之御用十分粉骨仕度と奉存候唯今之形勢ニ而も號令已ニ發して之ニ繼候指麾無御座以之外御不都合之御次第ニ而此体ニ而も今後之御事業御成功御拵取之程も乍恐御案思申上候得ハ呉々片時も早く惣督御治定相成　將軍樣ニも御進發被爲在雷霆之御威令御布告相成候樣迅速御幹（斡カ）旋御座候樣奉懇望祈願候猶委細之儀ハ嶋田近江へ口上申含候間御聞取被

下候様所仰冀御座候以上

九月　　　　　　　　松平越前守

○同日中根雪江尾藩長谷川惣藏を訪ふ尾張前大納言殿惣督の命ハいまた請けられねと上京ハせらるへしとて此月十五日名古屋を發せられたるよし聞えける故藩議の在る所を聞糺さんとてなり應答の大意ハ中根老公の御上京も征長惣督の爲めにならはと聞けりいよ〳〵さる次第なりやと尋ねしに長谷川如何にも上京ハせらるれとも惣督ハいまた請けられさるなりさて惣督を請けもして上京せらるゝなとて去る七月十九日京師騷擾後朝命を以く召されし故其月廿七日發途せらるゝに決し已に拙生等發途に先たち出京したりしに折惡しく其比腹瀉のため延引となり養痾中關東より御書院番頭某を使として速に上京せらるへく且征長の擧にも與からるゝ様にと命せられたれと養病中なりし故出發遲々に及ひしに其翌八月に至り更に惣督を命せられし次第なるか此時藩中にても速に御請あるかた

なるへしと議しけれと老公は病中といひ大任といひ到底御請ニ及ひかたしとなりし故一藩擧て議論沸騰し頗る混雑ニ及ひし中少しく快方ニ赴かれし故惣督の事ハ兎も角も上京ハすへしとて去る十五日發途せらるゝ事ニ決せしなりと答へし故中根更ニ御快方ニて御上京の上ハ惣督ハ是非御請在せられさるへからすさて惣督を以て罪を問ハるゝことゝなれる上其結局は如何と尋ねしニ長谷川拙生一己の考案は大軍を以て其國境ニ臨ませ必す其罪を謝する事となるへけれハ是を機として飽くまて前非を悔悟せしめ然る後圓滑ニ局を結ふかたなるへしと答へをりき幕府より前大納言殿ニ征長惣督を命せられし際納言殿より申立られし旨趣ハ左の如くなりしとそ（樞密備忘 甲子漫錄）

今般御征長惣督之蒙台命冥加至極忝仕合奉存候然處差合せ去頃已來根差候重病相煩引續必至臥褥罷在日ニ增疲勞候仕合ニ而　勅命台命有之候上京之儀さへ行屆兼彼是遲緩ニ及ひ何とも恐懼之至ニ付病中なから

押而上京之次第ニ有之候就夫前顯大任之儀ハ天晴武門之面目ニ付速ニ御請申上候も當然之理欤ニ候得共自ら力を不量しく妄りニ御請申上一旦御國家を誤候上ハ死を以て謝罪候とも畢竟天下之亂害ハ不被救儀ニ而大ニ　公武之御憂を遺候而も誠以恐入再難取戻次第ニ付晝夜寢食を不安篤と遂愚考候處慶元前神祖之御事迹を相窺候而も御大事之御戰場ヘハ必御親臨御直裁被遊候御事ニ相見ヘ申候今日之事何分久々昇平慶元以來初而之大兵革を被動候事ニ付既ニ大樹公御進發被仰出候御事と奉拜察候得も猶又被入御念御親敷御指揮被遊候ハヽ御威德御中興此御一擧ニ可有之奉存候其期ニ臨候而も帷幄ニも相加り存分之御奉公可仕志願ニ有之病を侵し强而出京療養なから御待申上候間先々御上洛御直裁之程奉仰望候猶其節御直ニも段々之御詫等申上度奉存候事

〆

○九月廿一日夕八ツ時出門櫻木殿ニ赴候而歸館ハ初更ニ及ひ申候樞密備忘

○同日尾張前大納言殿京都ニ著せらる去る十四日名古屋を發せられしなり征長略記

○九月廿二日朝五ツ半時出門中川宮ニ參候し夫より尾張前大納言殿を訪問せらる中川宮ニてハ酒肴を饗せらる且御對話もありけれと御引籠中なりし故國事ニ係る御談話ニハ及ハれす饗應中本多修理ニも拜謁を許されたり尾張殿ニてハ前大納言殿面會せられす田宮彌太郎ニ尾公惣督の任を御請あるへしや否やと尋ねられしかいまた全くの御請ニも至らされと征長事件を擔當せらるゝ事ニも決せられたりと答へたりき樞密備忘

○九月廿三日京都ニ於て閣老稻葉美濃守殿上使としく尾張前大納言殿の旅館ニ就き大樹公より陣羽織采配を遣はさるゝ旨を傳へ又長防攻口の割合を改め其他臨機の指揮ニ及はるゝ樣ニとの台旨を達せられ又前大納言殿よりハ全權を授けらるゝ樣ニとの趣意を始數項の伺書を稻葉殿ニて差出されたりとそ幕府の達書〔尾張殿の伺書ハ廿五日の條下ニ出さる〕左の如

し征長略記 甲子漫錄

幕府の達書

尾張前大納言殿

今度松平大膳大夫追討被　仰付候諸大名之惣督御心得被在之候樣被
仰出候付ゐも何角御配慮可被在之と御太儀被　思召候仍之御召之御陣
羽織並御采配被遣之

〆

今般長防攻口之割合夫々被　仰出候得とも御出張之上敵之動靜ニとり
攻口等御改被成候儀も勿論臨機御取扱等御存慮次第十分ニ御指揮被在
之候樣ょと被　仰出之

〆

○九月廿四日晝九ツ半時出門尾張前大納言殿を訪問せらる前大納言殿病
氣御攝養中なりし故病褥のまゝ對面せられたり此時　公征長の御定算ハ

いかゝと尋ねられしに前大納言殿いまた定算なし昨日稻葉閣老來りし故權限を伺ひ置たり尤權限の指令を得し上ハ速に大坂に下り其地に於て討手の諸藩を集めて軍議を開らくへき心得なるか指當り攻口各方面に統轄者なくては行屆かさるへしと申されたり此時公副將は始終惣督に指副ひ居るかたなりやと尋ねられしに前大納言殿幕府より達せられし事ハなけれと多分左樣にもあるへきか稻葉兵部少輔及ひ大小監察等近々上り來るよしなれは定めて其邊ハ分明もへしと答へられ尙又昨日稻葉閣老にも相談に及ひし事なるか此節の事には到底大樹公進發せられもては万事行屆きかたしと申されし故公も其儀は、拙者も專ら希望し已に幕府へ上陳にも及ひ置きたりと答へられき樞密備忘

○九月廿五日本多修理酒井與三左衛門酒井十之丞尾張殿の旅館に赴く成瀬隼人正石河佐渡守田宮如雲千賀與八郎面接せり本多等尾公愈惣督の任を請られしやと尋ねしに成瀬等未慥に請けられたりとハなけれと到底請

けられさるを得す故に一昨廿三日惣督の職權に關し稻葉閣老に意見書を出されたりされも此意見書に對する指令なりし上ハ公然請けらるゝ事となるへしとて二通の書付を出して見せたりき其書面左の如し（波日記／波記錄）

其一

〔上略〕自ら力を不量して妄ニ御請申上一旦御國家を誤候上ハ死を以謝罪候とも畢竟天下之亂害ハ不被救儀ニ而大ニ公武之御憂を遺候而も誠以恐入再難取戻次第ニ付晝夜寢食を不安篤と遂愚考候處慶元前　神祖之御事迹を相窺候而茂御大事之御戰場にも必　御親臨御直裁被遊候御事ニ相見申候今日之事何分久々昇平慶元以來初而之大兵革を被動候事ニ付既ニ大樹公御進發被仰出候御事と奉拜察候得ハ猶更御念被入御親敷御指揮被遊候ハゝ御威德御中興此御一擧ニ可有之奉存候其期ニ臨候而も帷幄ニも相加り存分之御奉公可仕志願ニ有之病を侵し勉て出京療養なから御待申上候間先々御上洛御直裁之程奉仰望候猶其節御直ニも段

々之御詫等申上度奉存候事

其二

征長總督之儀ㇳ誠ニ大任ニ有之何分不才抱病加之事情ょも不精候間輕易ニ御請申上御國家を誤候ゟㇳ其罪莫太故再三御直裁之儀奉願候處取頻被仰下候ニ付ゟㇳ最早彼是ハ決ゟ不申上至愚を忘ㇾ御請申上專爲御國家心力を盡し聊御恩ニ奉報度就夫申上兼候得共右ㇳ重大至極之任ニ付十分之御權柄御授被下候ハゟㇳ號令難行屆ㇳ奉存候仍ゟ左之條々御許容被下候樣仕度御否次第速ニ取掛り候樣可仕心得之事

一征長ニ付ゟㇳ全權御授之事

長州ㇵ屬候最初ゟ之手續並今日迄之情態等委細ニ爲御知之事

一攻擊之遲速進退其外方略等之儀ハ事ニ臨ミ無餘儀機會も可有之候間都ゟ便宜を以取計申候心得之事

一追討御用蒙り候諸大名差當難澀之筋ゟ氣邊ニ觸候ゟㇳ御鋒先ニも關

り可申と深く心配仕候ニ付妻子江戸住居之儀當分御猶豫之事

但弊藩之儀も右ニ不拘罷下可申候事

右樣全權御授被下候ハヽ自然外見之姿　幕威相分れ候樣ニ相見御嫌疑を招可申哉と誠ニ恐懼心痛至極之譯ニ付宛前より幾重ニも御直裁御隨從盡力之儀御威德御中興之爲萬々懇願申上來候次第ニ候此意底深く御恕察御憐考之程伏而奉希候事

九月

（以下十一行朱書）此書面ニ對して十月十一日幕府より指令をられし趣左の如し征長暑記

初ケ條之趣ハ征長惣督之御儀ニ付素より全權之御任ニ被在之候得共被仰立之趣亦御尤ニ付猶又改而　御判物被成置候間副將已下都而十分御指揮被在之候樣被仰出候尤御判物ハ御使番持參之事ニ候

但長州ニ屬し候宛初ゟ之手續並今日まての情態等前ニ書付を以申達置候品も有之候得とも其外之事件ハ委細美濃守豐後守へ御尋可被成

候

二ヶ條之趣ハ御書面之通被成候樣ニと之御事ニ候
三ヶ條御尤之筋ニ候得とも自然外々ニも指響候間難相整筋ニ候乍去實ニ無余儀分も暫時御猶豫被成下候義ハ不苦候間不得止事情申立候節ハ其趣ニ御取計被在之候樣ニとの御事ニ候

○九月廿六日中根雪江京師を發して歸國も廿九日福井ゟ著も波日記剣札

○十月二日嶋田近江京都岡崎邸よ著も嶋田等去月廿二日江戸よ著し携帶せる書面を閣老よ出し廿六日更ゟ江戸を發しゟ本日歸京せし𛂞𛀙さゟ嶋田等江戸よ於ゟ書面を出し尙大樹公速ゟ進發ある樣よとの旨趣を口頭よても陳述しゟれと關東ハ殊の外なる壅塞よて到底進發よ及もるへき景況ハあらさ𛀙しとそ波日記

○十月三日晝九ッ時出門尾張前大納言殿の旅館よ赴らせらる本多修理酒井與三左衞門隨從す此日ゟ閣老稻葉美濃守殿大監察永井主水正小監察戸

川鉾三郎にも參集せられ長防征討に係る事務數項をせられたる其項目及ひ議決の趣左の如し波日記　波記錄

一伐長之御主意を彼へ表立貫徹之事

二割日之論之事

三制札之事

四攻口之事

五總督副將下坂日並之事

六粮秫之事

七副將軍道筋之事

八御勘定御差登せ之事

九軍目付心得方之事

〆

前數項の議決

一伐長之御主意を彼に貫徹之事

從　御所被　仰出候も毛利大膳儀兼而禁入京候處陪臣福原越後を以名を歎願ニ托し其實强訴國司信濃益田右衛門介等追々差出候處以寛大仁恕雖扱之更悔悟之意言を左右ニ寄セ不容易意趣を含既ニ自ら兵端を開對禁闕發砲候條其罪不輕加之父子黑印之軍令條授國司信濃候由全軍謀顯然候旁防長ヘ押寄速ニ可追討との御沙汰ニ付總督尾張前大納言副將松平越前守奉　朝廷幕府命帥諸軍長門周防ヘ相向可正罪者也

右大小監察を藝州へ差遣大膳家老共之內呼寄屹度可申渡事

二割日之事

割日ハ越前侯之模樣を以決もへし

三制札之事

此あひ　御所邊にててつほう打もなし恐れ多くも　御門とうに玉あたつき候たん前代みもんの事ニ候是ニよつてうつ手さしむけられ候しあ

れともつみなきものハ少しも御かまひなく候間安穩ニ家きやう相いとなみ可申事
一右ニかゝり合せのそのをとらへなるひハかくれさるをうつさへ出候ハゝ相應のさた可致事
一老たるも幼きも手むかひいたし候ものハ打すて可申事
四攻口之事
五總督副將下坂日並之事
下坂之日ハ關東ゟ之御否並軍令條來候上總督ニ於て決すへし
六粮秣之事
七副將軍道筋之事
越前侯ハ九州之指揮若難被行屆次第ニ候ハゝ山陰道之指揮
八御勘定御差登せ之事
九軍目付心得方之事

將領軍配之是非吏士功勞之等第を監察し且軍議不決之事有之時ハ關係
致シ相計り候事

○十月六日尾張惣督よ里近々京師を發し大坂よ於て軍議すへけれは來る廿日迄よ討手諸藩の老臣を同地へ參集すへく近國の諸藩ハ藩主自身よも出坂ある樣よと達せらる其達書左の如し波記錄

前大納言殿儀毛利大膳父子御征伐ニ付打手之惣督被相心得諸事可被致指揮旨被仰出候ニ付近々爰許發途大坂表へ被相越軍議可被致候間諸藩家老衆來ル廿日迄ニ右表へ罷出候樣可被致候勿論近國之諸侯ハ都合次第自身被罷出候樣被致度且右期日迄ニ國許ゟ難相越向ハ在京重役之内國事ニ關り候者可被差出事

○同日尾張惣督の旅館よて討手諸藩の老臣へ達せられし書付を本藩心得のため交附せらる左の如し波記錄

別紙之通今日諸家之家老江相達候依爲御心得右壹通相達候事

十月六日

一旌旗小印等之圖面夫々被差出候樣致度事

一軍兵之惣數陪卒迄之人數共承知致度事

一御重役並隊々之長姓名承知致度事

一出張之道路並御國元ゟ防長迄之里數承知致度事

一御國元出張より著迄ハ行程幾日程之日積ニ候哉承知致度事

一御軍令ニ關東より著次第可相達事

一諸軍敵境著到之地

附著到之日限

攻口仕寄之日限

右ニ於大坂軍議之上可相達事

○十月九日京都ニ於ゐ稻葉美濃守殿より知邸を召喚し公ニ九州へ出張あるへき旨を達せらる此事ニ去る三日尾張殿の旅館ニ集會せられし時詮議

ニ及ばれし數項中の一なるか最初幕府より各藩へ討手を命せられし際其攻め入るべき方面を陸路ハ藝州石州海路ハ四國下之關萩の五道ニ分ちて夫々方向を指示されたると本藩へもいつれの方面ニとも指示されざりし故惣督とゝもに軍を進むるの心得ニて軍糧其他の需用品を都而藝州路へ輸送する事と定め其準備已ニ整ひたる場合とんひ北國の侯伯ニ軍船なき事も天下ニ知れ渡りたる事といひ最早出陣の期ニ迫れる今日ニ至り突然九州ニ出張すへしとの事ハ如何なる詮議より出たるものかと一藩大ニ疑惑を起し爾來惣督以下閣老監察へ不當の軍配なる事を論難しけるか船なか軍糧なりの事も幕府ニ於ゐ何とか都合せらるへしとあつて矢張九州へ出張あるへき旨を達せらるゝ事となれり閣老より達せられし書付左の如し波日記

松平越前守ロ

毛利大膳父子始追討ニ付其方儀も九州へ出張候樣可被致候

十月

○同日江戸ニ於テ松平伯耆守殿ヨリ左の通り達せらる過般島田近江を以テ幕府へ差出さレし書面ニ對する答書なり波日記

毛利大膳父子始御征伐之儀も御急務之事ニ付御迁延相成候而も　御所ニは被爲對被仰譯も無之既ニ御進發御用意等も最早相整居即今御發途可被遊思召ニ候得共一戰之左右も無之候ニ御輕卒ニ御進發も難被遊右攻掛之注進次第速ニ御發途可被遊思召ニ而猶尾張前大納言殿ニは被　仰出候品も有之候間御同人ニは打合急速出張攻掛之次第迅速可申上旨被　仰出之

○同日福井ニ於テ從軍の諸士以下へ段染木綿襷を用ふへき旨を達せらる左の如し家譜

長州御征伐出張之諸士此度之儀も指物不及用意候戰爭之節ハ差物爲代白黑横段筋染木綿片襷ニ可相用事

一右同斷諸士以下白淺黃段筋染木綿片襷ニ可相用事

〆

○十月十一日夜に入りて尾張惣督より使者を以て諸軍の到著日限等を達せらる左の如し（波日記）

毛利大膳父子始御征伐ニ付諸軍持口へ著到日限等之儀討手之諸侯へ別帋之通り今日被相達候事

十月十一日

別紙

毛利大膳父子始御征伐ニ付諸軍持口へ來月十一日著到可被致候事

一前大納言殿來る十五日京都發途大坂表へ被相越兼て被相達候通り被致軍議夫より西筋へ被致出馬候事

十月十一日

○同日福井に於て宰相公より加賀中納言殿へ使者を發し書翰を遣さる

過日來京都に於て本藩は九州出張を命せらるへき內諭ありし故此議いたし決定の上ハ軍船を要すへしとあ豫しめ前田殿へ所有の火輪船借用乃事を依賴せられしかハ左の如し書翰錄

一翰拜啓仕候追日寒冷相募候處先以　天機淸麗隨而　大樹公益御機嫌能被爲入御同意重疊奉恐悅候隨而愈御安靜被成御起居謹賀不斜奉存候陳も爾來御疎情打過背本意多罪御仁免被下度候扨も今般毛利大膳父子御征討に付尾張前亞相君總督被命越前守にも副將被命武門之面目家に取り身に取り冥加至極榮幸本懷之仕合に御座候右に付越前守にも前々月弊邑發途にて上京仕申候前亞相君にも御上京被有之方今征長御取調專一に有之旣に以本月十五日前亞相君にも浪華へ被降下越前守にも十七日比同樣相下り五日程於彼地諸藩會集軍議有之不日山陽道へ前亞相君御進發之御模樣に御座候右に付越前守にも九州追手之矦伯指揮有之候樣總督より相談よて決著可相成哉之趣に御座候依之是非浪華より春

戸内航行相成可申處迚も日本船よてハ急速之往來不相叶火輪船ニ無之而も自在者用便出來不申然る處今春所持之火船幕府へ御買上相成候故方今甚差支申候右ニ付而も當時兵庫港下碇ニ相成居候尊藩之火輪船有之候趣京師より歸越之者申出候間仰願くも征長御用中暫く恩借被下度奉願度旨以急報越前守ゟ申越候間何卒右御用中拜借被成下候ハヽ實ニ重大之御用向急報之便利不堪感恩之至候伏而御許諾之程奉懇願候御許容被下候ハヽ此書狀持參之使者へ其御重臣より在京又も兵庫港火船乘組ミ御家臣へ之一封御渡被下置度候右御渡之書狀を以在京又も兵庫乘船之御家臣へ相渡相談爲仕度候何分不容易至重至大之御用向日夜憂惱苦心罷在候父子之衷情御憐察被成下速ニ御許諾奉願候草卒之亂揮衆而御懇厚之御情實ニ奉甘懇願之次第御涵容被下不敬之文段も御海量奉願候先も右時候御見舞旁如此ニ御座候書外之委細も期後音候頓首拜

十月十一日　松平大藏大輔

加賀中納言様 玉案下

二白時候御自玉奉専念候乍末筆世子君へも宜御鶴聲奉願上候已上

○同日島津十太夫を稲葉閣老の許に遣はさる去る九日を以ていよ〳〵九州へ出張あるへき旨を達せられし故老若又ハ大小監察の内壹人副将へ指添らるゝ様又指當り軍糧運輸の準備其目的を失ひ且軍船を要する事となりし故粮米壹万石汽船三隻運送船百隻五百石積以上拝借したき旨を申さしめられしなり此時島津出陣の期日追々切迫せる事なれは軍糧以下拝借の事ハ今日中に許可を乞ひたしと申立られと急速にも指令せられさりき波日記

○十月十二日朝五時出門参　内せらる昨日傳奏飛鳥井中納言殿より通達ありしなり一條家に於て衣冠を整へ夫より参　内せられしに宮中にて龍顔を拝し天盃を賜はりし上再ひ　天前に召させられ御劍一振下し賜ハりき此日尾張前大納言殿にも参　内御劍一振御馬一疋拝賜せられたり傳奏衆より達せられし御書付左の如し家譜 有賀日記 征長略記

公ニ達せられし御書付

防長追討近々發向ニ付　御劔賜之

尾張殿へ達せられし御書付

大樹前軍惣督發向之上諸藩士氣引立彌盡力可有之

御沙汰之事

○十月十三日京都ニ於て來る十八日京師を發し伏見より淀川筋乘船大坂
に赴かるゝ旨を一藩ニ告示し又所司代にも其旨を屆出らる屆書左の如
し家譜

來ル十八日防長爲追討越前守京地致進發候ニ付歸陣候迄定式勤向之義
不仕心得ニ御座候此段御屆申上置候以上

十月十三日　　　松平越前守内
伊藤友四郎

○十月十四日立花飛驒守殿ニ海路下ノ關ゟ府中清末夫ゟ山口へ攻寄せら
るへき旨を達せらる久留米藩ハ最初海路萩に攻懸らるへき筈なりしなり

其達書左の如し 波記録

立花飛驒守

毛利大膳父子始追討被　仰付海路萩ニ攻懸候様相達置候處海路下ノ關ゟ府中清末夫ゟ山口ニ攻寄候様被　仰出候間可被得其意候尤細川越中守小笠原左京大夫奥平大膳大夫小笠原近江守小笠原幸松丸ニ一番手松平美濃守松平肥前守ニ二之手小笠原佐渡守ニ二之手之援兵被　仰付置候間其方ニハ美濃守肥前守同様相心得追討之面々申合速ニ誅滅可被致候

○十月十五日京都岡崎邸書院へ従軍者の心得として貼附せられし淀川筋の乗船割左の如し 家譜

來ル十八日曉八時御供揃ニ而　御發途被遊伏見驛御小休夫より御乗船ニ而大坂表ニ被爲　入候御供之面々其旨可存者也

十月

御座船入
御側御用人　貳人　御用人　壹人
御側向頭取　貳人　御小姓　六人
御近習番　三人　御醫師　貳人
〆拾六人
外ニ
御手筒　御刀筒　御手水簞笥
御茶辨當　御鎗　御挑灯
御兩掛壹荷
〆
御座船附
御用人　貳人　御目付　貳人
御小姓　五人　御近習役　拾貳人

御右筆　壹人
三艘
御醫師　五人
御帳付　壹人
御茶方　壹人
御大用替　壹人
〆三拾三人
御次船入
御家老中　貳人
岡部豐佐
壹艘
御内御右筆　貳人
奈良元作
〆貳拾人
千本藤左衛門

御貝役　壹人
但
藥籠　壹荷
御右筆部屋御坊主壹人
奥御坊主　貳人
家來　四人ツヽ
家來　四人
坂野壯九郎
林矢五郎
葛卷庄兵衛

同組
御供頭　三人
壹艘
家來　三人
表小姓　六人
家來　六人
御貝役　壹人
〆三拾貳人
御近習番　八人
家來　廿三人
御右筆　壹人
御帳付　壹人
壹艘
御案内　壹人
押之者　四人

同組
同差添　貳人
家來　貳人
御使番　四人
家來　四人
御貝持　壹人
御徒目付　貳人
御右筆部屋御坊主壹人
手明御小人　六人

〆貳拾六人

壹艘

大鳥毛　　御長刀　　御傘

御手傘　　御菅笠

〆持人共貳拾七人

御駕　　御駕之者　　十五人

壹艘

御目付物書　　出用人

〆

御甲箱宰領共　　五人　　御具足櫃宰領共　三人

壹艘

大韜韊壹御小人　　貳人　　御挑灯持　　拾人

〆貳拾人

御羽織箱宰領持人共　三人　　御跡箱宰領持人共四人

壹艘

御膳所両掛御挾箱宰相持人共　三人

御臺所向　　五人　　御手筒玉箱一荷持人貳人

〆拾七人
御小弁當両掛持人　貳人　御床几持人　壹人
御右筆部屋両掛御挾箱一荷宰領持人共　三人
壹艘
両掛御挾箱宰領持人共　三人
御茶弁當臺持　壹人　御挑灯持　八人
〆拾八人
壹艘　御挑灯大目籠壹持人三拾人
壹艘　御座船入御側御用人始家來三拾三人
壹艘　御家中總供六拾四人
壹艘　御書院番始御坊主迄御貸人五人合ニ壹人ツヽ之積り
〆廿六人
伏見ゟ陸両側御警　補兵隊　三拾三人　御徒頭　壹人
衛枚方迄夫ゟ乘船　御徒　三拾人

伏見ゟ枚方迄乗船夫ゟ陸両側御警衛大坂迄　御書院番　三拾人　新番頭　壹人

新番　三拾貳人

○同日尾張惣督京師を發し伏見より淀川乗船同日暮時大坂ニ著せらるゝ征長略記

○十月十六日傳奏飛鳥井中納言殿より長防征討軍を發せられし故三社ニ御禱仰出されしをもて其旨を討手諸藩へ布告し人心一途盡力すへき旨の達書を下附せらるゝ尾張惣督昨十五日京師を發し大坂ニ下られし故本藩の重臣を飛鳥井殿へ召喚し封書を以て下附せられたる御達書左の如し波記録

尾張前大納言

今般長防征伐發向ニ付先達　三社御禱被　仰出候儀討手之諸藩愈以勵士氣人心一途可有盡力更被　仰出候事

但此旨早々追手之諸藩ニ可有布告候尤關東へ　御沙汰可脱カ・被爲在候處急

速之儀ニ付總督ゟ直ニ被達候事

十月十七日京師に於ける出陣中巡邏の規則を從軍の藩兵に指示されし左の如し波記錄

定

一此度　御出張中御籏本を始御諸手御陣所内外晝夜廻り方之儀左之通被　仰出候間嚴重相心得自然相變候事有之候ハゝ其手之組頭御目付ゟ早々可被相達候事

但廻り場所之儀ハ其所ニ應し其節々被仰付候事

晝　五時 八時

夜　五時 八時　四時 七時　九時 六時

右刻限之通御籏本ハ御書院番補兵隊新番組之内ニ而三人或ハ五人計ツヽ申合相勤御諸手之一同二大砲手之儀も右之心得を以御番士同子弟輩之面々一手毎ニ申合相勤可申事

晝　四半時　七半時

夜　六半時　五半時　四半時
　　九半時　八半時　七半時

右刻限之通御籏本ハ御側物頭御持物頭組之者共ニ而三人或ハ五人計ツヽ爲相勤御諸手之一同二大炮手之儀も右ニ准し組之者共其手毎ニ申付爲相勤可申事

一時觸拍子木之事

一御陣所廻り御番人之事
　晝夜半時毎ニ御籏本ゟ拍子木打廻り候事

一御本陣ハ御籏本ニ而相固可申事

一御本陣之外御諸手陣所廻りハ其手〻〻ニ而相固可申事

一右當番之面々平士ハ得道具持參組之者ハ鐵炮持參之事

一半日半夜ツヽニ而當番替り可申事
　其節晝廻り夜廻りゟ直ニ當番相勤候儀勝手次第之事

○同日夜四半時京師を發し大坂ょ赴かせられ伏見ょて乘船せられしか十八日曉七時より京師を發せらるゝ時日ハ十八日乃筈なりしか著坂を急かれ今夜出發せられたり波日記

○同日加賀中納言殿の返翰福井ょ達せ左の如し來翰錄

貴翰辱拜誦仕候如貴諭追日寒冷相增候處先以　天機清麗隨而　大樹公益御機嫌能被爲在御同意奉恐悅候隨而彌御清勝被成御起居欣賀之至奉存候然ハ今般毛利大膳父子御征討ニ付尾張前亞相君總督被命御同苗樣ニも副將被命候旨先以御家之御面目不過之重疊御本懷之至と奉賀候誠不容易御義御情意深く御察申候右ニ付而も御指急之義是非浪華ゟ春戸內御航行被成度迚も日本船ニ而も往來も不相叶火輪船ニ無之候而も御用辨出來不申ニ付所持之火輪船御借用被成度旨承知仕候然處家來長大隅守長州討手へ差加被下候樣相願置候ニ付而も今度之義ハ御斷申度候得共何分御用辨申度就而も先ッ浪華ゟ之御乘船丈ケハ指上可申其餘之

義ハ船方役人壹人上京申付候間此者ゟ其後之都合方御役人ヘ示合候ハゝ御用辨も出來可申哉ニ奉存候委曲之義ハ御使者ヘ從家來示合候樣申付候細々御答も申上度候得共病中不能其儀御疎情之段ハ御海容可被下候右御報迄如斯御座候猶期後音候謹言

十月十五日　　加賀中納言

松　大藏太輔樣　御報

尙以御端書辱拜見時下御自愛專一奉存候筑前守ヘ之御傳聲辱可申入候

已上

○十月十八日夕八時大坂に著せらる宿陣ハ鳳林寺なり（波日記）

○十月十九日大坂に於て公旗本を始諸手乃將校を座前に召して軍令狀を下附せられ又執政をして陣中の定書を交附せしめらる左の如し（波日記）

座前に於て下附せられし令狀

定

一從公儀被　仰出候御軍令御下知狀之趣堅可相守事
一其手並其組を離れ下知なくして一切罷出申間敷事
但無據用事有之時も其旨頭々ゟ相達可任指圖事
一組頭並頭々之指圖ニ從ひ私之異見を立申間敷事
但存付有之候ハヽ其筋を以可申達事
一亂妨狼藉並放火致間敷事
一備押定之如く前後致間敷事
一陣取之儀奉行渡次第異議ニ及間敷事
一陣中ニ於而馬を放候ハヽ爲過錢代物壹貫文可取事
右之條々相背族於有之も速ニ可處嚴科者也仍如件
元治元甲子十月
執政をして交附せしめられし定書
一押寄も貝太鼓踏留も鉦可用相圖ハ一手毎ニ貝を以可繼事

一先手押行於途中差支之儀有之時ハ貝を以後陣に可告知事
一宿陣之曉一番貝惣手起二番貝兵粮三番貝諸勢之面々我陣屋前ニ可出揃打立も貝を以可告事
一行軍之節本陣並諸手變る事有之時ハ鉦を以告知もゐし其節踏留り下知を守り卒爾ょ懸り合申間敷事
一陣營中變る事有之時も右同斷
一失火之節ハ其手切ニ可消下知なくして他の手よ里駈集るへからさる事
一陣中亂酒高聲致間敷事
一物前兵粮番手を分ち片番ツヽ食し可申事
一夜討之刻番手之外下知なくして猥ニ立騷申間敷事
一何きも手先及合戰共二手ハ立堅可守其期事
一私之魁並場所違之働致間敷事

一博奕賭之勝負堅く禁制之事
一歸服之敵加憐不可爲無禮事
右之條々堅可相守若於相背ㇸ可爲曲事者也
元治元甲子年十月
○同日午後大坂ょ於ゐ尾張前大納言殿を訪問し薄暮歸館せらゑ此日本多修理成瀨隼人正を尾州殿の旅館ょ訪ふ近々軍議を開ゐるゝ筈ゐ⺀し故諸般の事を協議ㇸるゟめゐ⺀波日記
○十月廿日尾張惣督よ⺀下之關口諸藩とゝもょ豫◯仕寄の順序を議ㇸゐき旨を達せらゑ左の如し征長略記
九州諸侯攻口仕寄之次序越前守殿御手前ニおゐて攻口一手之面々と豫御議論可有之儀と被存候事
○同日御使番軍目付水野釆女多賀靫負岩瀨内記旅館ょ來る水野ゐ四國各藩の軍を監し多賀岩瀨ゐ下之關各藩の軍を監ㇸゑ筈ゐ⺀　公對面せられ

して公の著坂を賀し且今後の親しミを乞へるのミなりき此席へ本多修理酒井與三左衛門毛受鹿之介出て面會し其軍を監する心得方を尋ねしに水野已下江戸に於て諸軍の實況を監察するまでにて軍議乃事ハ意見ある時一應ハ申立るも其可否等にも關係に及ハすやと伺ひしに即ち伺ひの通りとなりされと一昨日尾張惣督より交附せられし書付面にも軍議不決のある時ハ關係する事とありて江戸に於て伺ひし趣よりも少しく任を重くし心配いたす事なりと答へ其他副將殿より御使を發せらるゝ事なれと何時によらば命に從ふ心得なりと申立退散せり波日記

○十月廿一日下之關口討手諸藩の重臣を本藩の旅館に召集せらる昨日惣督より仕寄の次序を豫め議し置へき旨申遣ハされし故なり斯て議事を開かれたれといつれも藩議のある所いまた申來らされハ確言しかぬしとの事なりしか小笠原左京大夫殿小倉藩の重臣のミ藩議ハ分明ならされと一己の意見を陳すべしとて對岸の敵地中檀之浦も砲臺あり又下之關ハ水崖に

迫りて切り石を高く築き立たせる両所とも堅牢の軍艦を備へすては攻め寄せかたし故に此節の攻口は門司に對する敵地なるへし此地は敵味方の距離海上纔に四丁か五丁かに過きされども便宜の地勢を撰み巨炮數門を据ゑ別に數隻の船に戰士を載せ置きて對岸の敵地へ燃彈を打込み火起り敵兵散亂するを見て船を進め戰士を上陸せしむべし是此攻口を破るの第一策なりと申立たりき此日來會せる諸藩の重臣姓名は左のごとし波日記

松平美濃守殿
　大音兵部
細川越中守殿
　小笠原一學
　道家角左衛門
立花飛驒守殿
　由布安藝
　宮川登三郎
松平肥前守殿

中嶋彌太夫
奥平大膳大夫殿
須田五郎左衛門
小笠原左京大夫殿
喜多村脩藏
田中孫兵衛
小笠原佐渡守殿
山田直輔
黑田甲斐守殿
內藤熊藏
小笠原幸松丸殿
清水五右衛門
〆
○同日宇和島藩松根圖書よ里本多修理へ書翰を遣もす此書翰見あさふに其大意ゐ

毛利淡路より伊達遠江守殿へ書翰を贈り淡路に於ては素より罰を犯せし事なし故に征伐を受くへきにあらすされとも本藩の故を以て軍を指向けらるゝとあれは是非もなき事なるか假令軍を向けられても聊抵抗せる所存なく直ち歸順の心得なり云々申遣はしゝ故此程其書翰を惣督府へ指出し恩免を乞ひしに去る十八日督府より本藩へ追て恩免の事を盡力すへし云々達せられたりとの意を申遣はせしなり督府より宇和島藩へ達せられし書面ハ左の如し波日記 征長略記

淡路ニおゐて是迄侵せる罪もなく並彌歸順之義無相違候ハヽ追而恩免之儀も幾重ニも盡力すへく候間人質を取置長防へ乘入候義承置候

○十月廿二日朝五時出門大坂城に會せらる尾張惣督とより軍議を開かるへき旨豫しめ通知ありし故なり暮時歸館せられき此日會同せられし方々は惣督副將大目付軍目付御使番外ニ松平上總介討手諸藩の重臣等なり一同列席の上惣督出て不肖の此方過分の大任を蒙り云々第一別記 來月十一日諸軍

持口へ著到同十八日を以攻懸云々（別記第二）演達せらる次ヿ幕府の軍令狀及ひ下知狀（別記第三）を頒布し又去る十二日參　内の節御下附ありし御沙汰書（別記第四）同十六日御下附ありし三社御禱の御書付（別記第五）幕府より交附せられし委任の書付（別記第六）を展示せし旣又督府の印影徽章（別記第七）制札の文（別記第八）進軍の期日を記るせる書付（別記第九）を交附せらる此時公より下之關口討手諸藩の指揮心得書及ひ毛利家謝罪申出し時の心得書（別記第十）を惣督に指出し裁決を請はれたり第一より第十に至る別記外ニ會同せし諸藩の重臣姓名書（別記第十一）左の如し（家譜 有賀日記 征長略記 波日記）

第一惣督演達ノ一

不肖の此方過分の大任を蒙り實に心配をいたし候此上ハ諸藩の力を賴むより外無之候此度の儀ハ　公武の命素よりの事譯て粉骨を被致に此方においてて年來の御報恩爰ヿ盡す間諸藩へ此段約し置く

第二惣督演達の二

兼而相達候通來月十一日諸軍持口へ著到同十八日を以攻懸可被申候御
軍令之趣彌堅相守諸將一和第一存候事

第三 軍令

條々

一今度毛利大膳爲征伐進發ニ付旗下並諸軍勢万事相愼不作法之議無之
様下々ニ至迄入念可事

一喧嘩口論堅令停止之若違背之輩有之おいてハ理非を論せす双方成敗
をなし或ハ親類縁者之因を存し或ハ傍輩知音之好ニより荷擔之族是
あるにおいてハ其科本人より重かるへき之旨急度是を申付へく自然
用捨をしむるにおいてハ後日相聞ゆるといへとも其主人重科たるへ
き事

一軍中相討堅禁制たるへし若止を得さる相討せる時ハ慥かる證人を立可
申事

一先手を差越假令高名をしむるといへとも軍法ニ背く上ハ重科ニ處をへき事
但先手ゟ相斷りしく物見ニ出候ハらさる事
一子細なくしく他の備へ相交る輩於有之ハ武具馬具ともニ是をとるし若其主人異議ニ及ハゝ可爲曲事事
一人數押之時不可脇道之旨堅可申付若猥通輩ハ曲事たる候也事
一地形又ハ敵の機ニ應し時宜之指揮可有之間此旨兼而可心得事
一降人生捕候者猥不可殺害事
一諸事奉行人之申旨不可違背事
一時之使としてハ如何様之者差遣りといへとも不可違背事
一持鎗持筒ハ可爲軍役之外長柄差置持りへハらさる事
但長柄之外もちもるニおゐてハ主人馬廻り壹本ならるへき事
一陣中ニおゐて馬を取放をへハらさる事

一田畑作毛を苅取或ハ竹木切取る事堅令停止附押買狼籍《藉カ》をへあらは若
違背之族有之おゐてハ可爲曲事支
一小荷駄押ハ右之方ニ附可相通軍勢と交らさる様兼而より堅可申付事
一船渡之儀他之備ニ相交らは一手越なる間敷事
一下知なくして陣拂並人返之儀一切停止之事
右之條々堅可守此旨此外載下知状者也
元治元年十月
御黒印
〆
下知状
覺
一御軍役之人馬員數之儀も慶安度御定之通ニ候得とも大小銃ハ増加可
致と勿論ニ候事

但弓隊之儀も勝手次第たるへき事
一御行列前後之次第堅可相守若猥なる輩有之ニおゐてハ曲事たるへき
事
一御先手之大名一日代り可相勤候右ニ准し毎隊之先鋒も申合番代り可
相勤候事
一押前之時用事有之行列を離れ候ハヽ其趣其筋へ相断器械僕従ハ其場
へ残し置用事終而速ニ馳付行列に駈付へし若病人有之節ハ慥ニ證人
相立其筋へ斷置可申若證人又ハ斷なくして後れ候者ハ嚴科ニ處せら
るへき事
一押前之時山谷森林等之處ハ敵方より伏兵可有之も難計候間諸隊心付
通行いたすへき事
一騎馬之者用所有之時も必ス馬を脇へひかせ用を調へ追付乗るへき事
一馬に沓懸させ候節ハ道脇へ乗のけ沓をかけ本の馬次へ並ひ乗へし其

後如前可乘入事
一馬もまつく時も後の馬脇へ乘のけ前の馬次へ可乘其後追付可乘入事
一乘馬小荷駄とも持主之名前何番隊と申事相記し候札立聞之邊へ結付可申事
一軍中におゐて若馬を取放つ者ハ過料を出させ口取ハ其品によま可爲沙汰事
一御陣中物靜に可致候ゑとへ何樣之儀有之とゐへとも下知なくして立騷く事あらさる事
一御宿陣ニ而毎夜四方ニ篝火を焚き御先手番兵之もれ二三人にて遠見番相勤可申篝火の人夫ハ陣場奉行より差出薪ハ御代官より指出可申事
　但御宿陣四方ニ限られ毎隊ニて焚候も不苦事
一毎夜不寢番ハ一隊を十分一之心得にて寐も番ゐさし巡邏懈怠なく相勤可申事

但頭支配ハ節々相廻り毎隊之番兵も是ニ准し晝夜守衛專一之事

一御陣中火の用心油斷あるへからす番兵嚴重付置相守可申若誤ち有之節ハ曲事タるへき事

一御陣所跡ハ麁略之義無之樣毎隊諸向隊長之向々急度心附組支配下々迄嚴重可申付事

一陣中味方之變を聞或ハ敵之樣子を聞候者ハ晝夜ニ限らす早速其筋へ訴へ可申事

一夜討並忍之者警衛無油斷可相嗜敵方之樣子ハ晝夜ニ限らす穿鑿いタし其樣子ニ依差圖之次第可有之候間諸向遠見並間者ハ懈怠なく相遣し置敵之樣子相探らせ可申事

一謀書矢文捨文張訴有之節ハ見付候人其儘ニて大小御目付ヘ相達可申事

一諸向並頭支配ハ勿論下々ニ至迄公用なくして互ニ往來いタし候儀無

用意るへき事

一銘々得道具ハ勿論御貸渡相成候器械損失有之節ハ早速其筋へ可申出若器械損失之爲ニ後きを取候輩有之ニおゐてハ曲事たるへき事

一落人之義も男女幼少之ものニ限らす即刻搦取差出すへし若隱し置者有之ニおゐてハ曲事たるへき事

一陣中ニおゐて傳染病相煩ひ候者有之節ハ小屋內ニ差置申間敷早速其旨其筋へ相斷藥用手當可申付事

一御出征中ハ親族之忌服請へからさる事

但父母之忌も三日勤番可相除事

一毎日夕七ツ時御本陣ニおゐて大小御目付より合詞合印を諸向頭支配主人ゟ申渡即刻諸向並面々組支配下々之者ゟ申渡すへき事

但時宜ニ仍り本文ニ拘るへからさる事

右之條々於違背之族も隨科之輕重可被處嚴科之旨依仰執達如件

元治元年十月

因幡守

豊後守

伯耆守

美濃守

備前守

和泉守

第四 十月十二日參　內之節御下附ありし御沙汰書

尾張前大納言

大樹前軍總督發向之上諸藩士氣引立彌盡力可有之

御沙汰候事

〆

第五 十月十六日傳奏衆より交附せられし御書付

尾張前大納言

今般長防征伐發向ニ付先達三社御祈も被　仰出候儀討手之諸藩愈以勵士氣人心一途可有盡力更被　仰出候事

但此旨早々討手之諸藩ニ可有布告候尤關東ニ御沙汰被爲在候處急速之儀ニ付總督へ直被達候事

第六　幕府より總督へ交附せられし委任書付

長防追討之儀其許ニ致委任候條副將已下諸藩之面々ニ指揮被相加軍事之儀大小とも機宜見計便宜之處置有之速ニ被遂成功候樣可致もの也

元治元年十月四日

御黑印

第七　印章添書　印影徽章ハ略す

時々使として差遣候者此印章を以照定可有之事

第八　制札添書

別紙制札之文壹通相達候攻口仕寄之三日已前敵境ニ被相建之攻入候上ハ村市所々ニ可被相建事

十月

制札之文

此たひ　御所邊にててつはう打はなし恐多くも禁裡の　御門とうに王なとつき候さん前代ミもんの事に候是によつてうつ手さしむけられ候えあれともつみなきものハ少しも御かまひなく候間安穏に家きやう相いとなみ可申事

一右にかゝり合セのものをとらへなるいゐかくれゐるをうつたへ出候ハゝ相應のさた可致事

一老たるもをさなきも手むかひいたし候ものハ打すて可申事

右之通可相心得もの也

元治元年子十月

第九
惣督進軍期日泊割

前大納言殿先隊も來ル廿五日より順々繰出し中軍ハ來月朔日大坂表出陣同十六日藝州廣嶋到著之筈候依泊割被相達候

但御軍艦入港候ハヽ早立著到可被致候

十月

泊割

西宮　兵庫　明石　加古川

姫路　正條　三ツ石　藤井

板倉　矢懸　神邊　尾ノ道

本郷　西條　海田　廣嶋

以上

第十
惣督へ指出されし伺書第十別記

其一

今度長州下之關口討手指揮被　仰付候ニ付而も尤一々惣督府之御差圖可伺候得とも差懸り候儀ニ而伺候日間無之節ハ臨機之了簡を以取仕切差圖仕候而不苦御座候半哉

其二

今度攻口へ參集又ハ攻擊ニ及ひ候節大膳父子退城面縛謝罪申出候ハヽ父子ハ討手之陣營中ニ預り置早急惣督之御本陣へ御達申御指麾を可待欤

一父子開城ハなし一族之內又ハ大臣之質を送り罪を可謝旨申出候ハヽ其段　惣督府江可申達候得とも眞實悔悟謝罪ニ候ハヽ城地可明渡旨可申聞欤

一開城ニも不及一ト通使者を以謝罪申出候ハヽ前文之趣申諭し進入攻擊不差留心得ニ御座候事

前書ニ對する惣督府の差圖

別紙兩通之趣御書面之通可被成御心得旨被申聞候事

第十一軍議の席に列せし討手諸藩の重臣姓名

松平阿波守殿
福島直之進
松平美濃守殿
大音兵部　東郷吉作
松平相模守殿
荒尾駿河　林善八
松平三河守殿
安藤要人　海老原極人
細川越中守殿
中澤廣江　小笠原一學
堀江德次　道家角右衞門

有馬中務大輔殿
吉田彦次郎
松平出羽守殿
大橋筑後
松平備前守殿
日置數馬
松平讃岐守殿
堀多仲
松平隱岐守殿
佐治源五右衞門
立花飛驒守殿
由布安藝
宮川登三郎

差添
吉田慰平
同道
廣瀨助左衞門
久保田文助
佐治齋宮
矢嶋助兵衞

松平安藝守殿
石井修理
松平修理大夫殿
大嶋吉之助
松平右近將監殿
岡村源次郎
松平肥前守殿
中嶋彌太夫
伊達遠江守殿
松根圖書
板倉周防守殿
金子外記
龜井隱岐守殿

三宅万太夫
吉井幸助
中老
中野數馬
岡野助左衞門
辻七郎右衞門

多胡兎波
福原權藏
奥平大膳大夫殿
須田五郎右衛門
小笠原左京太夫殿
喜多村脩藏
阿部主計頭殿
内藤角右衛門
有馬遠江守殿
有馬四郎左衛門
小笠原佐渡守殿
山田直輔
松平主計頭殿

渡邊儀右衛門
樋尾林助
大林金左衛門

松平左京
松平壹岐守殿
佐々木要
脇坂淡路守殿
脇坂縫殿助
高木佐野右衛門
三浦備後守殿
戸村豊
松平佐渡守殿
今村左太夫
板倉攝津守殿
森岡喜多右衛門
松平近江守殿

佐々木平左衛門

脇坂覺兵衛

差添
津久井善助

今村文之助　　　　岡田直之助
小笠原近江守殿
喜多村増藏
本多肥後守殿
武間四郎右衛門　　　　武間源次左衛門
小笠原幸松丸殿
喜多村増藏
松平主計頭殿
雨森謙三郎
〆
○同日惣督本營へ本藩の徽章及人員惣數重役番頭物頭姓名書を指出さる
督府より兼て達しの旨ありし故なり左の如し家譜
徽章

一纏四半朱ノ丸地白
一小馬印　黒鳥毛
一大馬印銀ノ棒上ニ黒鳥毛
一旗黒地ニ白ノ半月
一大砲方旗上下白中黒上ノ白キ所ニ黒ニテ葵紋アリ
一袖印　白地ニ黒ノ半月
一使番指物黒地ニ白の半月
一指物代りたすき木綿段染
一旗本船印

一船小印籏黒地白葵紋上ニ角取紙

一船印上下赤中白其所ニ朱ニテ葵紋アリ

〆

人員惣數

軍兵並陪卒迄惣人數七千人

〆

重役番頭物頭姓名

重役

本多修理

酒井與三左衛門

山縣克之助

芦田信濃

本田源四郎

毛受鹿之助

酒井外記

岡部豊佐

松平貫之助

大谷丹下

酒井十之丞

番頭
岡部造酒助
宇都宮勘ヶ由
中根牛介
佐野小太郎
菅沼重記
北川亘之助
磯野左近
富永濱之助
相馬精之進
美濃部八十次郎
花木壯太郎
渡邊早太

芦田源十郎
大宮藤馬
澀谷彌税
雨森右膳
齋藤民部
水野小刑部
飯田主税
西尾久作
秋田長之丞
大宮左門
海福孫八

物頭

高田孫左衛門
鈴木平馬
眞杉所左衛門
皆川平右衛門
千本藤左衛門
葛卷庄兵衛
梯治部左衛門
杉浦幸右衛門
松原信太郎
今立五郎太夫
蜷川松左衛門
榊原幸八

大井彌十郎
淺井權十郎
中根新左衛門
川瀨次郎右衛門
堀權之助
相澤八郎右衛門
笹川藤內
堀武左衛門
大谷儀左衛門
大關麓
出淵傳之丞
圓乘彥三

長谷川八十郎　　西尾十左衛門
多喜田藤内　　長谷川源之丞
内田閑平　　萩野左十郎
八木郡右衛門　　田中傳左衛門
〆

○同日大坂ニ於テ従軍諸隊ニ出發スヘキ日限ヲ通達セラル左の如し家譜
出帆日割
一酒井與三左衛門手　十月廿七日
一御籏本御先立　同斷
一酒井外記手　十月廿八日
一大砲方　同斷
右乗組之儀ハ出帆前日ヨリ相心得可申事
諸手乗組船割

酒井與三左衛門手惣人數七百六拾人
此飛船廿七艘
外ニ四百石積本船貳艘　小荷駄方
酒井外記手惣人數七百九拾壹人
此飛船三拾艘
外ニ六百石積本船壹艘
四百石積本船壹艘　小荷駄方
御籏本千五百三拾三人
此飛船五拾貳艘
内六艘蒸汽船附
外ニ千石積本船壹艘　小荷駄方
六百廿石積本船壹艘　同
大砲隊惣人數五百六拾貳人

此飛船貳拾壹艘
外ニ九百石積本船壹艘
四百三拾石積本船壹艘

小荷駄方

〆

○同日松平主殿頭殿ェ海路下之關より府中清末夫ゟ山口へ攻寄せらるへき旨小笠原佐渡守殿ェ小笠原左京大夫小笠原近江守小笠原幸松丸と一手ニなり先手ニ向ハるへき旨を達せらる主殿頭殿ハ最初海路萩ニ攻懸らるへき筈佐渡守殿ハ下之關貳之手ェ應援せらるへき筈なりしかり其達書左の如し波記錄

松平主殿頭

責口之儀海路萩ニ攻懸候筈被　仰付置候處海路下之關より府中清末夫より山口へ攻寄候積可被心得候尤細川越中守小笠原左京大夫奥平大膳大夫小笠原近江守小笠原幸松丸ニ壹番手松平美濃守松平肥前守立花飛

驒守ニハ二之手小笠原佐渡守ニハ二之手之援兵被　仰付置候間其方ニハ美濃守以下同樣可被相心得候

十月

小笠原佐渡守

海路下之關より長府淸末攻落山口へ相向候貳之手松平美濃守始へ之應援被　仰付置候處小笠原左京大夫小原近江守小笠原幸松丸と一手ニ罷成細川越中守奥平大膳大夫方先立可被相向候

十月

○十月廿三日酒井與三左衞門大坂ニ著せ一番手の將たり引率せし隊長以下の姓名ハ附錄ニ詳ちニせ波日記

○十月廿四日酒井外記大坂ニ著せ二番手の將たり引率せし隊長以下の姓名ハ附錄ニ詳ちニせ波日記

○同日靑山小三郎を閣老稻葉美濃守殿の居城々州淀ニ遣せさる過日來汽

船拜借乃事及ひ閣老の内ゟ大小監察の内ゟを指添へらるゝ様との事を申立置かれたれと爾來何事も指令せられさりし故此二事を催促し且勝安房守ハ此節からに最必用の人物なるに幕府ハ敢て必用とせられさるものゝ如くなりし故本藩へ拜借して出征中萬事の相談に及ひたしとて此事を更に願はるゝため遣はされしなり勝を拜借し大小監察指添を願はれし書面左乃如し波日記波記録

勝安房守借用願

拙者儀今度毛利大膳父子始爲追討九州路へ相渡候ニ付蒸氣船ニ而可致渡海候處海路之儀ハ家來共も不案内且攻口も下ノ關之海路有之ニ付勝安房守儀此節御用滯ニも御座候ハヽ海路爲申談致同道度奉願候相成儀ニも御坐候ハヽ此段御聞濟被成下早々安房守へ御達御座候様只管相願候以上

十月　　松平越前守

大小目付指添願

拙者儀今度毛利大膳父子始爲追討九州路へ罷越候ニ付而も副將之重任を蒙り且下ノ關攻口之方ハ大軍ニも有之ニ付旁重き御役義之人御差添之義先達而相願江戸表へ御伺ニ相成候旨ニ御座候得共出帆期限も相迫候ニ付差向候處大小御目付之内ニ而一人拙者手へ御指添被下候樣致度奉願候當節京攝ニおゐて大小目付御人少ニも御坐候ハヽ山陽道に出張之内ニ而一人御差添被下候樣仕度此段只管相願申候

十月　　　　松平越前守

○十月廿六日青山小三郎城州淀より大坂に歸る此時青山乃復命せし趣ハ稻葉閣老の許にて使命の趣を申述へしに閣老汽船拜借の事ハ勝安房守ゟ相談せらるゝ由し勝を拜借せられ度しとの事なれハ江戸へ伺ひ然る上何分の御挨拶に及ふへし大小監察指添の事ハ到底行屆かさるへしと返答せられたり云々ならき波日記

○十月廿七日酒井十之丞を惣督の本陣に遣はさる此時公來月二日を以て大坂を發し内海航行豊前國小倉に著せらるゝ事に決せられたれと海上波濤の模様によりては同月十一日諸軍持口へ到著同十八日を以て攻懸るへき旨惣督より兼て達せられたる期日に後るゝ事もあらんとて其旨を申入れ置かるへく又大小監察の内一名差添られたしとの願を稻葉閣老到底行屆かさるへしと答へられし故一方の攻口に將として諸軍を指揮する場合一名の監察をも指添かなしとあるは如何なる詮議なるへきかとて更に指添の事を惣督府に申立るため遣はされしか斯て酒井本陣に於て田宮如雲に面會して彼の二事を陳述しけるか田宮二事とも至當の筋なれとも惣督へ詳述すへき旨返答せり此時酒井の持參せし書面左の如し波日記

覺

大小監察之内小倉表へ越前守著到後にても宜しく候間是非御差向被下候様御厚配之程奉願候

十月廿七日

○同日酒井與三左衛門一手之兵を率て大坂を出船し又御籏本の内先發の一列同しく出船せり村野日記

○十月廿八日酒井外記一手の兵を率て大坂を出船し又大砲隊の一列同しく出船せり村野日記

○十月廿九日大坂に於て要職の輩本陣に會して全軍渡航乃順序を更定す是より先大坂以西小倉に至る渡航の順序ハ發機丸加州侯の所有を牙船として公是に乘らせられ御籏本の内牙船に乘りかたき人數及ひ諸手の人數ハ藝州御手洗まて飛船を以て渡航し同所以西ハ觀光丸幕府の所有を以て數回に小倉へ渡航せしむる豫定なりしか昨廿八日堤五一郎神戸港に赴き觀光丸の御手洗へ廻著すへき時日を勝安房守の塾生鈴藤勇次郎に申談せしに此船觀光丸ハケートル破損し易く且帆檣及車輪に腐朽せる所ありて防州灘を渡航するの用にも充かたしと申聞け指當り汽船脱カハ發機丸のみにて豫定の如くに

も渡航せし処かゝかりし故更ニ議して牙船を先著とし他ハ皆飛船のまゝ
豊前國鵜の島ニ著する事ニ改定せしなり　波日記

征長出陣記

卷二

征長出陣記卷二

○元治元年甲子十一月二日公中軍の將卒を率て大坂を發せられ今朝四半時揃晝九時過湊橋に於て川船に駕し安治川を下られ夕七半時天保山沖合に於て更に發機丸に移乘せられたり此時中軍の將卒中發機丸に乘入りかたき分を別に飛船六艘に載せ發機丸これを曳く事とせり此日船中の警備方を達せらる左の如し家譜波日記

發機丸甲板上

乘組之御物頭以下晝夜五人ツヽ一時代リ勤番之事

但異變有之節も時鐘刻ミ打可申事

御附添船當番

壹艘毎ニ晝夜三人ツヽ鉄炮持參一時代リ勤番之事

但異變有之節も空砲壹發可致事

〆

發機丸乘組の士官姓名

加州藩船將岡田雄次郎運用方關澤孝三郎辻松三郎蒸汽方頭取岩城貞造
蒸汽方松田亮藏根岸仙太郎上田保五郎上田次郎吉村尾彌太郎醫師山本
中外ニ軍艦奉行近藤兵作近藤岩太郎此両人乘組員ニ𛂞ふに

〇十一月四日吉川監物其家臣吉川勇記塩谷鼎藏を廣島ょ出し藝州侯ょ就き征討軍の進發を猶豫せられんことを願ふ其書面左の如し甲子新報八

私本家々老之内乍恐於京師暴動仕候義ニ付先達而奉歎願置候處此度御征討之御期限切迫ニ及候段竊ニ奉窺大膳父子を始末家中闔國之士民一統痛心泣血仕候就而ハ御差圖を不待罪魁益田右衛門介福原越後國司信濃三人之首級奉備御實撿其餘參謀之徒嚴科可申付候猶又公卿方去年已來山口御滯在之處何卒他州へ御轉坐追而ハ都下御帰入相成候樣御取扱之儀奉願度心得ニ御座候乍併此儀ハ早速大膳父子へ申聞相計セ度奉存候得共遠路相隔往復之日數有之候ニ付仰願ハ列藩御進發之儀暫御猶豫

被成下候樣奉希上候此由可然大総督幕下ハ御取成之程只管奉懇願候恐
惶敬白

十一月　　　　　　　　吉川監物（黒印）

〇十一月九日朝四ッ時發機丸豊前國鵜之嶋江着も去る二日天保山沖合江於而移乘セられし後三日曉八ッ時解纜同夜五ッ半時讃岐國余島江碇泊し四日朝五ッ時余島を發して同夜五ッ時安藝國御手洗へ碇泊し五日朝六ッ半時御手洗を發して同日晝九ッ時前伊豫國興居島江碇泊を御手洗發船後北風頗るへ（つカ）よく（此時曳船殆んと覆没セんとにし故ニ止を得に曳綱を截ちさり）興居島碇泊後も風ハよく〳〵吹き募りし故七日まて此地ニ滯泊し八日朝四ッ半時興居島を發して本日朝四ッ時鵜之島ニ著セしより此日中軍の將卒江左の通り達セらる（家譜）

今九日鵜之島ハ御著船之上御船ニ而御一泊明十日朝御上陸大橋驛へ御止宿明後十一日小倉へ御著陣被遊候旨被仰出候間御供之面々御行列之通一隊〻々引纏歩法正敷押行不申（可カ）事

但用事有之列を出候節も御軍令之通相心得可申事

一腰兵粮之事
但御上陸當日之儀も當朝御船ニ而銘々用意可致事

一大橋御泊ニ而御本陣御用之外他行致間敷事

一御泊ニ而御書院番一組並補兵隊半組ツヽ半夜代り御本陣不寐番相勤可申事
但半時代り御本陣内外相廻り可申事

一野羽織胴服著用勝手次第之事
但野羽織下ハ陣羽織著用之儀も勝手次第之事

○同日毛受鹿之介を小倉ゟ遣もさる小笠原左京大夫殿へ鵜之島著の案内且宿陣所等準備方依賴のためなり毛受り持參セし書面及演說の趣左の如し家譜

越前守儀今度毛利大膳父子始御追討之副將被仰付候ニ付長州下之關口

攻手之方江可相向旨惣督ゟ之御指圖を以去る三日大坂港出帆今九日御領分鵜之島に被致着帆候依之明十日大橋行司村江被致止宿都合次第御城下江罷越被致宿陣度候就而ハ萬端宜御賴被申候此段御案內旁被申入候以上

十一月九日

松平越前守內
毛受鹿之介

演說扣

越前守儀今度公辺へ蒸汽船拜借被相願被致渡海度旣ニ願濟ニも相成候得共御船無之觀光丸御船壹艘拜借且手前ニおゐて松平加賀守様御所持之蒸氣船被致借用人數之分藝州御手洗迄飛船ニ而相渡し置夫ゟ防州灘之處敵地切近之場所故右蒸氣船貳艘ニ而先手等何度ニも相渡し候上越前守儀相渡候心積之處右觀光丸御船損所出來拜借不相成ニ付蒸氣船一艘ニ而萬一先手相渡候節損所相出來期限ニ後れ候様相成候而ハ不相濟

儀故萬事を閣越前守儀手廻計ニ而一番ニ御當地へ被致着帆候事ニ御坐候依之先手造營向之者共も未罷越諸事不都合之儀も覺悟之事ニ候得共右等之次第故尙以万端御世話御手數ニ可相成此段厚御賴申上候樣被申付候

○十一月十日朝六半時鵜之島ニ上陸小倉ニ赴かせらる此地より小倉ニ至る途中の休泊左の如し（波日記 堤日記）

發着日	小休	小休	晝休	小休	泊
十日	鵜ノ島	松江	椎田	高瀬	大橋
十一日	苅田		曾根	湯川	小倉

○十一日〔月カ〕十一日豐前國小倉ニ著せらる此時ハ小笠原左京大夫殿の城下なり小笠原殿の客館を本陣とせられき昨十日鵜之島ニ上陸せられし後同夜大橋驛ニ宿陣本日小倉ニ着せられしハ夕七時なり此時一番手二番手もさらなり中軍の將卒も發機丸ニ乗入りし輩を除きてハれまゐ到著せしもの

あらさへき通行の道筋へ熊本侯より警衛の兵を出され又唐津侯安志侯より馳走人を出されりさる公已に此地に著せられたれと下之關口討手の兵ハ小倉藩の兵と熊本藩乃去ル八月中小倉應援のため一手の兵を出されたるものとのことにて其他ハ諸藩ゟまた出兵せさへき（家譜、唐桑秘筐）

〇同日本陣詰人員及ひ本陣内外の見廻人員を定めらる左の如し（家譜）

廣間取次

千本藤左衛門　葛卷庄兵衛

御使番三人

山縣熊之助　御供頭三人

廣間番

御書院番五人ツヽ

右晝夜とも一時半代る

一御館外見リ繁く

補兵隊五人ッヽ

右御廣間詰晝夜とも一時半代り

一御館外見廻り繁々

一内外御番所當分御目付組御側組ニ而

○十一月十二日小笠原幸松丸殿小倉江着陣せらる家譜

○同日佐賀藩柳川藩島原藩秋月藩へ飛檄を差出さる公昨十一日を以て小倉江著せられたれと此四藩ハ出兵の期いまた分明ならさりし故なり家譜、波日記、堤日記

以飛檄得御意候毛利大膳追討之期限相廻候付致會議度候間早々小倉表江御出張可被成候恐々謹言

十一月十二日　松平越前守

松平肥前守様

立花飛驒守様

松平主殿頭様
黒田甲斐守様

○十一月十三日秋田三五左衛門河津善太夫を廣島ニ遣さるゝ小倉ニ著陣せられし旨を尾張惣督及ひ稲葉閣老ニ報せらるゝためなり此時別ニ酒井十之丞より尾藩田宮如雲へ書翰を以て討手諸藩の兵到著せるものはまた幾許もなし斯る景況ニてハ來る十八日の攻入ハ如何あるへきやと心痛ニ堪へすと云々申遣ハしき秋田より惣督及ひ閣老へ出せる書面左の如し波家譜日記

越前守儀去る三日大坂湊出帆同九日小倉領鵜之島ニ着船仕夫ゟ陸通り今十一日小倉表ニ着陣仕候此段以使者得貴意候

十一月十一日

松平越前守内
秋田三五左衛門

○十一月十四日朝五ツ半時小倉城内火を失も多門の内ニ入れ置たる火藥ニ火移りたれと小量なりしよしにて多門十間許崩潰し直ちニ鎮火せり波日記

〇同日筑前藩小河縫殿來る黒田侯の書翰を出し且書中の餘意を口頭を以て陳述すへき旨美濃守申付たりと申し故公對面せられしに小河毛利家の御處置も先罪のある所を責問し若其罪に服せすて固より討伐を加へさるならは然るに今其事なく直ちに干戈を用ひんとせらるゝてはまつ順序を盡されさるものゝ如し故に美濃守ハ今一應此所に御詮議あらんことを希望し賤臣に此意を申上よと申付をり尤美濃守ハ兼ゝ　朝廷幕府の嫌疑を蒙ふり居る場合なるに今又斯る事を申立るハいよ〳〵恐懼する所なれと國家の御大事故默止するに忍ひす去て申上へき旨申付しありと申しゝ公そハ最前戸川監察を廣島に差遣し豫しめ云々の旨を申渡されたれも強ちに順序を盡されすとハ申かたかるへしと申聞られしても小河美濃守ハさる事在ましを知らす故に苦慮しけれと去て順序を盡されたる上ハ素より異存なるへからすと答へて退出せり此時本多修理毛受鹿之介其席に侍しけるて退坐の後別席に於て更に藩議のある所を尋ねられと小河過刻陳述せ

る旨趣の外今日ニ於て議すへき廉ハあらされ旨答へたりき波日記

○十一月十五日黒田下野守殿來訪せられ此時老臣林丹後大音因幡中老吉田主馬小河縫殿隨行し本多修理面會せしか黒田家所有之汽船二隻あれと二隻とも此節損所ありて用ひかたし故にいつ／＼長防の地へ討入るにも日本形固有の船を以て渡海する積りなりと物語りき波日記

○同日小笠原佐渡守小倉ニ著陣せられ届書左の如し家譜

佐渡守儀去ル十二日在所表出馬道中踏込今日著陣仕候旗本人數追ゝ著到仕不殘相揃申候此段御届申上候以上

十一月十五日　小笠原佐渡守内　尾崎嘉右衛門

○同日熊本藩沼田勘解由長谷川仁右衛門小倉藩小宮民部を本陣ニ招き本多修理以下重職の輩出席して軍事を議す此時沼田細川家の兵士現ニ此地ニ在るハ拙生の引率せる一手のミニて此程有吉將監著したれと其手の兵士ハいまた著せす長岡良之助出陣の筈なれと當月十二日熊本を出發すとの

事なれも來る十七日ならても到著せす夫是を以ゑ思考もる了全軍乃此地ヿ著もゑハ來る廿一日なるへし故ヿ十八日討入りの期日ヿも御間ヿ合ひあさし此所ゟ如何致もへきや尤討入を廿四日ヿ延期せらるゝヿ於てゟ細川家ゟ一擧して淸末を取る了難からんと申立しヶ此時兵卒の集らさゑゟ細川家のミヿ止らさ𛂞し故實況を惣督府へ申立る事ヿ內決し其他いよ〳〵討入る時の部署ハ長府淸末を小笠原家細川家奥平家の先鋒ヿ安岡田倉新城を黑田家立花家の先鋒ヿ懸らせ鍋島家も遊軍ヿ宛て機ヿ臨ミいつれの方面ヶへ應接せしめてハ如何との議な𛂞しヶ大略此儀ヿ內決したりき波日記

○同日小笠原幸松丸殿小笠原近江守殿よ𛂞重役以下戰卒の員數を屆らる左の如し家譜

小笠原幸松丸殿の屆書

今般毛利大膳父子御追討被仰出候ニ付私儀同姓左京大夫ね附屬被仰付

同人ゟ一手ニ相成下之關ゟ先鋒被仰付先月朔日在所發足仕播州室津ゟ乘船海路罷下同十二日小倉表へ著陣仕候今度長防両國江召連候人數別紙之通御座候尤先達而於江戸表御屆申上候人數ゟも猶亦於當地増減仕召連候儀ニ御座候此段御屆申上候以上

十一月　小笠原幸松丸

別紙

今般長防両國江出陣ニ付旌旗小印之圖重役並役々軍兵之惣人數陪卒迄指出候樣先達而於大坂表家來之者へ御達御座候段承知仕候右ニ付別帋之通以使者申上候以上

十一月十五日　小笠原幸松丸

長防両國江召連候人數之覺

家老貳人　用人壹人

武者奉行兼歩行士頭壹人　番頭貳人

旗奉行貳人
者頭三人
軍目付使番兼貳人
戰士六拾人
軍議役貳人
大炮方八人
兵粮方三人
馬脇士十人
醫師　三人
祐筆三人
中目付壹人
歩行士十人
旗小頭貳人
足輕小頭貳人
貝皷鉦六人
兵粮下役十人
小横目三人
足輕五拾人
中間六十貳人
雜兵四百九十貳人
惣人數七百四十八余

小笠原近江守殿の届書

覺

家老喜多村脩藏　　家老藤江奥左衛門

諸士以下徒士迄百貳拾八人　　足輕六拾四人

中間四拾四人　　又者百五拾七人

夫之者三百人

〆六百九拾五人

○十一月十六日軍目付多賀靫負岩瀨内記本陣に來る昨日の軍議を告るため招ましなり此時本多修理面會して討手諸藩の兵いまた到著せさる故に其實況を尾張惣督に告け討入の期日を少しく延引する事及ひ討入の際ハ諸藩を云々部署する事に内決せりと物語りしに両氏渾へも異議なしと答へし故本多えからも討手の兵到着せさる實況も御両人よりも戸川監察へ申遣さるゝ様にと申し・（し脱カ）ら両氏承諾して退散せり　波日記　家譜

○同日夜九ッ時尾張惣督よりの使价岩田八太夫鈴木大八郎小倉に達し直

ちす本陣に來る本月十八日を以て討手の諸軍同時に攻撃に及ふへき筈なりしか重ねて達も無まて攻撃を見合すへき旨の達書を持參せしなり達書左の如し征長略記、家譜、波日記

尾張惣督より討手の諸藩へ攻懸見合の達書

毛利大膳父子事伏罪之姿も相見候付當月十八日攻懸日限之義重而一左右相達候迄攻懸可被見合事

十一月十四日

尾張前大納言

尾張惣督より本藩へ達せられし書面

吉川監物儀毛利大膳父子謝罪之儀ニ付別紙之通追々歎願いたし既罪魁益田右衞門介始三人之首級藝州廣島表へ持參實撿ニ差出且參謀之徒於國許斬首申付候旨をも申達伏罪之形跡も相顯候ニ付攻懸日限見合之儀向々へ相達候儀ニ有之候仍而爲御心得右寫四通相達候事

十一月

別紙の一

私本家々老益田右衛門介福原越後國司信濃去七月登京之上不用主命恐多も於　輦下騷擾仕奉驚　宸襟候段全大膳父子平常之緩慢罪科難遁奉恐入候右ニ付是迄奉歎願置候趣も御座候處今度御征討之御期限切迫ニ及候段竊ニ奉伺誠以恐懼痛心仕國中一統彌謹愼罷在大膳父子寺院蟄居仕只管奉謝罪右三人之者共處置之儀此內御差圖相待候心得今日ニ至リ候得共却而過慮ニ相當自然御嫌疑も可相生哉と奉恐入候然る上ハ速ニ嚴刑ニ處し首級可指可指出心得ニ御座候且又私儀謹愼中越境之儀奉恐入候間不得止封疆ニ臨ミ罪を幕下ニ奉謝候何卒御所置厚奉歎願候誠惶敬白

十月廿七日　　吉川監物　黑印

其二

私本家家老之內乍恐於京師暴動仕候儀ニ付先達而奉歎願置候處此度御征討之御期限切迫ニ及候段竊ニ奉伺大膳父子を始末家中闔國之士民一段痛心泣血仕候就而ハ御指揮を不待罪魁益田右衛門介福原越後國司信濃三人之首級奉備御實撿其餘參謀之徒嚴科可申付候尙又公卿方去年以來山口御滯在之處何卒他州へ御轉座迫而ハ都下へ御帰入相成候様御取扱之儀奉願度心得ニ御座候乍併於此儀ハ早速大膳父子ゟ申聞其分相計セ度奉存候得共遠路相隔往復之日數有之候付仰願も列藩御進發之儀暫御猶豫被成下候様奉希上候此由可然大總督幕下へ御執成之程只管奉懇願候恐惶敬白

十一月二日　吉川監物　黑印

其三

毛利大膳家來

宍戸左馬之介　佐久間佐兵衛

竹内正兵衛　中村八郎

右ハ此度於國許斬首申付候此段御届申上候

十一月　毛利大膳家來 志道安房

其三

毛利大膳家來

久坂義輔　寺島忠三郎

來島又兵衛

右も參謀之者ニ御座候所暴動之節於京師相果申候此段御届申上候以上

毛利大膳家來 志道安房

○十一月十七日薩藩吉井幸輔本陣ニ來る酒井十之丞面會せしニ吉井過日來吉川監物より毛利家謝罪の事を惣督府へ申立已ニ三老臣の首級を出し且參謀者數名を嚴刑ニ處せる等粗伏罪の實を擧けしり云々廣島ニて在りし次第を物語り此上ニ尾張惣督ニ於て大膳父子謹愼の實を認められ五卿

及ひ過激諸隊の所置方を相當指揮せらるれハ最早干戈を動かさるへき要用ハあらさるよし故ニ此等の廉々以よく〳〵其緒ニ就さる上ハ速ニ解兵を達せられ然るへき由云々申聞けたりき波日記

○十一月十八日廣島惣督本營ニ於而益田右衛門介國司信濃福原越後の首級を實撿せられ去る十四日毛利家より重臣志道安房を以て首級を廣島ニ差出せし故同所國泰寺ニ指置かれ即日監察戸川鉡三郎始列坐尾藩重臣成瀬隼人正一應實撿し本日更ニ惣督尾張前大納言殿閣老稲葉美濃守殿大監察永井主水正監察戸川鉡三郎列座實撿せられしなり此時惣督より關東ニ報せられし書面左の如し征長略記

其一

毛利大膳末家吉川監物儀本家大膳家老益田右衛門介福原越後國司信濃事去七月登京之上不用主命恐多くも於輦下騷擾奉驚　宸襟候段仝大膳父子平常之緩慢罪科難遁寺院蟄居謝罪以致し候趣且右衛門介越後信濃

三人之首級實撿ニ相備其余參謀之徒嚴科申付並山口滯在之公卿方他州へ轉坐等之義ニ付別帋兩通之歎願書松平安藝守迄差出候由ニ而同人相達尤右歎願面之內列藩進發猶豫之儀も督府へ難相達筋之旨申談置候旨をも申添指出候付右右衛門介初存命候ハヽ生活之儘可指出筋合ニ候間心得申渡候樣安藝守へ相達候仍此段申達候事

十一月

其二

毛利大膳家老志道安房儀當月十三日藝州廿日市と申所迄罷出申達候ハ當七月京師おゐて及暴動候罪魁益田右衛門介福原越後國司信濃三人之首級致持參實撿ニ備度宜差圖有之樣致度旨松平安藝守家來迄申立候右ニも右衛門介初存命ニ候ハヽ生活之儘可差出筋合之旨安藝守を以先達而申談候趣未達內斬首差出候ニ付右首級廣島國泰寺へ護送之上同寺ニ差置警衛爲致置一昨十六日廣島表へ致著到候付今日右衛門介始首級令實

撿候處相違無之候且右暴動およひ候參謀之者大膳家來宍戸左馬之介佐久間佐兵衞竹内正兵衞中村九郎儀於國元斬首申付候旨並久坂義輔寺島忠三郎來島又兵衞儀も暴動之節京師於く相果候旨安房申立候就夫右衞門介初三人之首級ハ實撿濟之上吉川監物へ差遣申候依之申達候事

十一月十八日

其三

毛利大膳父子御征伐之儀當月十八日を以可攻懸旨兼而討手之諸藩ニ相達置候然處此度當七月京師おゐて及暴動候大膳家老益田右衞門介始三人之首級實撿ニ差出並右暴動參謀之者大膳家來宍戸左馬之助初四人於國元斬首申付候旨並久坂義輔初三人も暴動之節京師おゐて相果候旨をも大膳家來志道安房儀廣島へ罷出申立其余をも大膳父子伏罪之形迹も相顯候次第ニ相運ひ候付今十八日攻懸日限之儀重而一左右相達候迄可見合旨副將松平越前守初討手之諸藩ニ相達候尤此後之機會ニ依而も迅

速一左右相達爲攻懸候義も可有之候仍之申達候事

十一月十八日

○十一月十九日奥平大膳大夫殿來訪せらる公集議堂ニ於て面會せられき

波日記

○十一月廿日小倉藩より毛利左京長府本日使者毛利刑馬村野勝右衛門の両人を小倉ニ遣もし征討軍の國内ニ討入らるゝ事を一時猶豫ありたき旨願出たるよし申聞け即両使より出せる書面及毛利左京より小笠原侯ニ宛てる書翰其重臣より小倉の重臣ニ宛てる書翰を差出す左の如し波日記、波記錄村野日記

毛利刑馬村野勝右衛門より小倉藩へ出ス書

今度追討使御差向ニ付ても本家大膳父子を始於私も深く奉恐入罷在候右事件も本家々老益田右衛門介福原越後國司信濃事大膳父子申付を忘却仕不計も當七月於京師及暴動候次第寔以言語ニ絶シ恐懼之至奉存候就てハ此内吉川監物を以前書三人之首級　公儀ヘ差出御斷申上置候ニ

付何卒國内御打入之儀ハ暫く御猶豫被成下度奉懇願候何分僻邑之儀ニ付多人數之士民之内ニハ自然不心得之者も有之御非禮之儀共仕候而も奉對　朝廷　公邊ヘ不相濟儀ニ大膳父子を始誠心痛仕罷在候委細之儀も監物ゟ可申上候得共其内前行之趣被聞召分暫く御猶豫之程幾重ニも奉願度此段其向之御方々樣ヘ可然御取合被成下候樣左京申付候間何分宜被仰上可被下候

十一月

毛利刑馬

村野勝左《右カ》衛門

毛利左京の書翰

一翰奉拜啓候中略然ニ今般追討使御指向ニ付而ハ云々〔以下兩使より小倉藩へ出しゝ書面ヨ同し故ヿ略も〕暫く御猶豫之程幾重ヨも奉希度是迄御隣境之好を以何卒歎願之筋相貫候樣御賢慮被成下候ハヽ、千萬々々難有奉存候右も御願迄草略如此御座候恐惶謹言

十一月十九日　　　　毛利左京
　　　　　　　　　　　　元周判
小　左京大夫様
御侍史
再伸本文之趣呉々も御配慮被成下度伏而奉願候以上

長府重臣の書翰
〔此書翰ハ文意前書ニ異なる所なし故ニ略す〕
十一月十八日
迫田勢之助周敎判
毛利勘之助元宣判
西　小豐後運年判
三澤求馬周爲判
桂　縫殿周辰判
三吉周藏介周張判

島村志津馬様

○同日長岡良之助殿來訪せらる公對面せられ其席へ本多修理出て拜謁したるか長岡殿是迄軍議の席に出るに沼田勘ケ由長谷川仁右衛門のミのよしなれと以來ハ有吉將監郡夷則をも指加へられ度し云々申聞けられたりき波日記

○同日久留米藩戸塚勇吉島原藩井關寛藏來る酒井十之丞面會せしに両人此節毛利家より謝罪申出居るよしなれとも惣督府ハ充分其實効を認められし上ならてハ解兵なと仰せ出たさるへきにならぬ云々申立たりき波日記

○十一月廿二日長府の使者田代音門家老村野勝左衛門右カ用人林郡平横目清水鹿之丞同上小倉に來る去る廿日毛利刑馬村勝左衛門右カ小倉に來りて討入猶豫の周旋を小笠原家へ依頼せしか相當の實効を立られすてハ周旋しかたしと返答せし故更に田代已下四名を遣はせるなりとそさて四名より一昨日毛利

刑馬ニ相當の實効を立てすくハ云々申聞られしハ御尤至極なれと御討入の際先鋒を願ひ出つる如きハ宗家ニ對して弓を曳く筋ニて素より爲す應きニあらされ故ニ著るしき實効を立ることも甚た難事なりしかるニ今度罪を　朝廷幕府ニ得るニ至りしハ畢竟宗家の不心得より起りしものニて末家の長府ハ一切與かり知る所あらすも深く此事情を御汲察ありて幾重ニも御討入御猶豫の周旋を願ひたし云々申出たりとそ波日記

〇十一月廿三日秋田三五左衞門河津善太夫廣島より小倉ニ歸着す去る十四日両人小倉を發セし後十八日夕廣島ニ著し十九日惣督本營ニ於て田宮如雲ニ面會して携帯セし届書を差出し廿日廣島を發して本日正午時小倉ニ著セしなり此時両人より去る十九日廿日両日ニ廣島惣督本營ニおゐて交附セられし(三條實美初五人之輩並右之附屬脱藩之者共受取等之義中略全く追討外之所置ニ付云々)の書附一通第一別書外ニ心得として交附セられし書付四通第二より第五ニ至る別書又外ニ細川越中守殿有馬中務太輔殿松平肥前守殿ニ達

せらるへき書付三通第六より第八にいたる別書を携へ來りて本陣より差出せり左の如し家譜

征長略記

第一別書

松平越前守

三條實美初五人之輩並右ニ附屬脫藩之者共受取方等之儀ニ付此度松平美濃守もしめ申渡候趣も全く追討外之所置ニ付下之關口討手之面々ニおゐて右ニ倣ひ如何之擧動有之候而も不可然候間心得違之義無之樣可被相示置事

第二別書心得として達せられし四通の中なり

十一月十九日吉川監物へ達せられしもの

三老臣之首級ハ請取參謀之輩斬首之儀も承屆候五卿之儀も申出之通無遲引可指出候右ニ付附屬之脫藩人之始末も早々可申達事

一山口之儀も新規修築之事ニ付早速破却可有之事

第三別書

先達戸川鉾三郎より申渡候追討之御主意之趣ニ付吉川監物を以申出候謝罪之廉々ハ有之候得とも猶大膳父子恐入之次第自判之書面を以早々可申出候

第四別書

一三暴臣之首級吉川監物へ差遣候筈ニ而藝藩ヘ引渡相濟候事

十一月廿日

第五別書

松平美濃守

去年脱走ゟ致し是迄長州ニ滯在之三條實美初五人之輩長州より受取一人ツヽ御自分並細川越中守有馬中務大輔松平修理大夫松平肥前守ヘ預置候筈ニ付夫々請取候上引渡方とも專被取計尤請取方難行届節ハ越中守初申合兵力を以速ニ臨機之所置可被在之候其段越中守へも申渡候事

十一月廿日

第六別書

細川越中守

去年脫走いたし是迄長州へ滯在之三條實美初五人之內一人松平美濃守方請取預可被申事

但右五人之者美濃守長州より請取方難行屆節ハ有馬中務大輔松平修理大夫松平肥前守申合兵力を以速ニ臨機之所置可被有之事

十一月

第七第八別書ハ有馬中務大輔殿松平肥前守殿へ達せらるへき書付にて同趣意の文面故略して記さゝ

○同日薩藩大島吉之助吉井幸助來陣ス來る大島ハ本日廣島より小倉ニ着し吉井ハ過日來小倉ニ滯在せしなり本多修理酒井與三左衞門酒井十之丞面接せしニ大島去る十月廿三日大坂ニ於て尾張惣督より召喚せられ追討

の策を尋ねられし故長防の人心を離間し長防をして長防を討たしむるか長策なるへしと申上しに惣督は直命を以て彼より謝罪する様の周旋かたあるへしとありし故吉之助御請に及ひ其後大坂を發して本月二日廣島に著し夫より直ちに岩國に赴き談判に及ひしか吉川素より謝罪を希望する旨申出たり夫故此談判容易く整ひ遂に吉川自ら廣島に出て罪を謝し且三老臣の首を實撿に備ふる等即ち本日廣島より達セられし書付類の如き次第に運ひしなりしかし此外に大膳父子始め面縛して罪を惣督の軍門に謝し且長防二州の諸城を明け渡すへしとの二事ありて一時難件なりしか是は吉川か廣島に出し時永井大監察より吉川に其旨を申渡され吉川一應御請に及ひけれと更に此二事は監物の力にて行届くへしや否や覺束なし若監物の力にて行届かさる時は或は長防二州は死守するかたに運ふやも測りかたしと申出たれもなりさて此時惣督及ひ永井大監察より吉之助に意見を尋ねられし故二州の諸城を明け渡たさせ各主に面縛して軍門に出よ

とある事ならず周旋談判を用ゐるに及はず直ちに兵威を以て城下に押し寄せらるへきなり如何となれは面縛開城の如きは古來刀折れ矢盡き所謂九死一生に迫まれる場合ならても行はれかたきなり然るを今日は官軍四境を圍みゐるまてにていまた一戰にも及はさることなれはさることの行はるへき場合ならされはなり云々御答に及ひしかは永井申さるゝには面縛開城の事は吉川に申聞し時今少し穩かにと思はさりしにあらねと廉立たる席なれは自然語氣にも廉か立しなりされは此上足下の手心を以て何とか程よく談判に及はれまじと申聞けられし故吉之助其意を體して更に監物に面接し種々談判の末大膳父子始より自判を以て何様の罪科に處せらるゝも御請に及ふへき旨の書面を出し又山口の新城を破却し及ひ五卿を他に徙し附屬の脫藩人を相當所分する事となりしなり云々物語りし故本多五卿を他國に徙さるゝことは今日の書付類にて分明なれと五卿に附屬する輩の所分方ハ分明ならず是ハ如何と尋ねしに大島尾公最初ハ此輩

を悉く討取るへしとありし故さか御決定の上ハ夫までの事なれとなるへく干戈を用ひすしてく手ニ入れらるゝか長策なるへし兼て五卿移轉の事も筑前の北岡勇平ニ御委任の事なるが勇平ハ随從の輩ニ係る取締り方ニも充分の考案なるよしなれも併せて御委任ありてハ如何と申立しかも即ち委任せらるゝ事となれりと答へたり本多又大膳父子の謝罪を容れられし上其譴責方ハ如何と尋ねしニ大島大膳父子如何なる嚴譴をも甘受すへしとハ申し居れと若苛酷ニ過る時ハ二州の士民或ハ死守する事ニ決心すましきニあらす故ニなるへく寛大ニ處せらるゝ樣ニと尾公へ申上置たりと答へし故本多苛酷ニも苛酷あるへく寛大ニも寛大あるへしと申しゝかも大島是も尾公より御尋ねありし故下之關邊ニて十万石外ニ上之關大島を削り長府を三田尻か宮市かニ移し大膳父子落髮寺院蟄居清末ニ其遺跡を繼かしめ削地の內下之關ハ筑前と小倉とニ守らせ上之關大島ハ藝州ニ守らせらるへしと申上置たりと答へけり本多又解兵の順序ハ如何と尋ねし

ニ大島此上大膳父子より自判の書付を出し山口城を破却し五卿及ひ其隨從者の處分結了ニ至れも直ちニ解兵を達セられ一時近國の兵を以て四境を守り其內譴責の廉のミ關東へ伺ハるゝ豫定なりと答へたりき波日記小倉御滯陣日記

○同日廣島惣督本營より秋田三五左衞門河津善太夫ら携へ歸りし八通の書付ニ對する受書二通外ニ伺書壹通を差出さる伺書ハ八通の中第一別書ニ三條實美初五人並右ニ附屬脫藩の輩を受取る事ハ追討外の所置なるよし明記しあれと受取の際萬一臨機の所置ニ及ふへき場合あるニ至れも干戈を用ふへき事ニて全く追討外とも認めかたき故其心得方を申出られしなり其受書伺書左の如し家譜

受書の一

三條實美初五人之輩並ニ右ニ附屬脫藩之者共受取方等之儀ニ付此度松平美濃守初ゟ御達之趣も全く追討外之御所置ニ付下之關口討手之面々

おゐて右ニ倣ひ如何之擧動有之候而も不可然候間心得違之儀無之樣可
相示置旨御書付之趣奉得其意候外ニ爲心得御渡被成候御書付之寫四通
是又致承知候以上
十一月廿三日　　　　　　　　　　　　　　　　松平越前守
受書の二
三條實美初五人之內壹人宛松平美濃守より請取預等之儀ニ付細川越中
守有馬中務大輔松平肥前守へ御達之御書付御廻被成其段今廿三日夫々
申達候以上
十一月廿三日　　　　　　　　　　　　　　　　松平越前守
伺書
三條實美初五人之輩並右ニ附屬脫藩之者共請取方之儀ニ付此度松平美
濃守初へ御達之趣も全く追討外之御所置ニ付下之關口討手之面々おゐ
て右ニ倣ひ如何之擧動有之候而も不可然候間心得違之儀無之樣可相示

置旨御書付之趣致承知候右ハ追討外之儀とも乍申請取方之儀ニ付自然戰鬪之場合ニも及候節ハ攻口之義ニ付追討外共難申且副將之任ニも有之其儘閣候樣ニも難致候條下之關口討手屯集之人數を以臨時應援之指揮ニも及度心得ニ御座候猶御指圖可被下候以上

十一月　松平越前守

前書伺ニ對する惣督の指令

書面之趣ハ時宜次第從是可及指揮候

○十一月廿四日肥後藩長谷川仁右衛門額田權次來る本多修理面會して毛利家ニ處せらるへき惣督の意見なりとて昨日薩藩大島吉之助より聞き得たる趣を物語りさて意見ならハ承はりたしと申しゝかハ長谷川重大の事件なれハ良之助へ申立藩議一定の上御返答ニ及ふへしと申聞け彼是雜談中大島吉井其席ニ來り會して尙又廣島ニ於ける目下の情況を長谷川等ニ告けしニ長谷川謝罪の實を顯はしたるのミニあらいまた譴責の御達ニ及ハ

れさる内に討手の兵を解かれては後日譴責の事に關して　朝廷幕府に御異見在らせらるゝか又は毛利家か容易く御請に及はさるの時大なる不都合あるへしと申しゝかは大島此度の御譴責若苛酷に過きなは如何なる珍事を惹き起すましきにあらされと天下擧て至當とする所に決せられしにはさのみ懸念するには及はさるへし尤此程惣督より達せられたる三條の趣を毛利家に於て異議なく御請に及ひ續く削地其他の事をも達せられ然る後兵を解かるゝか順序なるへしと吉之助は申立けれと兵を解く事は惣督の權内に屬すれとも譴責は幕府の指揮を請はさるを得すとの事なりしと答へ長谷川又譴責を幕議苛酷に渉られさる樣にとの事は惣督に確せる御見認めあるへしやと尋ねしに大島特に伺ひし事はなけれと多分御見認めはあるへし已に閣老大小監察へ苛酷に渉りては宜しからすと申し時も無論寛大ならさるへからすと申されたりと答へ長谷川又五卿移轉及ひ隨從者取締り等の事は今後尚若干の日數を要すへきなれは其間に譴責の事

を　朝幕ニ伺ハれてハ如何と申しゝニ大島五卿移轉等の間ニ譴責の事を伺ハるゝハ御尤の御意見なりと答へたりき 波日記

○同日夜ニ入りて小倉侯より五卿及ひ附属脱藩の輩受取方ハ全く追討外之處置云々督府の達書ニ對し特ニ懇願書を出されしか其旨趣督府の達しニ觸れ妥當ならさりし故直ちニ聞置かたき旨指揮ニ及もれたり其懇願書左の如し 小倉滯陣日記

三條實美初五人之輩並右附属脱藩之者共請取方之儀ニ付此度松平美濃守初へ申渡候趣も全く追討外之處置ニ付下之關討手之面々おゐて右ニ倣ひ如何之擧動有之候而も不可然候間心得違之儀無之様可相示置旨昨廿三日御書付を以被仰渡候條右ハ全く追討外之御所置ニ候旨具ニ奉得其意候然ルヿ松平美濃守始於彼地脱走輩請取方之次第ニ寄り自然戰闘等ニ相成即逆徒御誅戮之御發端ニ可相運も難計奉存候間若右之場合ニ及候ハゝ私並同姓佐渡守近江守幸松丸義ハ兼而下ノ關口攻懸り之先鋒

殊ニ細川越中守奥平大膳大夫ゟ先立可相向旨厚き蒙御沙汰同姓一統武門之高榮難有仕合奉存候就而ハ臣下何レモ一際憤起仕居候折柄ニ付別而右場合ニ及候ニ討入不仕候而も先鋒蒙命身更ニ不安殘念之至奉存候依之彼地戰鬪之形勢ニ候ハヽ同姓一同乃先鋒之心得を以討入仕度念願ニ御座候間其期ニ至り候ハヽ何卒速ニ討入之御指揮兼而被成下候樣奉懇願候以上

十一月廿四日　　小笠原左京大夫

○十一月廿五日熊本藩長谷川仁右衛門高瀨善兵衛井上嘉右衛門來る本多修理面會せしに長谷川昨日物語られし趣を逐一良之助に申聞け篤く詮議に及ひしかいよ〳〵長防の地に討入る事となれハ二州の士民に在ても勢死を以て其境を守らさるを得さるへし果して然らハ輕視もへき敵ならねハあるに幕府ハ大樹公進發の令を發せられし以來數月ニ亘る今日猶いまた出馬の期を定められす惣督ハ已に大兵を率て出發せられしをと何とや

ら敵愾の氣象に乏しきりに考えらす《れカ》討手諸藩とても悉く決死の兵とは思それはかりのみならす　朝廷と幕府との御間からを承はるに百事御合躰にもあらされよし又東國に水戸の擾乱なりて是も容易に鎮靜はゐまし景況ならさるよしなれも此上萬一進て一戰に志を得ること能はす對戰日を曠しくはゑに至らも其間に意外の變を生はましきにならはさては天下は大乱となり却て　朝廷幕府の威嚴を損せらるゝ尠少ならさるへし故に此際大膳父子落飾寺院蟄居何如なる嚴譴をも甘受はへき旨申出五卿及ひ脱藩人等の取締を始め山口新城を破却し清末家に宗家を繼りし故一藩中の過激輩を自藩に於て抑壓する等の數事を惣督の命に隨ひなても一時解兵の令を發せられ然るへし尤毛利家に處せらるへき此上の譴責は寛大を旨とし惣督よりも副將よりも嚴しく幕府へ言上せらるゝ様若幕府其言上を容せられはは細川家は別に建議に及ふへき覺悟なるり此藩議は　朝幕の威嚴に一歩を譲らるへしとはるもれゝ如くなれと元治元年の今日も此議を

以て適當ともへきかとの意見なり云々申出たりき波日記
○同日小倉侯より五卿移轉の事に關して此末兵力を要せらるゝ場合にも小笠原家は兼て先陣の命を受け居る事なれは第一に攻撃の指揮ある様にとの書面を出されしか五卿請取方は征討外の處分と心得へき旨惣督府より達せられたる旨もある事故大宮藤馬直ちにさゝる事は指揮に及ひかたき旨を斷はり唐津藩よりも百束九郎右衛門來りて本多修理に面談を乞ひ小倉侯に同しく第一に攻撃の指揮云々申立し故本多斷はりしか此時百束別に尾惣督は毛利家に欺かれ謝罪を容れらるへきよしなれとさては後害測られされは兎も角も四境より討入り諸城を明け渡し面縛して降を乞ふに至るまて責詰めさるへからすと云々申陳へ則佐渡守殿の意見書を差出せり左の如し波日記、武田日記

去十七日御渡御座候尾張前大納言様ゟ被仰出候毛利大膳父子伏罪之姿相顯れ候ニ付十八日攻懸之儀御一左右御達御座候迄見合可申旨奉畏候

然る處伏罪之儀如何之趣意申立候哉兼而暴臣手當申付置候聞へも御座候ニ付右等之伏罪委任仕寛大之御處置御宥免之御沙汰とも被仰出候樣ょてハ朝敵大逆罪御征伐之御趣意ニ至て乍恐如何可有之哉と奉存候若父子始自縛ニ而御軍門へ罷出城地指上御咎等を待候ハヽ格別末家ゟ彼是申立候歎願等ニ時日を御費し被成候内折角集屯仕候諸侯之氣合も相散し復ゟ聚り難き勢ニ押移るハ御武威之弛張ょも相拘候儀誠ニ以御大事と奉存候第一此度之御大害を相生し難挽回形勢ニ成行可申哉と奉恐入候仰き願而速ニ敵地へ渡海被仰付御軍威を以開城等之義被仰付及異議候ハヽ不得止事御討取被成候儀不可失之御急務と奉存候御深慮之程難奉量候得共天下之御興衰ょも相拘候儀と奉存候間不顧恐右之段可奉申上候以上

十一月

○

同日井上彌一郎 御側向頭取 武田三十郎 御小姓 跡部又八 御世譜右筆 を豊後國大分

郡生石津守等の地ょ遣もきる先代忠直公の墳墓を拜セしめられしなり家譜

○十一月廿六日尾張惣督の使价若井鍬吉小倉ょ來りて毛利家ょ處セらるゑまて藩議を聞ゐるゝまめ重臣を廣島ょ指出さるゝ樣ょとの達書を差出も此時本多修理酒井十之丞若井ょ面接せしょ若井毛利家より追々謝罪の實効を立最早山口城破却五卿移轉の二事のミとゐれり尤此二事も毛利家ハ已ょ御請ょ及ひまれゐ此上山口城破却の現状を大小監察見屆られ五卿を五藩ょ於て受取濟とゐれも夫ょて局を結ふなりされも今後の大事ハ毛利家ょ命せらるへき譴責ゐるら是ハ寛猛宜を得列藩各至當とそる所ょ決セらるゝら肝要ゐれも討手諸藩の重臣を廣島ょ集めて其藩議を聞ゐるゝ趣意ゐり云々申聞ゑりき若井ら差出せる達書左の如し波日記家譜

毛利大膳儀追々謝罪之運ニ相成候ニ付此上之御所置如何相立御爲ニ可相成哉承度候間重臣之内國論專對方行屆候者來月五日迄ニ廣島表ニ可

被指出候事

但本文見込之趣直ニ被申達度向も持口之兵備を不懈樣申付自身輕隊ニ而廣島表ゟ早速罷出可被申達事

○同日小倉ニ於ゐ軍目付より重臣を召喚し加賀中納言殿ゟ毛利家追討の先鋒を命セられし趣の達書を交附せられ左乃如し波記錄

松平越前守

加賀中納言儀病氣ニも候得共毛利大膳父子始追討ニ付陸路藝州路之先鋒被仰付候間爲名代在京之家老長大隅守ゟ隊將申付早々發向尾張前大納言殿御指揮ニ隨ひ諸事山陽道先鋒之面々申合候樣加賀中納言ゟ相達候間可被得其意候

十一月

○十一月廿八日尾藩若井鍬吉本陣ゟ來る本多修理面會セしゟ若井五卿の受取方ハ筑前藩ゟて引受け同藩北岡勇平專ら其事を負擔もる筈なりしか

昨日同藩藪幸三郎の宿陣を訪ひしに其席へ北岡を始め河村主鈴金森某等來り會して五卿の請取方を命せられさるため筑前は諸藩の嫌疑を受け殊の外困却せりと申聞し故五卿を受取らるゝ事は天下の公事にて決して私事にはあらす故に毫も諸藩に於て嫌疑を懷くへきにあらず譬一二異議を懷ける藩のあるにもせよ尾藩は固く其事の正理に適へる事を証明する心得なりと申しかも北岡等終に承服して下之關に赴き精誠盡力もへしとも申けれと最初此事を引請し時とも大に其趣を異にせるなり全體此周旋を筑前藩に命せらるゝなとゝ取りしは過般五卿を毛利家より差出さしむへしとの議ありし時五卿若承諾せられすは事頗る面倒なるへし故に先移轉せられさるへからずる所以を五卿に説くか肝要なりとかしてこれを説くには諸卿の西下せられしは素々憂國の衷情に出られたるにもあるへけれと其居を棄て去られたる行爲は決して臣たるの義に適へりとすへからずこれのみならず今日の現狀に押移りてはいつまて此地に滯坐せられても其

衷情を達し得らるへきにならはされは此際一旦他郷に移轉して天下の無事を圖らるへきなれは尤天下の無事に帰せんを欲せられも强て移轉を拒み討手の諸藩に對して快よく一戰せらるへしとの御覺悟ならても最早夫まての事なれとさても敗衂をとらるゝは鏡にかけて看るよりも明らかなるものみならは其事よりして遂に天下の乱階を惹き起もましきにならはとの趣意を以てもへしと申出るものありしに北岡深く其議に同意しさる趣意を以て説ても必す目的を達し得へしと申し故なりし然るに今日は嫌疑云々曖昧なることを申出甚以て前後相違せしと物語りし故本多肝心の負擔者りしか曖昧なることを申出る様にては五卿乃承諾甚覺束なしされとも今後の成行によりては督府は断然の處置に及はるゝ御決心ありやと尋ねしに若井素より其決心ありてさる場合にても毛利家にも兵を出して合撃もへき内約あるなりと答へたりき波日記

○同日毛利左京長府の使者梶山太三郎小倉に着し其重臣村野勝左衛門外一

人より小倉藩重臣杉生募外三人ゟ宛たる書翰を差出せ左の如し波記錄
一筆致啓上候向寒之砌御座候處彌御堅勝可被成御勤珍重存候然も先日
以來罷出御取込中御厄害相成忝次第存候其節拙者共ゟ被仰聞候趣罷歸
早速左京ゟ申聞候處彼是厚御取扱之程大慶至極被存候然る處尾張樣ゟ
本家大膳父子並末藩之者ゟ歎願書差出候樣吉川監物ゟ申越同人願書取
集差出候都合ニ而本家方へ文面旁之儀申合置候得共未否之儀不申越候
何れ両三日中ニハ具ニ申越候事ニ付其上ニ而願書之趣相認早速差出可
申候間重々御面倒之儀候得共不相替可然御取成被下候樣御賴申候右ニ
付御授之趣否之御答両三日延引致シ候間宜御含被仰上置可被下候此段
御賴爲可得貴意如此御座候恐惶謹言

十一月廿七日

村野勝右衞門 花押

田代音門 花押

杉生募樣

上條八兵衛樣
茂呂三郎兵衛樣
原　治兵衛樣

○十一月廿九日本多修理酒井十之丞青山小三郎奈良元作八雲丸松江侯所有の蒸氣船なり乗組て小倉を出發す此程尾張惣督より來月五日までに重臣を廣島に指出すへき旨達せられし故なり此日本多酒井出發前公重臣を座前に集めて惣督へ申立つるの藩議を評決せらる其大意は謝罪の實効を惣督は三老臣の首級を出し山口城を破却し詫書を出せるまてにて局を結はるゝか如くなれと斯てはいまた其實効を盡せりとは認めかたし故に此上大膳父子をして惣督の軍門に來りて其罪を謝せしめらるへし又謝罪の實効を立てる後其罪に處する譴責かたは大膳父子の所爲朝敵を以て論すへきものか否らさるかの別を明かにせる上ならては明言しかたし故に先其別を研究し然る上朝敵を以て論すへきものにあらすも領地の半額若しくは

三分の一を削りて其祀を存し末藩中より人物を撰みて家系を繼承せしめらるゝを相當とすへし吉川は領地故の如く賜はり更に毛利家の後見を命せらるへし其他の末藩は罪の有無分明ならされとも素より譴責あるへきの意見は立てかたし故に其事實に就き輕重を定めらるへし等なりき此時尾張前大納言殿へ遣はされし書翰及ひ八雲丸乘組乃松江藩士姓名左の如し波日記、波記錄

尾張殿へ遣はされし書翰

以愚札奉申上候寒威日加候に御座候處先以天機御佳麗　公方樣にも益御機嫌能被爲入御同意奉恐悅候隨而益御勇健被爲成御座恭賀至極奉存候凍天之御陣中別而尊體御愛養被爲遊候樣奉祈念候扨毛利大膳父子義も追々伏罪之運に相成御同慶奉存候猶此上之御所置御聽被遊度に付重役之內國論專對方行屆候者指出可申旨御達之趣具に奉拜承候今度之儀は重大之事にも御座候間乍不及鄙拙能出御直に御相談可奉申上と存詰

候得共御教諭之趣も有之ニ付不得止微臣指出申候間御示教万々奉願上
候只々今日と相成候而ハ寛猛共天下之公議ニ御随ひ被成候外無御座と
乍恐奉存候猶彼之事情大膳父子心實之處慥ニ淵底も不仕事故相伺候而
宜義ハ御漏泄被成下候様奉希候數里之海嶽相隔一々御相談奉申上候譯
ニも至兼甚心痛御推察可被成下候先も時候御見廻旁右之段奉申上度如
此ニ御座候猶奉期重鴻之時候恐惶謹言

十一月廿九日　　松平越前守

尾張前大納言様

松江藩士姓名

船將

荒川扇平

運用方

渡邊勇太夫　　武藤右馬介

機關方

増田善藏　　　　勝田重太

醫師

廣田俊泰

〆

○十二月朔日本多修理の一行廣島ょ著も昨三十日八雲丸廣島近海ょ著したれと干潮ょて上陸もヿを得も今朝十二時頃始めて廣島ょ着セしなり波日記

○同日小倉ょ於く肥後藩沼田勘解由岡部豊佐の宿陣ょ來り細川家より尾惣督へ指出されたる斷書の寫を指出も左の如し小倉御滯陣日記

毛利大膳父子追々服罪之姿相顯山口新城破却等之稜々御見込通ニも相成候へハ御所置筋　朝幕へ御伺之上諸藩之國議をも可被成御尋候へ共寒天ニも差向御急ニ付先山陰山陽四國九州討手之面々國議被成御承知

度御使者を以被仰越候趣奉敬承候右も其家來歎願之趣ニ而服罪之姿ハ相顯候得共暴臣之巨魁刑ニ就候者之首級御實撿ニ備候迄ニ而大膳父子並五卿其外浮浪激徒等服罪之實狀ハ未タ御目ニ不被懸候吉川監物忠義之歎訴筑州盡力保任之通ニ候へも國內之情意尤ニ帰著仕候事ニ付乍憚大督府又ハ大小監官防長之地へ被成御立越服罪之實跡稜々被成御見屆彌以餘燄再起之御憂無之場ニ至り候ハヽ大膳父子謝罪之眞情ニおゐて猶更本意ニ可存其上ニ而參集之諸軍へ權宜之御指揮被仰付候義可然哉ニ奉存候然ル處御使之趣ハ右を被差置毛利家其上之御所置筋先御尋ニ付重臣差出各國論申立候樣との御儀ニ候處服罪之實跡未タ御見屆ニ不相成內其罪を論候義ハ可有御坐欤刑政も　君上之大權ニ御座候處近年御國事大方ハ下々商議し候樣ニ有之天下之事益紛擾仕候其上重大之罪案ゟり共家筋又ハ功勞を加へ被議候事も有之其義も上裁ゟ出候も議刑之大法と承り及將又防長之儀於諸藩私怨有之事ニ無御座候得も　朝憲

至當ニ出候へも異論可有之様も無御座候旁以此節之御所置筋列藩ゟ先以見込議上仕候筋ニ而も有之間敷奉存候御下知之義ニ付重役之者差出も仕候得共御尋之御用ニハ相立不申此段御斷申上候前條御征討之御作法先結局被爲致度儀ハ副督軍門へ申立置候通ニ付可然御採擇被成下度奉願候以上

十一月　　細川越中守

○十二月二日本多修理酒井十之丞廣島ニ於て尾惣督の本營ニ赴く此時先田宮如雲ニ面談之次ニ永井主水正戸川鉡三郎ニ面會し次ニ前大納言殿ニ謁し最後ニ成瀨隼人正ニ面會せりさて田宮ニ面談せし時應答の大意ハ本多長防其後の成行ハ如何運へりやと尋ねしニ田宮此地ニ到著せし以來今日ニ至るまての成行ハ京攝ニ於て豫しめ推量せしニ異なる所なく百事順況ニ運ひ此上大膳父子自判の詫書及ひ山口破却の請書を出し外ニ五卿移轉の件ニ異狀なけれも最早大段結了なりと答ふ本多又毛利家ニ處せらる

へき譴責りゝの御都合ハ如何と尋ねしニ田宮其ハ惣督の専断を以て決せへきニあらさるも意見を附して關東へ伺ハるゝ筈なるか此事ハ討手諸藩ニも意見あるへき事故此節御重臣りゝを召喚せられしなりと答へし故本多關東ハ殊の外嚴酷の詮議あるよしニ聞けり督府より伺ハるゝ御意見若關東の詮議ニ大差なくも事頗る面倒ニて或ハ數回の往復を要せらるゝ事ともあるへしと申しゝニ田宮已ニ諸藩の意見をも聞られたる上の伺なれも仮令如何なる差異ありても惣督ハ何處まても徹底せしめらるゝ決心なりと申しゝ故本多此地ニ在陣せる閣老監察の意見ハ如何此人々ハよもや關東の内議を知られさる事ハあるましされも豫しめ其意見を尋ねらるゝり萬全なるへしと申しゝニ田宮閣老監察とても實地ニ臨める人々なれハ三百〔里カ〕以外ニ在る人々と意見を同しくすへしとも思はれすと答へたりき此時本多更ニ追々謝罪の實効を顯ハせりとの事なれと天下の大兵を擧けて國境ニ臨める今日なれも三老臣の首級を出し云々のミニ止らす大膳父

子身自ら督府の軍門ニ乘《來カ》りて罪を謝すへき筈ならすやと申しゝニ田宮大膳父子ハ關東より愼を命セられ屛居中なる故來りかたしとの事なりと答へし故本多尋常の世ならすも愼も輕からぬ事なるへけれと征討軍を引受け居る身分ニとりても其輕重素より多言を要セすして明瞭なりされとも惣督の軍門ニ來りて罪を謝する如きハ何の差支もあるへきニあらす若其事なくて寛典の御伺ともなりなば諸藩ハ必す督府の緩待ニ過るを咎むへく關東ニても或ハ異議なきを保しかたし故ニ越前守より此一事ハ忌諱を憚らす督府へ言上すへき旨申付たりと申しゝら田宮御尤とも申けれと淵底セりとも見へさりしとそ永井戸川ニ面會セし時應答の大意ハ本多下之關口ニ在陣セる諸藩の形勢を述へさていつれの藩ニても日々ニ數千金を費やす事なればなるへき限り速ニ解兵となる事ハ望ましき事なれと万一解兵を急す其ら爲め死灰再燃の虞ありてハ失体の甚しきものといふへしされば此際判然其虞なきを認め然る上なるへく速ニ解兵ニ至る樣御配慮ありて

たしと申しゝに永井京攝間に在りし頃ハ尾公の御決心別に間然する所なならさりしか謝罪の説一たひ出せる已來ハ何事も緩に過るの嫌なきにならも全体關東の詮議ハ無二無三に討入るへしとの事なれと是ハ強て拘ハるへきにあらす討入にても謝罪にても時の宜しきに從ふか肝要なり若御國議ならす充分に御申立ある樣にと申聞尚談話に及ふへかりしか案内なりし故兩氏に分れて前大納言殿に謁セしに前殿少將公の速に小倉に著せられし事を感賞せられ尚此上精々盡力せらるゝ樣にとありしのミにて別に御相談等ハならさりしとそ成瀬隼人正に面會せし時應答の大意ハ田宮に面談せし時ゟ大同小異なりき波日記

○十二月三日筑前藩月形洗藏五卿に謁して移轉の事を申立し時五卿より月形に交附されしよしの書面左の如し波記録

口述

此方共身上之儀ニ付美濃守殿御口上之趣逐一致承知候不肖之身乍不及

奉安　宸襟度微志ニ有之候間天下之御爲ニ付而も如何様共進退可致候然る處於當藩此際内輪紛乱之次第も有之有志之者共殊之外動搖ニ付鎮靜致候央此方共相去候ハヽ彌可及沸騰も難測
皇國之御爲ニも如何と心痛罷在候且又大膳家來京師擧動之儀ニ付既三老臣初加嚴刑奉謝候上ハ父子退隱等之儀ニ不及寛大之御所置ニ相成候ハヽ人心感激國情平穩ニ可至と被存候間右之事情御推察御周旋有之度候宜相含盡力頼入候事

十二月三日

○十二月四日廣島に於て本多修理酒井十之丞惣督の本營に赴き田宮如雲す面談を両人今朝永井主水正を訪ひしに永井此節惣督専ら諸藩の説を容れて事を圖らるゝなり諸藩の説を容れらるゝを宜しからすとにはらす と其一方にのみ傾き自分ともには何事も相談に及ハれすなま／＼自分ともより申出る旨なりても聞入れられす云々申聞けたる次第もあり且両人

より督府ハ此上大膳父子自判の詫書を出し山口城を破却し五卿を他國に移す等の件々結了すれは最早征討事務ハ結局に至るものとせらるゝ如くなれと尚其外に大膳父子軍門に來て罪を謝するの一事なければ朝幕に對し督府の任を盡されさるものとも申さるなるへく諸藩に於ても必す傍議を起すに至るへし又毛利家の譴責を督府ハ諸藩の意見を聞き然る上詮議に及ハるへしとの事なれと素より輕忽に申出へき事柄ならねも折角尋問せられても誰ありて眞の意見を述ふるものあらんや畢竟無益に屬すへしされは此際さる迂遠なる事ハ止められ督府以下要職の詮議を以て豫め關東へ仰上らるゝの肝要なるへしと申しても永井大に同意を表し尚嚴しく督府へ申立らるゝ事を望む拙者も本日出營して精誠盡力すへしと答へし故更に本營に赴きしなり此時本多過日も申しゝ如く大膳父子督府の軍門に來りて罪を謝せさゝれはいまた謝罪の實を盡せるものとも申かさなるへし督府の御詮議ハいかゝと尋ねしに田宮さらあるへきハ勿論の事故

已に其議に及ひ吉川も一應ハ差出すへしと申けれと其後二州の士民承諾せす若強て指出さは二州ハ忽ち動乱なるへしと申出し故さてハ天下の爲め却て然るへからすとの議ありてはまた決定に至りかぬるなりと答へし故本多惣督を始列藩各　朝幕の命を奉し大兵を率ゐて國境に押寄せなから吉川に托して差出せる詫書のみにて事を濟されては天下の笑を招くをしと申しゝかと田宮矢張同意とは申さゝりし故本多更に軍門謝罪の事ハよく〳〵難しとならも責めては近々大小監察及ひ成瀬氏二州巡見の際萩城に於て父子自ら出て謝罪する事はあるへきものならすやと申しゝに田宮そも御尤の事なれとも尚詮議すへしと答へ本多又今度諸藩の重臣を召し毛利家の譴責方に關する意見を聞かるへしとの事なれと是は天下の大政に於ける機務の最重大なるものなれとも御尋ねありても列藩いつれも眞の意見を吐露すへしとハ思はれす畢竟無益なるへしされとも督府も閣老以下機務に與るへき人々の意見を聞かるゝに止めさせて一日も早く關東へ仰立られ

討手諸藩へ解兵の令を發せらるゝ以前關東より譴責の命を降さるゝ様にありたきものなり若しからすして列藩の意見を聞かるゝも究無益に時日を費し解兵後譴責の命を降さるゝ事となりなハ萬一毛利家に於て其譴責を甘受せさる事ならんに再ひ大兵を發せられさるを得さるにも至るへきかさても督府の威嚴を損せらるゝものの小少ならさるへしと申しに田宮御尤至極なれと已に諸藩の使臣を呼ひ出されたる今日にもあり且此使臣明日まてには多分殘らす揃ふへき筈なれとも此上精々手數を省きて意見を尋ね然る上一日も早く關東へ伺はるゝ事に注意すへしと答へたりき斯て此時田宮又毛利家の譴責に關する御國議ハ如何是ハ書面を以て申出らるゝ様にと申しゝ故本多其事ハ小倉出立已前越前守に意見を尋ねられと最初より小倉に在陣し督府の詰問に對して毛利家ハいかゝ御答に及ひたりやを悉知せす故に罪狀の輕重には判斷を下しかたしと申聞けたりされとも書面を以て申上る事には計らひかたしと答へしに田宮さるにても全く御國

議のなき事ハあるまし幾重にも書面を以て御申出あらん事を企望すと申し故本多如何ニも全く詮議に及ハさりしにはあらされとも決定せしもれならすは越前守の意見として申立る事ハ計らひかたきなりと答へしかは田宮夫故專對の御重臣にと達せられしなりと申し故本多云からハ小倉にて詮議に及ひし趣を申述ふへしとて全躰幕府に於ける諸侯ニ處せらるゝ譴責方ハ如何なる法則あるものか知らされとも仙石家は一家内の紊乱に止まる不都合なるに領地の半はを削り且其封地を他に移され井伊家は職務中人心不居合の基を開らき云々の故を以領地の内十萬石を削られたり是らに比較すれは毛利家ハ父子割腹領地沒收か相當なるへしされとも今日ハ公武の御間なら全く御一和とも考へられす大藩の征討に大樹公進發せられす其上閣老ゟ屢變更あり列藩輙もすれは異議を立一意に幕命を奉承せさる等種々の事情ある事なれは領地の中樞要の部分に於て其半はを或ハ三分の一を削り大膳父子蟄居末藩中にて血統を撰ひ宗家を繼かし究ら

るゝてたなるへきかと評せしなりと申しても田宮懷紙を取り出して一々書取りたりさて此時本多更に惣督府より何程乃譴責を相當と思召さるゝにやと尋ねしか田宮されも惣督も確たる定見あらそ故に諸藩の議を聞き然る上意見を定めらるゝなりと答へたりき波日記

十二月五日廣島に於て稲葉民部大輔殿より御目付井上元七郎を差添として小倉に出張せしめらるへき旨達せらる公副將を以て九州に出張せらるゝ事となりし以來大小監察の內を差添らるゝ樣にと屢申立られ本日井上監察を差添らるゝ事となりけれと終に出張はせさりき達書左の如し波日記

松平越前守

長防追討ニ付其方儀九州表へ出張致候間御目付井上元七郎儀差添被
仰付近々江戸表より可相越候間可被得其意候

○同日尾藩若井鍬吉廣島に於て本多修理の旅宿に來る此時若井毛利家の

御處置方に寛嚴の二説ありていまた寛とも嚴とも一決せす然るに此寛嚴を決するは毛利家父子を　朝敵と認むへきか　朝敵と認むへからさるかを區別するか肝要なるへし如何となれは父子若　朝敵と認むへきかたなれは仮令其罪を謝するも寛假せす直ちに城下に押寄するか相當なるへし是に反して若　朝敵と認むへからさるかたなれは已に其罪を謝したる上は寛典に處せらるるか時宜に適すへけれはなり貴藩は寛嚴いつれを可とせらるるやと尋ねし故本多其事は小倉在陣中屢討究しけれと監察の詰問に對する毛利家の辨解を詳悉せさりし故一定の意見を立るを得さりしか此地に來りし以來成瀬田宮の兩氏に就きて辨解の次第を承はりけれと朝敵と認むへきか認むへからさるかを判斷すへき程の御答に及はれすさる故矢張寛嚴いつれを可とすへきか容易く決しかたし貴兄は其區別を如何判斷せられたりやと申しかは若井成瀬田宮より聞とられし如く判然たる區別は申出かねしものし世子の室津まて出船せし事父子よりの黒印の軍

令状を下附せし事の如き其形跡に就て論すれも大膳父子知らすとも答へかたき事故　朝敵と申さも　朝敵にもあるへくそれと更に其内情に就て觀察すれも室津まて出船せしハ辨解の語の如く攘夷の當否を伺ふ爲めにもあるへきか果たる軍令状を下附せしハ暴臣等か強迫せし爲めにもあるへきか果して其語の如くならすも斟酌する所なかるへからさるのみならす征討軍の四境に臨める今日一兵の國境を守るなく三老臣の首級を出し參謀の暴臣に誅戮を加へ五卿他州移轉の事にも異議なく〳〵恭順の實を顯ハせる上ハ最早　朝敵の實ハなかりしものと認むるも可ならんかと申し故本多ハ恭順なる上ハ父子自ら督府の軍門に來りて罪を謝すへき筈督府もまた軍門に來りて罪を謝すへき旨を達せらるへき筈ならすやと申しに若井　朝敵と認むへきか認むへからさるかの詮議ハある事なから征討軍を出されたる今日なれも表面ハ純然たる　朝敵なれ故に父子に於てハ萬一軍門に出ても如何なる苛らき目をも見へきかの恐れあるへく領内の士

民に於ても其事なきを欲するハ人情の常なる故に容易く來らさるなるへし尾のこれを達せさるも萬一軍門に來れる際意外の變ありてハ信を失ふに至る恐れハなりと答へし故本多毛利家父子を　朝敵と認むへきか認むへからさるかに御疑惑あらす最前京師に於て征討の命を奉せらるゝ時御討究あるへきなり然るに當時其事なく今日に至りてさる詮議に及ふるゝハ拙者の了解に苦しむ所なりと申しゝかと若井其際討究に及ハさりしハ遺憾の極なれと今更如何ともいたしかたなし夫故今日副將の御意見を聞て督府ハ決する所あらんとせらるゝなりと答へたりき波日記
○十二月六日本多修理酒井十之丞惣督の本營に赴く昨日若井鍬吉に申談せし意見の餘意を尚又田宮如雲に面談するを望めり此時田宮昨日若井鍬吉に御申聞ありし御意見ハ一々御同意至極なりと申しか本多若井氏乃申されし如く京師の暴動ハ三老臣の所爲にて大膳父子の意に出たるにあらすとする時ハ最早父子ハ　朝敵を以て論すへきにあらすされと此上ハ一

藩に主たる身分を以て臣隷の欺罔を受け夫か爲め天下の騷擾を惹起せるは不明の甚しきものなりとの責を負ふのみと雖も　朝敵の罪に比すれは其輕重霄壤の相違ある事故削地落飾寺院蟄居等の輕典に處せらるゝを以て足れりとすれは足れりともすへけれと尚過日來御談に及ひたるとく父子をして督府の軍門に來りて罪を謝せしめらるゝか巡檢使を派遣せられし際父子をして其旅館に來りて罪を謝せしめらるゝかの中いつれのかたにても其一を實踐せしめらるへししからされは督府は討手の惣大將とありなから　朝幕と毛利家と間に立入り和解を周旋せられさりなと非議する輩あるに至らんか果してしか非議する輩あるヿ至らは督府は異日　朝廷幕府に對して大に面目を失はるゝ事あるへし云々申しかは田宮尚詮議に及ふへしと答へたりき斯て本多又近日承はるヿ督府と閣老以下監察との意見合同ならぬと唱ふるものあるよし事實なる事ありやと尋ねしに田宮閣老監察等にも會津藩の入說ありて隨分むつかしき事ありと答へし故

本多仮介會津の入説あるにもせよ幕府より随行を命せられたる輩なれも御隔意なく御相談なくてゐ是も他日の害となるましきにあらすと申しに田宮今日まても何事も餘りに無見當なりし故其事に及ハさりけれと追々大概の目的も立へけれも確定已前必す協議する事とすへし云々答へたり

波日記

○同日奥村坦藏尾惣督の本陣に於て筑前藩隅田文之丞に面會して五卿いよ〳〵筑前へ移轉せらるへしやと尋ねしに隅田其事を周旋するゝ先五卿の許に赴き居りし北岡勇平越知小平太進藤登外に名欠一人等四人の内越知進藤本日當地に來りし故其詳細を承ハりしに移轉ハ到底むつかしかるへし其故ハ此節五卿の居らるゝ金島と稱する地に近き關小野寺邊に過激諸隊數千人屯在して頻りに移轉を拒みをるのみならす此四人五卿に謁して移轉の事を申入れしに五卿兼て誓約せる旨あれも毛利家父子の存意を承ハらされも決しかたしと申されし故四人然らも早々毛利家へ御相談の上

何分の御返答あるへしと申しに五卿ニて早々相談する事にハいたしかね假令移轉するにもせよ此末多數の日子を要すへしと答へられしよし右の次第にて容易く目的を達し得へき景況なかりし故北岡ハ大島の許に行きて相談に及ひ越知進藤ハ此地に來りて已に陳述せる趣を總督に報せしなり尤今一人の者ハ五卿の許に居殘りて尚御催促に及ふ筈なりと申聞けたりき波日記

○十二月七日朝六ツ時小倉本陣より内裏門司邊を巡見せられ速戸に於て小倉藩士大砲發射演習を一覽に供せり歸營ハ夕七ツ時過なりき家譜有賀日記

○十二月八日午後廣島に於て本多修理酒井十之丞尾總督の本營に赴く昨日千賀與八郎より書翰を以て出營する樣にと申遣せし故なるか過日來討手諸藩の重臣を廣島に召集して毛利家に處せらるへき罰責の相當を諮問せられしか各意見を申立最早終局に至りし故其勞を慰せらるゝとて本日

各重臣を召喚せられしなりとそさて本營ニ於て本多を前大納言殿の寢室ニ召し入れられ此程來相談ニ及ひし旨ありしニ追々申立れる意見誠ニ頼母しく大慶せり列藩よりも夫々意見を申出しか格別の差異あらされハ此上ハ當方ニ於て尙篤と勘考をへし云々申述へられ別席ニ於て鳥取藩外十七藩の重臣一同ニ前大納言殿對面ありて何れも遠路大義國論見込の趣一々披見大ニ力を得大慶せり尙又盡力ある樣ニと申述へられ畢て晚餐の饗應あり外ニ紗綾代として金若干（金二両宛）を贈與せられきかくて各退出せしハ暮六時なり出營せし鳥取藩外十七藩の重臣姓名及ひ惣督より見せられし書付類左の如し（波日記）

鳥取外十七藩の重臣姓名

鳥取	荒尾駿河	久留米	有馬藏人
島原	板倉八右衞門	伊豫松山	鈴木八右衞門
松平備後守	神山頼母	安志	山路太次兵衞

同　主計頭　米田貢　　小倉新田　藤野奥右衛門

小倉　小笠原甲斐　　中津　逸見志磨

松江　朝日千助　　津和野　多胡兎波

丸岡　堀主馬之助　　唐津　百束九郎右衛門

熊本　郡夷則　　松平紀伊守　服部外記

濱田　河鰭監物　　高松　蘆澤伊織

諸藩の重臣より見せられし書付類

毛利大膳父子謝罪之儀吉川監物より庶《遮カ》而申出引續罪魁益田右衛門介福原越後國司信濃首級志道安房を以指出參謀之者とも一同斬首申付候段をも申出候ニ付攻掛り見合之儀諸手ニ相達候事

一御追討之御主意申渡候ニ付監物儀罷出大膳父子之情實申述候事

一三條實美初五人松平信濃守ニ引渡之儀申渡候事

此趣奉畏此節長州を以て専所置運ひ中ニ候事

一山口城破却之儀監物へ申渡候處御請仕候事
一大膳父子謝伏之證書指出候事
益田右衞門介初暴行之一件大膳父子平常之綏りを罪科難遁依之寺院ニ蟄居恐懼罷在何分之御沙汰謹而奉待旨自判之證書差出候事
一右ニ付不日山口城破却且萩城之躰大膳父子蟄居謹愼之樣子等爲見屆督府名代並監察指向筈ニ候事
○十二月九日京都に於て所司代より堺町御門の警衞を暫時免せらるゝ旨達せられ長防征討のため出馬せられし故兼て警衞解免を請願せられしり此日願の如く解免ありしかり此時警衞として京師に在りし大番頭松平源太郎番士を率ゐて歸國し十三日府中に着す家譜
○同日惣督の本營に於て本多修理田宮如雲に面會し五卿移轉の件ハ如何内決せられしやと尋ありしに田宮筑前藩外四藩へ督府よりり達せらるへき一通の達案を出して五藩は此通り達しさて五藩より五卿へ移轉ある樣にと

申入をさせる内議なりと答へし故本多にはも主客の違ひせる御處置ならずや畢竟五卿ハ毛利家より督府へ差出し督府より五藩へ引渡さるゝか正當の順序なり然るに最初筑藩へ其扱ひを托せられしは少しく筋違ひかとも存せらるれと是は已に發表せられし事なれは今更是非を論するも益なき事故申出さるへけれと今度は順序を履ミ五藩へ引渡すへき旨を毛利家に達し別に五藩へも毛利家へ云々達し置せれは其旨を心得て毛利家より受取るへく萬一五卿異議あらは止を得す果斷の處置に及ふへしと達せらるゝかたなるへしと申しに田宮如何にも御尤の御意見なれは尚詮議に及ふへしと答へ本多又今度諸藩の老臣より申出せる意見は如何ありしやと尋ねしに田宮多少異同あれとも格別の相違はあらさりしと答へし故本多又督府は如何御決定ありしやと尋ねしに田宮いまた決定に至らすと答へたりき此日本營に於て長谷川惣藏を以て督府より小倉藩へ達せらるへき書附を交附せらる是より先小倉地方に於て小銃を發射せしよしの聞えあり

し故なり達書左の如し波日記 波記錄
近日小倉海岸より長州へ向砲發ニ而傷候者有之趣風聞ニ付此節之儀も
奉　天朝幕府命令進退候事ニ付別而相愼ミ輕擧妄動嚴禁も申迄も無之
其藩士共之擧動ニも有之間敷候得共領内之事ニ付萬一右等より他の變
引出候得も自然譴責難免筋ニ候條向後之取締も勿論右風聞之虚實共精
々取糺可被申達事

十二月

○十二月十日廣島に於て本多修理尾惣督の本營に赴き田宮如雲に面會し
く近日の事情如何と尋ねしに田宮去る八日御面話に及ひし外相替る事情
はなしされと五卿移轉の件は兎角意の如く運ひかぬるよし元來筑前藩の議
は削封等の事なく極めて寛典に處せらるゝ樣にとの主意なるか昨今五卿
を他國に移轉せしめらるゝことを過激諸隊は漸次吾輩の筋骨を拔取り終
にも亡國に至らしむる策なるへしいよ〳〵さる次第ならも寧死守せるに

すてすと申居り此上押て移轉を促すときハ忽ち事を敗るへき景狀なれとも毛利家に處せらるべき譴責の極めて寛典なる事を豫しめ申聞け彼等の心を安んせされとも到底目的を達しかたしと申出たり云々申し故本多筑前藩如何に寛典を希ふにもせよすら寛典と移轉とを天秤に掛くる如く申出るは最初移轉の周旋を引受しに似す甚不都合なれとも假令さる事申出るも督府も断然却けらるへきなりと申しても田宮無論聴納るへきにあらす倚加藤司書は篤く申談する積なりと答へし故本多引別れ更に若井鍬吉に面會して田宮氏より五卿移轉乃事に關し筑前藩より云々申出たるよしを聞けり筑前藩いよ〳〵さる事を申出しにやと尋ねしに若井すら仰々しく申しにあらは畢竟北岡勇平説得に及ひしを過激輩容易く聞入れす結局北岡も尾藩に一味して吾儕を欺くものなりと申し故北岡恐怖して立帰りしまての事なりすてし其儘時日を空過すへきにあらされとも今度長谷川惣藏萩に赴き一面毛利家より移轉を促さしめ小倉に赴き一面薩筑の諸士に謀

き移轉を誘ふへき内命を受け惣藏ハ明日出發し小拙ハ明後朝出發する筈なりさすれハ小拙小倉着の上ハ毎事御協議仕るへくれも副將府ニても十分御盡力を希ひたしと申聞け尚此事ハ成瀨田宮の内よりも御聞取りある樣ニとて其座を立ちしか須臾ありて田宮出來り再ひ本多ニ面會して過刻申聞けられし筑藩の申立を却くる云々ハ只今加藤司書ニ申談せしニ五卿移轉の事も其隨從者を各本藩ニ復歸せしむる事も此上尚精々盡力すへき旨返答せり又此事の目的を達する迄總督府より長谷川惣藏を萩ニ若井鍬吉を小倉ニ遣ハす筈ニ決したれハ鍬吉小倉ニ着せし上ハ副將公十分御盡力あらんことを希ふと申聞けたりき波日記
○十二月十一日本多修理酒井十之丞奈良茂登作廣島を出發す此時青山小三郎を廣島ニ滯在することゝせり波日記
○十二月十二日本多修理酒井十之丞奈良茂登作小倉ニ歸着す昨十一日十二時三十分廣島沖を解纜し本日午後七時着せしなり波日記

○同日夜ニ入りて長岡良之助殿來訪せられ酒肴を饗せらる　波日記

○同日薄暮薩藩大島吉之助本陣ニ來る本多修理酒井十之丞面會せしニ五卿の移轉を周旋せるため今朝下之關ニ渡り只今帰れりとの事なりし故本多其實況を尋ねしニ大島過激の輩依然其下ニ附属し居りてハ到底平穏ニ移轉の目的を達しかたかるへしと見込ミし故其分離を圖るため彼の地ニ赴きしか元來五卿ニも強て移轉を拒まるゝの意なるにあらされとも彼の激輩を移轉の後萩本藩ニ於て或ハ苛酷の扱ひニ及ふ事もあらんかとて決答を遷延せらるゝよし故筑前の早川養敬申談し畢竟事の調和を主として周旋せる事なれも移轉せられし後ニ至り苛酷の扱ひニ及ふなとの事ハ決してあるへからすハなし尚疑もあれも吉井幸輔を人質として此地ニ殘し置くへしとまて申しなも稍了解せられハならも解兵後必らす移轉せへしと申され激輩の首領寺石貫夫もいよ〳〵調和の旨趣ならも移轉せらるゝも異存なしと申せりされも此上も萩本藩のかたを今一際説得せす心算

なりと答へたり此時公も長岡良之助殿と對話中なりしか大島を其席へ呼ひ入れ酒肴を饗せられ両公よりも五卿移轉の實況を尋ねられしか大島本多等ニ答へをる趣を陳述してして退出せり波日記
○十二月十三日毛利家の使者先手物頭佐竹三郎右衛門小倉ニ來り小笠原左京大夫殿を經て謝罪書を出さば此時使者申述へしハ過日廣島ニて惣督府へ謝罪書を出せして尙副將へも指出を樣ニとありし故更ニ使者を以て指出せりとの事なりし小笠原家よりハ小宮民部本陣へ持參せり謝罪書左の如し波日記 波記録

私家老益田右衛門介福原越後國司信濃去七月於輦下騷擾之始末深奉恐入候右ニ付三人之者禁錮申付御指圖を奉待候處却て過慮ニ相當候儀与奉存此度嚴刑ニ處し首級奉備御實檢候並參謀之者一同斬首申付委細吉川監物を以申上候通御座候全私父子平常之緩らせ罪科難遁依之寺院蟄居恐懼罷在何分之御沙汰謹て奉待候以上

元治元甲子

十月　毛利大膳

○同日長府清末の使者小倉ニ來て高田孫左衛門淺井權十郎堤五一郎大坂屋某方ニ而來意を尋ねしニ惣督府江詫書を差出せしニ副將府へも指出せ樣ニとありしを以て來れりとの事なりし故更ニ酒井外記毛受鹿之介をして其書を受取らしめらる長府の使者ハ三澤求馬西斧三郎清末の使者ハ平野郷右衛門渡邊孫八溝口清右衛門なり詫書左の如し波日記、有賀日記武田日記

去七月本家大膳家老益田右衛門介福原越後國司信濃於　輦下及騷擾候段深奉恐入候右ニ付三人之者嚴科ニ處し首級奉備御實撿並與謀之者一同斬首申付是全父子兼而之示方不行屆ニ付罪科難遁退城謹愼罷在此上之御沙汰奉待候次第於私も深奉恐入候右等之趣篤と被聞召何卒御寛大之御沙汰被仰付被下候樣謹而奉歎願候以上

元治元甲子年十二月五日　毛利左京判

同文言

毛利讃岐判

○十二月十五日松浦肥前守殿より幕府へ差出さるへき建白書を遣さる毛利家を寛典に處せらるゝ樣にとの意見にて左の如し波日記波記錄

私儀昨年帰邑以來海防手當向等精々仕奉報御鴻恩之萬分一度奉存候處不存寄蒙御推叙難有仕合深銘心肝乍此上一際報効之程日夜心配仕候内去ル七月十八日於京師大變指起臣子之分不安寢食恐悚罷在候處敵愾之御大義より長州御征討被仰出候得も不日元兇伏誅海内靜謐ニ可相成奉存候然ル處疾ク御承知被爲在申上候迄も無之非分之儀何共奉恐入候得共偏ニ　皇國之御爲相考日夜心勞仕節角心附候杞憂之一二其儘指扣罷在候而も益以恐入候仕合ニ御座候間不憚僭越之罪謹而奉申上候扨此節御征討之儀元ゟ於首惡之者ハ必夫々御嚴罪被仰付候而社被對天朝御職掌相立至極御當然之御事ニ奉存候但夫ニ付憂焦仕候儀ハ一旦干戈相結候上ハ忽双方數万之生靈無罪之者迄も肝腦地ニ塗レ天地之和氣

を傷害仕不容易事ニ押移誠以天下之人民塗炭之困を相受候樣可相成も難測此處も幾往ニも深々と被遊御實體御憫惻之御至誠より相成候丈御寛仁を以御所置相成度奉存候左候へも海之内外仁義之御大德相輝キ無此上恐悦之御事ニ御座候且竊ニ天下之形勢を默觀仕候ニ戎狄之大患肘腋ニ相逼居候事天下人々之所知ニ御座候何時何樣之事態を醸出候も不被測其上凡天下之變も兎角思慮之外より發動仕候者ニ御座候何卒此邊之處格別之御卓見を以得と被遊御熟察御手當向等此上尙更夫々相成置度千萬不堪祈願之至候誠以出位之至不堪非分重疊奉恐入候得共段々邊備之事ニ付御下問被仰付候儀も御座候ニ付不憚　台慮之程區々之孤忠其儘難默止乍恐奉申上候宜御取捨被仰付被下候得も難有仕合奉存候以上

十二月九日　　松浦肥前守

十二月十六日大村丹後守殿より幕府に差出さるへき建白書を遣もさる左の如し（波日記・波記錄）

乍恐以書付申上候

御代々私家奉蒙御鴻恩殊ニ私ニ至り無存寄御座御刀拜領仕引續長崎惣奉行被仰付重々難有仕合奉存候就而も彌抽忠節精勤可仕處持病之脚疾差起其儀不相叶恐多次第奉存候乍去　御鴻恩之万一ニ奉報度志願も一日も消失不仕候處此度毛利大膳御追討被仰出此儀ハ　皇國之御治乱幕府之御安危ニも關係可仕哉と愚考仕候間不顧斧越〔鉞カ〕之誅愚見之儘奉言上候抑去ル七月十八日京師騷動之一條暴發之至大膳父子共罪不輕と奉存候得共方今宇内之形勢夷狄跋扈し　皇國を覬覦する事一朝一夕御座候ヒす左候へハ御國内一和一心防禦之策を盡し候而も如何と衆人懸念仕候央於御國内干戈を動候樣相成候而ハ却而夷狄之術中ニ陷り且ハ内憂を引出し候基ニも有御坐間敷哉乍恐幕府之御一大事と奉存候殊ニ右御追討ニ付長崎表手當向嚴重相心得候樣被仰付置奉畏候へ共元來　皇國之内乱ハ夷狄之所願ニ御座候得も筑肥之諸大藩長州へ進發之折柄其

虚ニ乘し長崎表ニおゐて如何樣之變動差起候哉も相分不申候幾重ニも盡力ハ可仕候へ共小臣之私共ニて防禦仕遂候儀無覺束　皇國之御恥辱引出候も難計實以恐懼日夜不安寢食次第ニ御座候勿論大膳父子尙以暴發之心底相挾候ハヽ如何樣之儀御坐候而も御討滅不被爲遊候而も不被爲叶奉存候得共彼等父子ニも其後深く悔悟之心を生し既ニ謝罪之道相顯候趣傳承仕候就而も乍恐格別御憐愍之御所置被爲在候ハヽ億兆之人民御寛大之御德量を奉仰彌一和一心夷狄之狡黠といへとも可乘之間隙無御座　皇國之御武威海外ニ輝候樣相成可申と奉愚察候今更右樣之儀申上候も千萬奉恐入候へ共　皇國之御事御太切と相考區々之微衷難默止不憚尊嚴此段奉申上候何卒御高察被下置候樣昧死奉懇願候誠惶誠恐頓首敬白

元治元年十二月

大村丹後守

純熈花押

○同日激黨諸隊の内凡二百五十人計下之關新地ニ入り毛利家の陣屋を襲ひ金穀を奪ハんとせしか此陣屋ハ空屋ニて金穀ハあらさりしとそ此時激黨ハ其地ニ高札を建左ニ記載する趣を書置たるよし（波日記 早川談話）

奸吏共恐多くも君上之御正義ニ戻り四境之敵ニ媚御屋形ヲ毀チ關門を破り言語ニ不堪次第依之其罪を正し農商を安するもの也

○十二月十七日尾藩若井鍬吉本陣ニ來る本多修理酒井十之丞面會せしニ若井昨日筑前藩早川養敬下之關より歸り來りし故五卿へ移轉の事を申入れたる次第を承ハりしニ月形洗藏と共ニ五卿へいよ／＼移轉せらるゝ樣ニと御勸め申上しニハ承諾ハせられたれと出發ハ今十日間猶豫を請ひたし移轉後五藩へ分配せらるゝなとも一時猶豫を請ひたしと申されけり隨從せる諸士へもおなしく移轉を勸めしニ思ひしよりも穩かニて何方ニなりとも移轉すへしと答へぬと申聞けしニ五卿の分配する事を一時猶豫する樣ニとありしハ兎も角もなれと出發を今十日間猶豫する樣ニとありし

は何事の爲か不審なりし故其子細を糺せしに萩の本藩と過激諸隊との間に於ける不折合の事情はよく〳〵切迫せる故なるへしと答へたり斯く早川又本藩と過激諸隊との間之か不折合につき不都合故是か調和を周旋せるため薩の大島吉之吉筑の今井作兵衛同道して昨日岩國に赴きしか此両人出發前下之關に在留せる萩の老臣根來上總長府の老臣三好内藏介外ニ諸隊の隊長佐々木男也に面會して小倉に赴く樣にと申談せる筈なりし是ハ小倉にて拙者等面會して萩及ひ長府の内情を聞き且此方の誠意を告けなば双方とも大に都合宜しかるへしとて之か計らへるなりと申聞けたりはよく〳〵此地に來るへしや否やは測られされと若し來りなば應接の際副將公よりも御一名御立合を請ひたしと申聞たりき月形等か五卿に移轉を勸めし書面及ひ五卿より月形等に渡されし書面は左の如くなりしとそ（波日記 波記錄）

月形洗藏より五卿へ差出せし書面

萩府へ幽囚を解候儀被仰付置候ニ付長府淸末へ尚又御督促被遊候へは

五日ノ内御答可申上右申上次第蹶然御轉坐被遊候而も如何可有御座哉若及遲々候ハヽ御期限通り御所置被遊度奉希上候乍併其内ニも諸隊沸騰ニ及候而乱之魁と被爲成候儀も素御心外之御儀故直ニ御轉坐可被遊爲其御内分長府淸末ヨ御發船之御內意までも被仰付置度奉存候事

但期限可爲七日事

五卿の返答

此方共移轉之儀明十六日ゟ十日之猶豫を以萩表反正之成否ニ不拘必其藩へ可令渡海決定ニ付解兵之儀早々周旋有之度賴入候事

十二月十五日

○十二月十八日永見主膳毛利元藏小倉ヨ來る少將公の小倉ヨ著陣せられしを賀せらるゝ爲め宰相公より派遣せられしなり此兩人ハ十一月廿九日福井を發し廣島ヨ立寄り尾張前大納言殿へ使命を述へ本日著せるなり此時宰相公手書を以て從軍諸隊の勞をも慰藉せられき本陣より諸隊へ達せ

られし書面左の如し家譜

今度長防御征討全軍海上無滯小倉ニ到著且寒氣之時分長々苦勞可致と太儀ニ思食此上可抽精忠旨別而山陽之海風相厭候事專一ニ被　思食此段全軍ニ可申聞旨從宰相樣被成御書誠以難有御事候

十二月

○同日朝尾藩若井鍬吉來る酒井十之丞面會せしに若井今日筑前藩加藤司書拙生の旅館に來り五卿渡海の上も五藩へ分配する筈なりしに近日更に五卿御一同を筑前一藩ニ預ケらるへき議なりと聞けり元來筑前も五卿の渡海を周旋せしなから已に諸藩の嫌疑を受け心配を受け心配〔衍字カ〕いたし居る事なるに今又御一同を預るへしとありても一藩必らす物議を起し容易に折合ハさるへし故に美濃守ハ決して御請に及ハさるへしと申聞けし故拙生筑前侯へ五卿御一同を預らるへしとの議ハ早川養敬五卿の冀望を承ハり來りしより起れる事なれハ故に御異論あらハ貴藩より直ちに五卿へ御斷ハり

となるへき順序なりと答へしかも加藤さらも本藩より御斷わりに及ふへしと申しゝ其斷ハ是にハ進藤登を五卿の許に遣もれへしとのことなりしと物語りき波日記

○十二月十九日松平美濃守殿へ書翰を遣もさる五卿一同を筑前藩に預ケらるゝことも同藩に異議ありて進藤登を五卿の許に差出さる事となれるよし昨日若井鍬吉より酒井十之丞に物語りしか若井其次第を薩藩吉井幸輔にも物語りしゝも吉井大に驚き今日となりて筑前よりさることを申出てゝ五卿を始め附属の諸士をして月形洗藏早川養敬等に疑を起さし殊甚然るへからさる故に拙者自から進藤の跡を追ひて其行を止まらしむへしと申出已に出發せんとせしゝ出船の都合に指支ありて彼是時間を移せる内若井加藤司書の許に赴きしに恰も月形洗藏ゝ下之關より來れるに出會ひし故進藤の五卿に云々申出てんとせることを吉井大に忿かるへからさるとして將に其跡を追もんとする場合なりと申聞しかも月形拙者も吉井にお

なしく然るへからすと思考せし故進藤を下之關に留め置さりと申聞け尙又加藤司書に申談せし上若井へ五卿一同を永く筑前に預け置かるゝ云と美濃守御請けに及ハさるへけれと渡海の際一時預かるへしとならは夫をも御斷ハりに及ふへしとも思はれも又假令五卿一同永く筑前に逗留せらるゝも逗留中五藩各其人を出してこれを警衛するとならは是も指支あるへからすしかし是らの事ハ自分とも限り御約束に及ふへきならぬも此際副將と及ひ肥薩御両藩より御使者を以て美濃守へ仰せ遣はさるゝ事を冀望すと申せるよしを本日若井更ニ本陣に來りて申聞けしら素より筑前一藩へ永く五卿一同を預けらるへしとの議にもあらさりし故速に書翰を遣はさるゝ事となりしなり此時薩藩よりハ吉井幸輔福岡に赴き長岡良之助殿よりハ本藩におなしく書翰を遣ハされたり本藩より遣はされし書翰左の如し 波日記 波記錄

一翰呈上仕候甚寒之候ニ候處先以　皇上御万安　大樹公益御機嫌克被

為入御同意奉恭悦候隨而愈御勇剛被成御起居奉大賀候然ハ三條家以下之儀ニ付而も先日來別して御配慮之儀と存候一旦ハ是非貴藩江五人共御引請被成候樣致度候尤右之趣督府へハ僕より可申達且其内再命有之時宜之御取計ひ方も可有之御嫌疑ハ僕ニおゐても精々盡力いたし候間前件之通御承知相成候樣致度御座候先ハ右要用耳如此御座候艸々頓首拜

極月十九日　　　松平越前守

松平美濃守樣玉机下

二白時下御自愛奉專念候乍末筆御賢息樣江も宜敷御鶴聲願上候鄙拙儀碌々汎全健食罷在候間御放念可被下候不盡

○同日尾藩若井鍬吉再ひ本陣ニ來り明廿日此地を發して廣島ニ歸る事とせし旨を告く本多修理面會して去る十五日松浦肥前守殿より指出されしる建白書十六日大村丹後守殿より指出されたる建白書及ひ萩藩の詫書淸

末藩の詫書を托し惣督の許ょ出も又過日本多修理酒井十之丞ら廣島を出發せんとせし際惣督より内達せられし小倉領より下之關ゐ發砲せし件ハ本多等小倉ょ帰著前已ょ本藩ょ於ゐ聞知し小倉重臣を呼出し夫々取締り方を達し置きる旨の屆書をも托しきり波日記

○十二月廿日尾藩若井鍬吉本陣ょ來る同藩長谷川惣藏ら去る十七日萩より發せし書翰を携へ來りて見も筑前人萩より帰るものあるしょ托しゐ遣ハせるありとそ左の如し波日記

長谷川惣藏より若井鍬吉ょ遣ハせる書翰

拜啓其後彌御多祥と欣抃之至ニ御坐候然も下拙共萩表ゐ出張ぃゐし候處喜多岡勇平も罷出居候五卿隊中之樣子承り候處兎角むつらしき趣右ニ付とても說得も難行屆相聞申候志道宍戸の兩老も大膳殿父子の直諭等も皆々相用ひ不申候ハヽ此上ハ決評之外無他事只此謹慎中之心配のみと申事ニ付此儀も更ゟ斟酌ょ及ひ不申段之示段《マヽ》ょ及申候付而も此地

之諸役人追々應接致候處何レも決心之樣子ニ相見へ候今日中いなや次第先其一左右廣島へも報道及ひ下拙にも今明日之中引取可申心得ニ御座候今日筑藩人小倉ニ向帰り候者有之候間此段及御通達申候寄手之手ヲ借候儀も殊之外耻辱に心得候旨ニて萬一小倉なとへ踊り込候而も心配之よし申聞候間此段能々御心得可被下候其內領外は溢れ出候ものハ可然御所置被下度段ハ兼而も賴ミ參り居候よし何分筑藩初吉之助之盡力も難及此場ニ至候趣殘念之至ニ御坐候何も右要用のミ好便ニ任セ早略申留候已上

十二月十七日

○十二月廿三日酒井與三左衛門其手の兵を率て小倉を發し上京の途に就く常野脱走の徒信野《マヽ》を經て美濃に入り漸次入京せんとするよしの聞えありし故　宮闕守衛の爲め出發せしめられしなり此時酒井以下一手の將卒田之浦より發機丸に乘船の積りを以て同浦まて陸行せしに石炭の準備ハ

まゝ整すれハ廿五日田之浦を發することゝなり來年正月元日攝州兵庫ニ着せり（波日記・小倉御滯陣日記）

○同日薩藩吉井幸輔肥後藩長谷川仁右衛門本陣ニ來て吉井ハ去る十九日福岡ニ赴き本日小倉ニ歸着せしなり本多修理面會せしニ吉井五卿を一時筑前領内ニ置き五藩の人數を以て警衞すて云々の事ハ黒田侯承諾せられ尤五卿渡海の上寓所を三所ニ分ちへしとの事なりしと申たりき（波日記）

○同日筑前侯の使者野村東馬（中老兼用人）萩原幸十郎（物頭席）本陣ニ來る去る十九日本藩より遣はされし書翰の返書を持參せしなり返書左の如し（小倉御滯陣日記）

前略然ハ三條以下之儀ニ付先頃來之督府之命ニより周旋罷在候處轉坐之儀遲緩ニ及ひ候而ハ　皇國之御爲ニ不相成候間一旦ハ是非弊藩へ五人共引請候樣尤督府へハ御申達可相成且其内再命有之時宜之御取計も可有御坐素ゟ後日之心配不致樣御盡力可相成旨委細御格言之趣承知仕候右動坐之儀ハ深キ存慮有之心痛罷在候義ニハ候へ共縷々御懇諭之趣

無御餘義次第　皇國之御爲筋之義ニ候ハヽ暫時弊國へ引受候處ハ可任御教示候乍去一式受持切之儀も掛念も有之候ニ付相受持之向申合事ニ候右之事情深く御賢察被下総督へ被仰達存慮貫徹候樣御盡力奉願候勿論移轉相成丈ヶ速ニ運ひ方精々家來共へ申付儀ニ御座候此段貴報迄如此御座候恐々謹言

十二月念三　　　　松平美濃守

松平越前守樣玉机下

追書略之

○同日夕刻肥後藩長谷川仁右衛門薩藩吉井幸輔筑前藩熊澤三郎右衛門肥前藩愛野左四郎久留米藩某欠名本陣ニ來る五卿筑前へ渡海の際及ひ渡海後の取扱ひ振を協議せる爲めなり此時筑前領黒崎まてハ毛利家より護衛せるものとし黒崎より五卿を置くへき三所の地まてハ筑前藩これを護衛し三所の寓所へ著せられし上五藩各一卿を受取守衛すへし藩々より指出さ

にゐま守衛の人員ハ尚重ねて協議すへし等の數項を決定せり 波日記

○十二月廿四日曉八時本陣を發し呼野に獵に赴かせらる此日長岡良之助殿を誘ひ同行せられしか僅かに鹿壹頭猪兒壹頭を見かけしのみにて獲ものハなかりしとそ歸營ハ夜五時なりき 波日記

○十二月廿五日朝薩藩吉井幸輔本多修理の旅寓に來る此時吉井昨夕筑前藩熊澤三郎右衞門の寓所に於て同藩早川養敬に出會ひ五卿移轉の頃合を申談せしに早川五卿の筑前に移轉せらるゝ事ハ已に確答せられし如くなれも此上異動ハあらさるへけれと移轉後萬一毛利家に嚴酷の御所置ありてハ五卿に對して大に信を失ふへし故に今一應嚴酷の御所置に及ハれさるなとを確めし上ならても筑前ハ却て引受かたき事情あるを以て尾惣督の內意を伺ふため加藤司書此程廣島に赴きたりされも同人廣島より歸り來りし上ならてハ其御相談に及ひかたしと申聞けしか過日來同藩より申出せる次第とも少しく其趣に齟齬せる所あれと是ハ同藩中に何か行違ひ

なりしなるはたれはさはらく聞き此時早川又五卿の御決心は最早動かる
ましと察それとも過激諸隊は矢張五卿の其まゝ長防に滯座せらるゝなと
を希望し夫ゟ爲め此節隊長等小倉に來りて移轉に至らさぬ様副將府へ歎
願すへしとの議あるよしにて則其周旋を筑前に托したり然るに今日とな
りて筑前もさるなとの周旋を承諾すへきにあらされは斷然謝絶する心得
なるゟ尚貴兄よりも程よく諸隊へ説得を加はへられなしと申聞けたりさ
て諸隊にいよ〱早川の申す如き議ありては大に移轉の妨けとなる事故
拙者直ちに下之關に赴き彼の輩に説得する心得なるゟ貴意は如何と申し
故本多諸隊に説得は大に然るへしさなし筑前藩五卿移轉後寛典に處せら
れん事を望み豫しめ之れを確めんとしても元來寛嚴とも　朝廷幕府の詮
議にあるを事なれは惣督限り確なる返答には及はれさるへし故に加藤
司書廣島に行きても到底其要領を得さるへたれは其心得にて説得あらん
事を望むと答へなりき波日記

○十二月廿六日薩藩吉井幸輔本陣に來る昨日馬關に赴き今朝小倉に歸りしなり本多修理面會せしに吉井昨朝御相談ニ及ひし説得の旨趣を下之關に於て月形洗藏等ニ申聞けしに過日萩にて七名の士を嚴刑に處せしよしの聞ニ《えカ》なりし以來諸隊は七名の士已ニ斯る處置に至りし上　五卿移轉せられなはいよ〳〵寛典ハ望むへからすとて殊の外激昂せるよしされは此節ハ説得しても到底其詮なかるへしと申聞けし故夫是考案中岩國より今井作兵衞歸り大島吉之助の書翰を出せしか此書中にも吉之助岩國に著せし後萩本藩と諸隊との間に於ける確執を調和するの要を申談し已ニ吉川氏長府に赴き諸隊へ説得に及ふ一段となりし折から萩の使者岩國に着して本藩には最早諸隊を討伐する事に一決せりと報し遂に調和の望を失ひたり故に吉川氏の長府に赴く事を中止し大島ハ廣島に赴く事とせり云々申來りいよ〳〵説得すへき場合ならすと認めし故其事は思ひ止まりしかとさては五卿移轉のことの如何なり行くへきか甚覺束なかりし故尚又今後

の方案を月形始に申談せしに月形も大に憂慮し福岡よりハ是非寛典に處せらるゝ事となれる上ならてハ五卿ハ引受かたしと申來りてあれと今日の場合是られ事に拘ハり終に五卿を引受けすてハ筑前の諸藩に對して面目を失ふその少からはされも何處までも急に移轉せらるゝ事を五卿に御勸め申上萬一諸隊に於て異議ならも密に舟を長府に準備し置萩より討手の兵到著して事の急なるに臨ミ脱走せらるゝ事になりとも計らもさるへしら《ウカ》はと申し故其事に決して引分れたり云々申聞けたりき波日記

○同夜吉井幸輔酒井十之丞の旅寓に來る此時吉井下之關に滯在せる筑前藩月形洗藏外一人に遣ハはへき書翰を出して其可否を尋ねしり是ハ激黨の隊長等小倉に來りて五卿の他に移轉せらるゝことを見合ハせらるゝ様副將に歎願そへしとて其周旋を筑前藩に托せしよし已に此程同藩早川養敬より吉井に申聞し次第ありし上昨日下之關に赴きし時月形等尚又其事を申出更に周旋を依頼しけれと吉井素より行屆くへき事ならはと思惟せ

し故其依頼を謝絶せる趣意の書翰なりし故酒井今日ょ至りさることを申出さりとて到底行届くへきょあらされとこれを謝絶せらるゝも素より御同意なりと答へたりき其書翰ハ左の如くなりし

〔前略〕然とも其節御嘶承り候長州両士主家之爲めニ歎願之趣無據御周旋ニ付當地ニ而副將方へも申入候處武夫之習決心之形行神妙ニとも候得とも何分此節久敷大兵を相曝且莫大之費途ニも相及候折柄右様之儀ニ而彼是日間とり候而も　皇國之御爲別而不相濟左候得とも却而主家之爲ょも不相成譯合旁御地ニ而幾度も御論判有之候様との趣ニ而中々渡海之儀不相調勢ニ御坐候可然御示談可被下候ハゝつま爾來之世態と想像候間一時身を屈鎮靜ハなし被居候半ゝ主家之爲ハ勿論　皇國之御爲畢世之盡力如何様とも可有之時勢ニ付旁御含可然御示諭可被下候

十二月廿六日　吉井幸輔

月形洗藏様

筑紫　衞様

○十二月廿九日小倉ニ於テ去ル廿三日尾張惣督府より達セられたる書付三通を下之關口討手の諸藩ニ交附セらる此書附も本日奥村坦藏廣島より著しテ持來れるなり奥村ハ去る廿五日廣島を發せしなり（波日記・波記錄・家譜）

三通之一

三條實美初五人當月廿五日頃迄ニ松平美濃守へ引渡候手順ニ運ひ候得共附屬之暴徒不服之者も有之候ニ付兵士差向及說得其次第ニ依り彼等討取り實美始早々可引渡旨毛利大膳ゟ相屆候ニ付爲心得相達候事

十二月廿三日

其二

毛利大膳父子服罪之次第ニ運ひ候ニ付長防爲見分家老石河佐渡守御目付戶川鉾三郎指向去る十四日廣島出立致し追々致巡見事候此段先御心得相達候尤見屆濟之段ハ近日可相達候

十二月

其三

一五卿附属之暴徒討取萩ゟ届之趣ニ付岩國へ大島吉之助可被遣譯之事

一暴徒取締之爲萬一兵力を用候節ハ長府ゟ直ニ副將ゟ爲打合候手筈之事

右之場ニ至り候とも討手之面々より攻懸り候儀ニ而も無之萬々一致暴發候節之爲メ相咄置候事

外ニ一通

別紙之趣被得其意下之關一手之面々ゟも爲心得通達可有之事

十二月

○同日長岡良之助殿より五卿移轉遷延せしを以め意見書を差出さる左の如し波記錄

毛利大膳父子並末家之者共服罪之實證相見防長御所置筋大略御結局ニ

被爲至候處五卿請取之儀今以落著無之激徒共專御扱被爲亘候由然處承服不仕而已ならす近日ニ至主家之役所を掠略いたし又ハ張帋等を以不相替申惑候趣ニ相聞候最早御扱も程有之先日御下知之通諸藩申合速ニ臨機之處置ニおよひ候樣被仰付度奉存候越中守人數之儀ハ八月以來小倉爲應援差出置其後私儀爲越中守陣代出張只管御征討之先鋒を心懸居候處當時之姿ニ相成候而も五卿激徒落着之儀まてニ大勢之人數空敷月日を送候而も國侍共疑惑之餘更ニ如何樣之紛擾を生候も難計候間旁以急ニ御處置有御座度奉存候以上

十二月廿九日

長岡良之助

征長出陣記

巻三

征長出陣記卷三

○慶應元年乙丑正月元日諸軍解兵の達書三條實美以下筑前に移轉あるまても五藩の兵を殘し置くへき旨の達書及ひ毛利家伏罪國內鎭靜の見屆書等小倉本陣に到達せそ舊臘廿七日廣島に於て尾張惣督府より發せられしなり此日下之關口討手諸藩の重臣及ひ軍目付を本陣に召喚して該達書を交附せり左の如し波日記家譜

諸藩解兵の達書

松平美濃守　細川越中守　立花飛驒守
松平肥前守　小笠原左京大夫　奧平大膳大夫
松平主殿頭　小笠原佐渡守　小笠原近江守
小笠原幸松丸

毛利大膳父子服罪ニ付國內鎭靜之躰爲見屆候處異儀無之候依而討手之面々陣拂可被致候

元治元年十二月廿七日

尾張前大納言

軍目付ヨ達せられし書付

討手之諸軍持口著到之遲速人數之多寡勤怠之譯引拂之日限等委被取調

上京之上可被申達候

一毛利大膳父子服罪ニ付國内鎭靜之躰爲見屆候處異儀無之候仍副將初

討手之面々陣拂申渡候爲心得相達候得其意時宜見計可被引拂候

元治元年十二月廿七日

尾張前大納言

筑前藩外四藩ヨ達せられし書付

松平美濃守

細川越中守

有馬中務大輔

松平修理大夫

松平肥前守

三條實美初轉移有之候迄ハ程能人數殘置宜取計候

十二月

本藩ヘ解兵を達せられし書付

松平越前守

長防討手之面々陣拂之儀申渡候間御手前ニも可被引拂候

元治元年十二月廿七日　　尾張前大納言

惣督府引拂らるへき旨の書付

前大納言殿事此上之時宜見計近々廣島表被引拂候積ニ被在之候爲承知被相達候

右之趣下ノ關口一手之面々並軍目付へも可被申達候

毛利家服罪の廉々及ひ長防國内鎭靜見屆の書付

罪魁益田右衛門介福原越後國司信濃嚴刑ニ行ひ首級實撿ニ差出其余參謀之者共斬首申付候旨申出候事

一暴臣共於　輦下騷擾之始末大膳父子平生之忽せ罪科難遁依之寺院蟄居恐懼罷在何分之御沙汰奉待旨自判之證書並國司信濃へ軍令狀相渡候始末恐入候趣之書付をも添差出之三末家之者ゟも恐入候段自判之證書差出之

一山口ニ新規修築之事ニ付破却可致旨申渡則爲見屆家老石河佐渡守差向並立會之爲御目付戸川鉾三郎差遣候處破却之躰異儀無之旨佐渡守鉾三郎申達候

一三條實美始五人松平美濃守細川越中守有馬中務大輔松平修理大夫松平肥前守へ分配右國許へ引取御預ニ爲取計候筈之事

一大膳父子萩城立退寺院蟄居之躰佐渡守初見屆候處城中無異儀大膳父子萩城外天樹院ニ蟄居罷在謹愼之躰疑敷儀無之旨佐渡守鉾《鉾カ》三郎申達之

一長防領内村方人民謹愼之躰疑敷儀無之趣佐渡守鉾三郎申達之

○同日薩藩大島吉之助酒井十之丞の旅寓に來る是より先大島萩本藩と過激諸隊との間を調和せるため岩國に趣きしか滯留中萩本藩に於て諸隊を追討せる事に決し其旨を報し來りし故最早調和を議せる場合ならすと思考し更に廣島に赴き今度再ひ此地に來りしなり此時大島萩本藩ら諸隊を

追討する事に決せしハ過日筑前の北岡勇平萩に行き尾藩長谷川惣藏に面會して五卿移轉の事を飽くまて諸隊に説得しけれと到底承諾せす此上は力に及ひかたしと告けしより長谷川更に本藩に對して嚴談に及ひし旨ありける故のよしなるか此事廣島に聞えし際督府殊の外心配せられ拙生に意見を尋ねられし故北岡の力に及ハすと告けしは五卿の移轉を遅延せしむるための策にもあるへきか甚不審なれと已に追討に決せし上は今さら何といたすへしや矢張二州巡撫の輩此地に帰著していよ〳〵異状あらさる旨復命に及ひなは速に諸藩に解兵を達せらるゝ外あるへからす如何となれは解兵近きにあるへしとも討討《手カ》諸藩の已に承知する所なり然るに五卿の移轉容易く其局を結ハす夫かため萩政府か諸隊を追討する事になりされはとて此上空しく討手の兵を留め置かれなは諸藩中或ハ發令を待たすして兵を引揚くる輩あらんも測りかたし萬一さる輩あらは督府の威嚴を損する小少ならす尤五卿移轉の事ハ征討外と心得へき旨曾て諸藩へ達

し置かれたる如くなれは解兵已前に局を結はれとも決して不都合はあらさるへしと申上たり云々申聞け又廣島滯在中五卿に附属の士眞木菊次郎淵上賢藏來りて五卿素より御渡海の御決心なれと筑前藩近日の狀態如何にも信を置かたし故に御渡海後意外の異變あるへきかとて出發を猶豫せらるゝ事なるか此義も如何あるへしやと尋ねし故拙生さる御懸念のため今日となりて御渡海を猶豫せらるゝは五卿にゐるまじき事なり萬一御渡海後に至り意外の事あらは薩は何とて傍観してあるへきと申しかは両士大に了解して立去りぬ云々物語りき（波日記）

○同日尾張惣督より千賀與八郎を江戸に遣はさる毛利大膳父子始末藩の輩悔悟服罪せし次第及ひ今後毛利家に處せらるへき惣督の意見討手諸藩に陣拂を達せられし趣等を幕府に言上せらるゝためなり此時千賀か江戸に携帯せし書類を八通にて則左の如くなりしとそ（征長略記）

惣督府より幕府へ言上せられし書付

毛利大膳父子御追討ニ付惣督蒙　仰藝州廣島へ出陣仕候處彼ニおゐて
只管悔悟服罪いたし長防全及鎮靜申候此段御届申上候宜御評議相當之
御所置被仰出候樣仕度奉存候猶此上國內鎭靜方三末家並吉川監物大膳
家老へ急度申付松平越前守始討手之輩陣拂之義申渡某儀も引拂申候依
之別紙六通相添申上候右等之趣早々出府可申上之處歸路之節一旦入京
件々之次第奏聞仕歸國之上出府可仕と奉存候此段も申上候

十二月　　　　　　　　　　　　　　　　　　尾張前大納言

別帋の一　此別帋ハ罪魁益田右衛門介福原越後國司信濃嚴刑ニ行ひ首級實撿ニ差出云々の書付にて討手諸藩へ陣拂を達せられし條下に記載せるも

のと同文爰には記さす

其二より五に至る四通　此四通ハ萩長府德山清末より督府へ差出せる自判の詫書にて已に各所に記載せし故再ひ記さゝれ

其六

先般戸川鉾三郎殿を以被　仰渡候御書付之內國司信濃へ軍令狀相渡候
上ハ軍謀顯然之旨此段深奉恐入候依之

朝敵ニ相當仕候而も末代之汚名難相雪如何ニも泣血之至ニ御座候右も脱走之者爲鎭靜人數差出候節印章差出候樣相願候付任其意候處於出先條々之主意を取失ひ遂ニ奉恐入候非禮非義之及暴動候段畢竟父子不明任用非其人依頼仕過候より如此始末ニ至其罪科難遁如何成御譴責をも可奉甘候得とも素より奉對　天幕毛頭野心を挾候儀無御坐候間右等之處篤と　御憐察被成下候樣伏而奉懇願候此段御內訴奉申上候間可然御取扱可被成下候以上

十一月廿六日

毛利大膳

毛利長門

其七

毛利家ニ處せらるへき惣督府の意見書

別紙之通御届申候就夫今般之御處置ニより實ニ天下之治乱安危之分界ニ有之無上之御一大事と奉存如何相成候ハヽ御爲可然と苦心之至ニ不

堪晝夜不安寢食熟考仕候得とも何分不肖之某殊ニ一己之偏見ニ而も甚無覺束候付諸藩之見込をも承り篤と折衷仕候處結局別帋之御所置ニ相成候方至極之御爲と一決存詰候儀ニ御座候若是より超候御所置ニ相成候ハヽ當今之形勢不思破を生し可申左樣相成候ハヽ段々增長遂ニ天下之大乱をも引出兼申間敷極而御不爲之至と奉存候間必爰ニ御決評相成候樣　朝幕之御爲奉至願候尤罪案之儀惣督を以可申上儀ニも無之候得共此一件御所置之次第ニより天下之安危ニ關係可仕御義と存詰候付見込大綱之趣別紙ニ書取奉申上候事

十二月

別紙

一毛利大膳父子隱居被仰付薙髮永愼可被仰付事

一毛利家之儀祖先以來　公武に勤筋之舊功も有之家柄之譯を以親族之內可然者へ家名御立被成下長防之內十万石削除其餘萩城とも被下可

相成事

但削地之儀ハ諸大名之内へ御預ニ可相成事

一三末家之儀ハ本藩御所置之釣合を以夫々相應ニ可被仰出事

其八

此一書ハ千賀與八郎をして密封のまゝ閣老水野和泉守殿ゟ差出させられしゟ後ニ封のまゝ惣督の許へ返戻せられしとそ

大膳父子御所置之儀ニ付稲葉民部大輔方へ御書通之趣も委細承り候得とも猶見込之段左之通ニ候事

一御削除之儀當節長防之四民恭順謹愼之躰を以相考候得も舊來之恩信格別ニ相見候間多分之御削除も勿論別帋之通御座候とも更ニ舊主を離き候而も人心變動も難計候間矢張其儘御預ニ可相成方哉猶御參考之爲中上候且削地之儀も接海邊海岸御嚴備之料ニ被宛行候ハヽ猶更格別之御儀ニ存候事

一三末家之儀本藩ニ准御所置可被爲在欤ニ候處當時鎮靜方専盡力罷在候儀ニ付其品を以御所置可有御坐候半哉之事

一吉川監物儀宗藩鎮撫方誠意盡力いたし候儀ニ付何等之御沙汰不被爲
在候半哉之事

○正月二日長岡良之助殿本陣より來訪せらる明三日出立歸國せらるゝ事に決せられし故訣別のためなり波日記

○正月三日徳山岩國の使者小倉より來り小笠原家を經て謝罪書を出たり徳山の使者は鳥羽嘉盛飯田信梅地央岩國の使者ハ宮莊主水栗屋佐兵衛なり使者の手控書及ひ謝罪書左の如し波日記 波記錄

使者の手扣書

甚寒之節御座候得共先以大守樣益御機嫌能被成御座恐悦之御儀奉存候然ハ謝罪狀越前公へ差出候ニ付而ハ何卒貴藩之御取成を以御受納被仰付候樣宜奉願候右御賴使者を以申上候

毛利淡路内

鳥羽嘉盛

差添　飯田信
梅地央

謝罪状

私本家毛利大膳家老益田右衛門介福原越後國司信濃其餘参謀之徒過ル七月十八日恐多も向　禁闕發砲仕候一條不堪驚愕之至候固ゟ大膳父子毛頭不奉存事ニ御坐候得とも畢竟平常之緩を深奉恐入候而寺院蟄居何分之御沙汰謹而奉待候段大膳父子ゟ督府へ奉願候處右ハ全末家私儀是迄輔翼筋不行届之故と奉存候間乍恐別帋之通り私ゟも奉歎願候切ニ冀於麾下右之情状被聞召分可然御裁斷被仰付候様伏而奉依頼候叩頭再拝敬白

元治元年甲子十二月廿五日　毛利淡路

別紙

私本家毛利大膳家老益田右衛門介福原越後國司信濃去ル七月於　輦下

騷擾之始末深奉恐入候右ニ付三人之者禁錮申付御差圖を奉待候處却而過慮ニ相當候儀とも奉存此度嚴刑ニ處し首級奉備御實撿候並參謀之者一同斬首申付委細吉川監物を以申上候通御座候全平常之緩ゟ罪科難遁依之寺院蟄居恐懼罷在何分之御沙汰謹而奉待候段大膳父子ゟ奉歎願候處右件ニ付而ハ末家之私儀是迄輔翼筋不束故之儀共於今ハ多罪重科奉恐入寺院閉居罷在候伏冀私身上如何樣之御嚴罰被仰出候共難有甘而御受可奉申上念願ニ御座候間何卒格段之御仁恕を以大膳父子罪科一等御寛大之御所置被仰付被下候樣泣血奉懇願候誠惶誠恐頓首敬白

元治元甲子十一月廿四日　毛利淡路判

吉川家の謝罪狀

私本家毛利大膳家老益田右衞門介福原越後國司信濃去ル七月於　輦下騷擾之始末畢竟大膳父子平常之緩ゟ罪科難遁恐懼罷在奉謝罪候次第私儀謹愼中乍恐不顧越境之罪大惣督御軍門へ罷出奉歎願置候間偏ニ御仁

恕を以御寛大之御沙汰被仰出候様御執成之程奉仰冀候於私も全輔翼筋不行届故之儀と深く奉恐入候何分之御譴責被仰付候様謹而奉待候誠惶敬白

十二月廿五日　　吉川監物判

○同日齋藤民部宮北直を福井に遣はさる常野脱走の徒越前國内へ竄入せるよし聞えし故宰相公の御動靜を窺はるゝためなり此日齋藤宮北小倉を發す家譜

○正月五日小倉に於て近々凱旋の歸途京師に立寄らるへき旨を從軍の將卒に告示せられぬ家譜

○同日奥村坦藏廣島に出發す今度督府より解兵を達せられたれと馬關に屯集せる諸隊は萩政府の命令に從ふものにあらす已に追討にも及ふへきよしなる上毛利家に對する幕府の處置いまた決定せす且五卿の請取方も完く結了に至らさる場合故督府は解兵後の手當を此際豫定し置かるへき

なりとて其意見を申立させられしなり此時督府へ差出されし書面左の如し家譜

今度解兵之儀被　仰出候ニ付而も馬關樣子も全クハ不穩相見候ニ付小倉援兵之儀兼而被仰付置度事

一削地被仰出候御次第ニ候ハヽ前條之趣も候間小倉初隣家へ嚴重ニ御手配可被仰付事

一三條實美初何時ニ而も轉坐之心得ニ相成居諸隊之內附居候者も只今ハ無之好機會ニ而一日も早く差急候儀故其段長府より三條家始へ申入候處松平美濃守殿より申達候趣ニハ同藩加藤司書ゟ小金丸兵次郎と申者を以今一左右申達候迄ハ動坐無之樣ニ差留置候ニ付轉移難致旨被申出候由長府重役三吉內藏助始且筑前藩馬關ニ罷出居候早川養家筑紫衛ゟも申出候由承申候右ハ如何之反對ニ候哉加藤司書へ於其表御問糺可被下候右心附候件々申上候尙御良考奉願上候

○同日薩肥筑肥後久留米の五藩小倉町大坂屋某の宅ゟ集會そ本藩よりも酒井十之丞毛受鹿之助堤五市郎青山小三郎會同せり此日筑前藩より五卿受取方及ひ引渡方の手續書を差出そ左の如し波日記

覺

一長州滯在之五卿衆長州ゟ請取美濃守一手之人數を以警衛領分黑崎驛へ一先連越守衛罷在候筈ニ候事

但御總督樣ゟ御再命之通御各藩御相請持之心得を以當時ハ五人共美濃守領分ニ被差置候筈ニ付御住居向左之通御手當之儀專取調居申候右ニ付於黑崎驛御各藩へ御壹人ツヽ御引渡可致候條御警衛之御人數ハ同所迄御差向被下住居所迄之途中住居中共御警衛之儀ハ御家々ニ而御引請相成度候事

右ニ付黑崎ゟ住居所迄之間ハ警衛御道案內旁美濃守ゟ左之通被差添候事

先手物頭壹人
住居所左之通
二日市宿　甘木宿　雜掌隈村　宇美村
但右四ヶ所ニ役筋之者爲御用弁壹両人被差置候事
美濃守引受候壹人ハ當時赤間宿ニ被差置候筈ニ候事
一右之通黒崎驛ニ而御引渡可申候間何日々々同所迄御人數被差向候樣
との趣ハ此方ゟ御案内申入候事
但途中御警衞を初住居所御守衞御人數高承知仕度候事
御入用下宿數之事
一賄向ハ一汁二三菜位之心得ニ候事
付添之者乘物並看板類舁人共
一右之廉々ハ御引受之御家々々より一式御請持之心得ニ御坐候如何之
御取調ニ相成居申候哉承知仕置度候事

但差向候處ハ此方へ御手向御示談之廉ニも候ハヽ前以承知仕置度候事

一賄向之事

但入用膳椀類御手當之事

○船中ゟ黒崎迄之分ハ一式此方ニ而用意之心得ニ御座候事

一夜具類之事

但付添之者共

一衣類之事

右之外御身廻り其外細々御取扱之事

右之通及御引合候以上

正月

○同日中軍及ひ諸手の頭々へ歸陣の心得方を指示さる左の如し家譜

御供外士以上御貸撃發銃附屬共於大坂表御藏敷ニ上納可致事

但御用意玉箱之分於當所御武具方へ上納之事
一從者二人召連候面々大坂表ゟ一人ニ相成候分當所ゟ一人相增二人召連ニ相成候事
一士以下惣而御渡具足幷御用意玉藥之分も於當所御武具方へ上納可致事
但持人夫之儀も揭人ニ相成候間村名名元相認メ御目付へ可差出事
一渡海船御仕向次第追々出帆可致事
但船割人數割日限等之儀も追而可相達事
〆
○正月五日本日より中軍の內親隨ニ關せさる輩及ひ諸手の將卒漸次小倉を出帆す家譜
○正月六日軍目付多賀靱負岩瀨內記來る近々軍を旋さるゝ事となりし故特り招かれしなり此時公多賀岩瀨ニ面會ありて滯陣の勞を慰し酒肴を饗

し且紗綾代白銀七枚宛贈遣〔遺カ〕せられ㐂里波日記

○同日筑前外四藩へ三條家始五卿の分配ありしを達せらる左のことし波記録

別紙之通り五卿方夫々御預之廉々尚又改而御達申候右ニ付而ハ松平美濃守殿ニ而今後之御手順も有之候間諸事御相談可有之候

別紙の一

三條實美初御預分配之儀左之通之筈ニ候仍御心得旁相達候事

筑前へ　三條實美　肥後へ　三條西季知

久留米へ　東久世通禧　薩州へ　壬生基修

肥前へ　四條隆謌

其二

三條實美初五人之輩當時美濃守領内ニ指置候樣御達之趣早速國許へ可申越候就而ハ此先各藩申合精々説得五ヶ國ヘ引分ケ候樣可取計儀ハ勿論ニ御座候得とも萬一運ひ兼候内情有之弊藩並外一ヶ國ヘ両三人ツヽ

都合兩國へ引分ヶ之儀相整候時宜ニ至候ハヽ先ツ其意ニ任セ引分ケ置
候而も不苦儀ニ御座候哉左候時ハ美濃守領內へ指置候形を以受持之藩
ゟ人數引分け守衞仕心得ニ御座候此段奉伺候以上

松平美濃守內

十二月廿九日

桐山作兵衞

附札

書面之趣承置候間宜被取計候

其三

三條殿御內

森寺大和守　三宅左近　太田司馬

戶田雅樂　杉本拙藏　山岡榮之進

三條西殿御內

安井千代國　宮原主税

東久世殿御内
伊藤忠雄　渡邊左衛門　今井左司馬
壬生殿御內
長村縫殿　藤田主水
四條殿御內
小西直記　田村豐前　三浦主税
三條殿守衞
淸岡半四郎　島村左傳次　上杉鉄三郎
利岡玄兵衞　黑岩治部之助　楠本文吉郎
山出忠亮　南部與人　淵上謙三
三條殿附屬
土方楠左衞門　水野丹後
右両人儀多分ハ可罷越由ニ候事

○正月七日夕薩藩大島吉之助肥後藩長谷川仁右衛門來る公近々此地を發せらるゝ事と成りし故特ニ招き寄せられしなり吉井幸輔をも招かれしか他に差支ありて來らざりき公此時大島長谷川の両士に對面せられ過日來の勞を慰し酒肴を饗應し且大島に羽二重一疋白銀五枚長谷川に小袴地壹反軍扇一柄三骸《さゝ》二懸を贈り吉井ハ來らさりし故大島に托しておなしく羽二重一疋白銀五枚を贈られたり波日記

○同日長府の臣田代音門老臣村岡驛助用人菅村源助書役矢頭嘉右衛門書役小倉に來る今般解兵の發令ありし故越前侯へ何角の謝辞を申述るため來れりと申出さるよし小倉藩より本藩へ申入されと私事の使者を引受くへき場合ならさる故更に小倉藩を以て其意を致させ使者の謝辞は受けられさりき波日記

○正月十日肥前藩愛野忠四郎肥後藩長谷川仁右衛門より三條家以下五卿

筑前國滯留中警衛方の心得を伺ひさしとの事ょて伺書を出せしる翌十一日久留米藩件勝三郎よりも同し趣意の伺書を出せり伺の廉々ハ副將限り指揮もをまょならさをし故追て指圖ょ及ふへき旨返答ょ及もれをり両藩士より出せし伺書及ひ返答書左の如し波日記波記錄

手覺

長州滯在之五卿衆松平美濃守樣ゟ御請取越中守肥前守方へ一人ツヽ御渡相成候上當分之間美濃守樣御領內在留中左之廉々奉伺候

一最寄遊步之儀如何相心得可申哉

一五卿之內互ニ往來面會扱又文通之儀如何相心得可申哉

一他藩之人等面會之儀右同斷

一付添之者勝手ニ外出不苦義ニ御座候哉

右之廉々御附札を以御指圖被成下度奉存候以上

細川越中守內

正月十日

長谷川仁右衞門

松平肥前守內

愛野忠四郎

右書面ニ對せる返答

御ヶ條書を以御問合之趣御尤之廉こハ候得共副將府一存こゐハ難及御挨拶ニ督府へ相談之上於京地可及御指圖候事

正月

○正月十一日筑前藩熊澤三郎右衞門來る酒井十之丞面接せしニ下之關屯集の諸隊より惣督府及　副將府へ指出しゝしとて筑前藩早川養敬ニ托せしよしの歎願書を出しさて此書面ハ過日諸隊より預りゝれと當時薩藩吉井幸輔さる書面を出せ事ハ然るへゝらぬと申し故其まゝにいゝし置きしゝ强て指出せへしとにおなら奉と內々御一見を希ひ出しと申し故酒井副將の職務ニ關せせ一見せへしとの事なれも指支なしと答へ即ち預り置く

　

事とせり此書面ハ一見の後堤五市郎をして熊澤ニ返戻せしめたり今其書面を左ニ掲く波日記波記録

伏惟　閣下方伯之尊ニ居り數十萬之衆を帥ひ軍謀密察恩威並行四海之內誰り震懾せさらん意ふニ軍士氷雪之艱道路運輸之勞皆弊藩之故ニ有之誠ニ以奉恐入候七月之事實ニ寡君父子之意ニあらは但事情幽昧控告そる處無之罪を思ひ咎を引き深く自ら譴責仕居候臣等主憂へて死そる事能もは默々偸生寡君父子の意をして一旦埋沒せしむ獨寡君之憂のミあらは又　閣下之憂を爲そ恐懼之至不知所言奉存候此度公卿方筑前へ御引渡シ可申旨尊命を蒙り深く抱恐縮候此儀ニ付而も重々奉歎願度情事有之軍門嚴肅之地を不憚身を提して推參仕候目下大兵を被差向候儀も先達而於京師歎願之旨趣を不踏　輦轂之下ニて騷擾し何共　朝廷を不奉憚段を以御糺し被遊候へも於其情實も如何樣有之候共實以奉恐入候次第ニ付寡君父子實心帰誠御寛大之典を奉願候事ニ候處於公卿方も

七月之義ニ御拘り被成候御義無之戊午以來攘夷不抜之　叡念を奉し爲
天下御精力被成候處不幸之事故よりして廟廊ニ御端委無之攘夷先鋒之
思召を以く弊藩へ御下向相成候事ニ御座候寡君父子ニ於ても　天朝幕
府之重命を奉し微勞を不惜被仰出候期限之適掃攘之手初相務乍恐監察
使を賜り甚厚之　勅感ニ預り候此時　朝廷ニも鷹司殿下以下之諸公卿
有之列藩敵愾之諸侯甚多く寡君父子感激喜躍千歳之一時と存込ミ社稷
之存亡をも不顧奉答國恩之萬一度且公卿方ニも御下向相成候得も同心
一志日夜臣民を督勵し不敬之罪無之樣盡力仕居候處君門九重不幸ニし
て七月之事起り閣下之大兵を勞し奉り候樣立至り候段ハ深奉恐入候得
共前段之事理ニ候得も若公卿方御引渡致候ゟも七月之儀を御詫申上候
義ニも不相適返ゟ寡君父子之罪を增し是迄攘夷之奉　叡慮候も罪と相
成可申左候ゟも一國之臣民手足之措處無之奉存候且今日國内之情實申
そも慚惶之事ニ御座候へ共寡君父子之眞意を壅閉し臣等區々之微誠を

抑塞し俗論比黨之弊も有之事故多端ニ御座候へハ寡君父子をして忘信義公卿方を見放し申候樣爲致候ゟも邦内忽動干戈候樣必然相成　天朝幕府ニ對奉猶更恐入候儀ニ御座候　閣下惻隱之心を以二州を御安し被下候ニ如是成行候ゟも却ゟ傾危亡滅ニ至り可申　閣下之御恩願も不終義遺憾此事ニ奉存候何卒不殺之威不狃之恩を以寡君父子之衷情二州之艱難を御諒照被成下公卿方御渡海無之樣幾重ニも寛宥之御取計被仰付候樣奉歎願候尚又閣下天下之重ニ任し攘夷之大典御擧被遊候ハヽ今日公卿方直樣御留り相成候のミならに鷹司殿下ヲ初奉り悉く御復故相成候樣御周旋被下候ハヽ天下之大幸寡君父子自新之路を開き恐懼之魂を返し雷電之命を奉し國内を清肅し先鋒之微忠を盡し功を以自ら贖ひて奉報　天恩ニ候臣等犬馬之心唯一死あり宜布御裁斷被成下候樣軍門よ拜伏し奉犯威嚴國内之情實寡君之微誠ニ至り候ゟも臣等を御召し被下直ニ御聞被下候ハヽ別ゟ難有奉存候恐惶頓首拜上

甲子十二月

毛利大膳內

谷　梅之助

赤根武人

太田市之進

赤川敬三

河島芳太郎

堀　眞五郎

野村靖之助

○正月十二日夕七半時公小倉を發し帰陣の途に就かせらる小倉沖にて八雲丸雲州侯の汽船に移乗せられしか大雨降りしきり海上雲霧瞑朦咫尺を弁せさりし故田之浦にて一泊せらる此日小倉を發せらるゝに先たち松平美濃守殿へ書翰を發せらる左の如し波日記波記錄

〔前書略〕先日來毎々御懇問被下辱僕今十二日小倉表陣拂致出帆候三條家

始いまゝ移轉ニ不相成由何角御配意存候何分貴家之御盡力ニ寄候儀存候間尙外四藩ニも御申談可然御取計所仰ニ御座候萬事爲御任申安心委曲之儀上京及復命候〔所脱カ〕存ニ御座候歸裝倉忙中早々把筆後事萬々御托し申候恐惶謹言

正月十二日　　松平越前守

松平美濃守樣

○同日發途前長府重臣より小倉藩を經て來る十四日を以て五卿ゐよ〱筑前へ移轉せらるへき旨を屆け出つ小倉藩へ差出せる書面左の如し（波記錄）

一筆致啓上候各樣愈御堅固可被成御勤珍重存候然も別紙兩通之通副將府ニ壹人を以御伺仕候御都合可然哉御乞合之間合無御座何分差向儀ニ付各樣萬端程能御取計被下候樣仕度右御賴爲可得貴意如此御座候恐惶謹言

追田伊勢之助
周敎花押
毛利勘兵衛
元直花押
西　小豊後
運平花押
三澤求馬
周爲花押
桂　縫殿
周辰花押

小宮民部様
小笠原内匠様
原　主殿様

小笠原甲斐樣
小笠原出雲樣

猶々本文之次第偏ニ御取計之程御賴仕度且別紙文言等御不都合之儀も御座候ハヽ無御服臟御執捨被下置御取計可被下候以上

別紙の一

公卿方來る十四日筑前へ御渡海之節萩長府より御守衛人數黑崎迄差越候手筈ニ御座候尤趣ニ寄福岡迄差越候にも可有御座候間御聞置被下候樣副將府ゟ被仰上可被下候以上

正月十二日

其二

公卿方來る十四日御乘船筑前ゟ御渡海御一定相成候ニ付此段副將府ゟ可然被仰上可被下候以上

正月十二日

○同日肥前藩羽室雷助本陣ゟ來り三條家以下受取方ニ關する意見書を差出す左の如し波日記

三條實美始各藩受取方等ニ付而ハ最前之相達置候次第も有之候處今度藝州表ニ於て惣督府尾張前大納言樣ニハ右五卿五ケ國へ引分方萬一運兼候內情有之筑前並外一ヶ國へ両三人ツヽ引分置候半而ハ不叶時宜ニ候半ゝ先任其意左候時ハ彼御領分ニハ差置候形を以受持之藩ゟ人數引分守衞仕候心得之段松平美濃守樣御家來ゟ伺出之末其通被聞置候間宜敷被取計候樣御付札之旨今般寫を以御達之趣於國元肥前守致承知候右ハ最前御達之通り壹人御預之儀ハ其心得仕居候得とも自然國許へ御預両三輩ニも相及候得ハ他藩之番兵を入込混雜之次第ハ勿論何欤不行屆之譯も御座候ニ付此儀ハ遮而御斷申上候心得ニ而江戸表へ御伺仕置候依而豫此旨申上置候樣肥前守申付候此段旁申上候

松平肥前守內

正月十二日　　　　羽室雷助

○正月十五日夕八時過兵庫港ニ著せられ去る十二日豊前國小倉を發し同夜田浦ニて一泊せられし後十三日藝州たゞ海ニ碇泊十四日讃州手島ニ碇泊本日兵庫ニ著せられしなり家譜

○同日江戸ニ於て登營の諸侯ハ閣老水野和泉守殿對面せられ毛利大膳父子始悔悟服罪せる旨を此程尾張前大納言殿より申上られしをもて最早御進發も遊ハされさる事ニ決せられたりと演達せらるゝ大目付田澤對馬守より廻章を以て其趣意を達せられし書面左の如し榮井筆叢

毛利大膳父子始追討爲惣督尾張前大納言殿藝州表ハ出張被致候處彼ニおいて只管悔悟服罪致候段前大納言殿より被仰上候ニ付而も長防共鎭靜ニ及候ニ付此上御所置之儀も於當地可被遊候依之御進發も不被遊候時宜ニ寄猶被仰出候儀も可有之候間兼而其心得ニ而可被罷在候右之通万石已上以下之面々ハ可被達候

○正月十七日拂曉毛受鹿之介兵庫を發して大坂に赴く尾藩淺井將監昨十六日兵庫に著して大目付大久保紀伊守御目付山口駿河守去ル四日汽船黑龍丸を以て關東より廣島に著せし由惣督已に出發せられし後なりし故更に端艇を以て其跡を追ひ翌五日本郷にて謁見せりさて此時兩監察より何事か幕命を傳へたりとの事なれと其詳細もいまた承はらす又惣督ハ明十七日大坂著引續き入京の豫定なりしか何の故にも知らされとも兩三日大坂に滯留せらるゝ事になれりと物語りし故督府に就き其事實を聞合はすため大坂へ遣はされしなり波日記

○正月十八日曉三時四十分在大坂毛受鹿之介の書翰兵庫に達す左の如し

波日記

急脚を以一筆啓上仕候私儀今晝九半時中の島御屋敷へ著八時淺井將監宿相尋候處未坂著無之ニ付直ニ御惣督御本陣へ罷出小瀨新太郎面談委細申聞相尋候處江戸表ニ於て尾公御家來迄御用有之ニ付入京ニ不及直

ニ御參府被成候樣御達有之其段御道中迄申來候ニ付　朝廷ニは別帋之通被仰上ニ相成候處傳奏野々宮殿ゟ別帋之通關白殿御申聞之由御達有之旨昨日御晝迄申來　朝命台命兩全ニハ難相成御內輪ニ而も紛論相立候ニ付御道中ゟ少々御風氣被爲在候ニ付御所勞御申立暫時當地ニ御滯留京地稻葉閣老へ御相談ニ相成候由仍而私申候ハ　君上ニハ直ニ御上京之思召ニ候處御總督御上京無之御副將御上京被成候而も功を奏し候爲と申迄ニも無之共參　內　天盃頂戴等有之候而ハ奏功も同樣ニ而僭越ニ當り可申如何被遊可然哉及內談且九州之始末御申上之義も有之何分御副將ニハ御惣督ニは是非御對顏無之而ハ不相濟義ニ付御上坂ニ可相成存候何日比迄御總督ニも御滯留ニ相成候哉　君上ニハ蒸氣船ニ而御出之事故御供も不揃御不都合ニ付御上坂之御模樣も有之候ニ付旁御問合申候右之趣相含可然前大納言樣ニは伺呉候樣申聞候處伺候上御總督ニハ無御據義　君上ニも御差支無之義故直ニ御登京　天盃御頂戴等有之且

征長之義御尋有之候へも御申上ニ相成候共決而御借越ニハ相成間敷尾公ニハ之御斟酌ハ決而無御坐樣ニとの事ニ御座候右も表向一通り之御返答と存候間御返答之趣早々可申上候何分副將之御任之事故萬事御總督へ御役揚も可有之義ニ付早々御上坂之上何角も御相談御座候樣可相成哉ニ奉存候旨申候事ニ御座候若井鍬吉も昨日下坂候由ニ而右等之趣相咄候處何分　天朝より之被仰出ハ御厚き義故且山城地通行之諸侯　天氣伺之被仰出も有之且出陣之節之　天賜も有之今度之　朝命と申御登京可相成筈御上京無之候而も忽違　勅可相成と存候旨申候且歎息咄而已不相替申聞候尾公御滯留ハ御所勞御樣子次第と申事ニ候へ共兩三日ハいつれ御滯坂と奉存候右之次第故明日御上坂尾公御相談之上御上京之儀御決議ニも相成可然と乍恐奉存候此表御待受も可也出來可致御迎船も明日晝迄ニ天保山川口へ揃置御船見懸ケ次第沖迄罷出筈川御座船ハ指掛り候事故飛船取繕ひ差上候積り諸事不都合候へとも今度ハ御用

捨奉願上候事ニ御坐候平瀨儀作も出坂致居等一郎與左衞門折角致心配候右艸々申上度候以上

正月十六日六時認　鹿之介

修理樣

二白大久保殿山口殿尾公御道中迄被出候ハ別儀之由ニ御坐候

別紙の一

謹而奉言上候毛利大膳父子服罪仕長防鎭靜仕候ニ付臣慶勝儀廣島表引拂近日登京可仕旨奉言上置候處大樹ゟ今般歸路之節上京仕候ニ不及早々參府可仕旨申越候ニ付一ト先參府可仕被奉存候依之家臣成瀨隼人正儀近々登京言上可爲仕と奉存候此段奉言上候誠恐誠惶頓首敬白

正月　前大納言慶勝

別紙の二　尾張前大納言

毛利大膳父子服罪長防鎮靜之趣近々成瀬隼人正を以可有言上之旨被聞召　御不安堵被思召候間帰路之節上京參　内之上可致言上様被仰出候事

正月

○同日朝五半時公八雲丸を以て兵庫を發し大坂に赴かせらる此時公兵庫より直ちに上京せらるゝ豫定なりしか尾惣督大坂に滯留せらるゝ事となりし事情を毛受鹿之介より報せし故更に大坂に赴かるゝ事となれり薄暮大坂に著せられ旅館は中之島なる藩邸なりき去る十五日兵庫に著せられし後十六日兵庫町に上陸同所に止宿十七日湊川楠公の碑に參詣同夜も兵庫町に止宿今朝兵庫を發せられしなり家譜、唐桑秘筐

○同日夜大坂に於て尾張惣督より此節關東よりは惣督に上京に及はす早々參府せらるへき旨達せられ京都よりは帰路上京參　内すへき旨仰せ出されし事實を達せらる左の如し唐桑秘筐

前大納言殿事毛利大膳父子服罪ニ及ヒ長防及鎭靜候ニ付歸路之節一旦入京件々之次第奏　聞被致候筈ニ而　公武ニ被相達置候處公邊より參府之節上京被致候ニ不及江戸表御都合も有之候間長防追討相濟候ハヽ早々參府被在之候樣被仰出候付歸路之節上京不被致一ト先參府可被致と被存候依之　朝廷ニ言上之爲メ家老成瀨隼人正儀登京被申付前大納言殿ニも都合も被在之當地へ被立寄候處旅中より所勞被在之長途押而旅行被致猶以勝レ不被申候間暫當地ニ滯在手當被致候然處野々宮中納言殿より在京役之者被呼出長防鎭靜之趣等隼人正を以可有言上之旨被聞召　御不安堵ニ　思召候間歸路之節上京參　內之上言上可致樣被仰出候趣被申渡候然處前顯之通所勞被在之候ニ付先々其段傳奏衆迄被相達候儀ニ有之候此段御心得迄ニ被相達候事

正月

○正月十九日酒井十之丞大坂ニ於而尾惣督の本陣ニ赴く酒井も兵庫より

陸路を經て今朝六半時大坂に著せしなり此時酒井若井鍬吉に面會して過日大久保紀伊守山口駿河守の両監察本郷にて督府に謁し幕旨を傳達せしよしなるか如何なる旨趣なりしやと尋ねしに若井大膳父子を尾藩の兵を以て江戸に護送する樣五卿をも大膳父子同樣江戸へ護送する樣解兵も關東より毛利家に責罰を命せられし上と心得られ更に其期を伺ひ出らるゝ樣にとの旨趣なりしか両監察の廣島に著せしも已に諸藩へ解兵の令を發し且督府彼地を出發せられし後なりし故今日となりては最早いたしかたあるへからすは畢竟今度の事も御委任の旨に基き夫々處分せし事なるか關東にさる詮議ある事ならも最前毛利家か伏罪せる事を言上せし際速かに仰出さるへきなりと申聞けられしても両監察力なく立帰りしなりと答へたりき此時両監察より前大納言殿へ差出しゝ書付〔二通〕前大納言殿ゟ両監察へ交附せられし書付〔二通〕も左の如くなりしとそ（波日記 征長略記）

両監察より前大納言殿へ差出しゝ書付の一

一毛利大膳父子江戸表へ指下之事
　但御人數之内ニ而警衛之事
一三條以下七人（本ノマヽ）江戸表へ指下之事
一大膳家來とも急度爲相愼置御下知相待候樣吉川初末家ともの内へ御
　達可被成候事
一江戸表より御下知有之候迄所々出張之御人數を始御引揚無之彌無油
　斷警衛可被成候事
右之通御取計可被成候事

　其二

別紙之通大膳父子差下申候ニ付而ハ定而家來とも附添罷出度段歎願可
申出と存候其節ハ側向之者極少人數附從ひ候儀ハ格別之　思召を（以脱カ）被爲
在御許容候筈ニ候且重役之内壹人同時ニ罷出候樣可被成御達候尤人數
引連候儀ハ不相成候間其段も御達可被成候事

前大納言殿より両監察へ交附せられし書付の一

毛利大膳父子幷三條已下御所置の儀ニ付御書付之趣奉畏候然處右一條ニ付而ㇵ段々熟考之上見込之次第等委曲稲葉民部大輔永井主水正戸川鉾三郎を以申上家來を以ても老中迄申達候儀ニ付只今おゐて右之外何とも難能勘弁兎ニ角前顯申上置候趣を以篤と御評議被成下候樣仕度尤前以伺可申欲ニ候處左候而ㇵ遠路臨機之取計迚も不行屆兼而　御黑印拜領御委任之御儀ニ付專　公武之御爲を存上候而取計候儀ニ御座候間右之趣厚御汲取此上之御所置御座候樣仕度奉存候仍之御請申上候

正月　　　　　　尾張前大納言

其二

別紙ニ御請申上候通ニ御座候尤退而御沙汰御座候迄大膳父子謹愼國内鎭靜方之儀ㇵ吉川監物初三末家ㇸ急度申渡置候儀ニ御座候

正月

○同日夕尾張惣督の本陣に赴かせらる小倉在陣中副將を以て處置せられし事項を惣督府に申入せらるゝためなり波記録

○正月廿日細川良之助殿に書翰を遣はさる左の如し唐桑秘筐

卒然として東西分飛忽各天相思之情と相成候旧冬來長々之御在陣御苦勞奉存候定而無御障御帰鞍愈御清適ニ被成御渉欣賀之至御座候倉地ニおゐても何角と御教示ニ預リ深辱奉存候僕も十二日倉海出船十五日兵庫港ニ著兼而も直ニ登京之積之處尾総督滯坂之由故俄ニ十八日出坂承り候處關東より上京ニ不及早々出府被有之候樣ニとの御達御道中ニて御承知ニ付別紙之通　朝廷ニ言上ニ相成候處傳奏より上京之儀御達ニ相成　朝命台命難兩全極困窮無據御所勞御申立御滯坂稻葉閣老へ御相談ニ相成候由例之幕私當惑恐縮之至御座候僕ハ幸ニ猜疑無之ニ付惣督へも申談明日も當地發足致上京候戰兢之時態一日も早く帰國いたし候心得ニ候征長之侯伯當年參府御用捨之儀総督より被願呉候樣昨夕直ニ

御頼談ニ及候處いづれも迚も参府ハ有之間敷上ゟ御用捨ニ相成候へハ宜候得とも當時之暴政ニ而も申立候共難相適被存候旨御申聞ニ付致し方無之病ニ托し候ゟ外無之と拙筭相極申候乘而御噺合申候事故此段得御意候松前閣老御上洛受合帰東直ニ引籠候由如何可相成哉又々阿部豊州松平伯州上京之由一圓懸意ニ不能候長州之御處置も惣督之沙汰不宜陣拂も早過候由ょて紛々誂(誹カ)議有之趣隱居を無理ょ引出し大疲弊ニ及セ苦心配意之上關東へ呼れ被叱候而も余り之儀とて御氣之毒之至申様無之候扱三條家もしめも漸十四五日頃ニも筑へ轉坐之運ニ相成候由此上も奇兵隊も早々鎮靜ニ及候様致度若長防之擾乱甚敷相成候へハ益惣督之首尾宜かるましくと案思申候事ニ御坐候縷々申述度義も候得共明日之出立ニ而紛間罷在余も重鴻ニ讓申候乍末毫顯光院様御始御惣容様ニ宜御鶴聲奉願候早々頓首拜

正月廿日

長岡良公子雅契研北

追書乍憚將監へも宜御下聲可被下候仁右衞門も十三日倉地出立之由毎々種々申談世話ニ相成候條是亦宜御申聞被下候樣希上候以上

○正月廿一日曉七時大阪を發し淀川筋舟行夜九時前伏見驛ニ著同驛ニ而止宿せらる家譜

○正月廿二日京都岡崎の自邸ニ著せられ今朝五時前伏見を發し稻荷前ニて小憩岡崎邸ニ着せられしハ四半時過なりき家譜 波日記

○同日本多政之助大谷千熊京都ニ著も宰相公より公の歸陣を賀せらるゝため特ニ差遣せられしなり本多大谷の兩使ら陣〔陳カ〕述せし趣左の如し家譜

長々御對陣被爲在候處何等之御障動も不被爲在今般御陣拂被仰出候ニ付去ル十二日小倉表御出帆海上無御恙兵庫港ニ御著船被遊候段桑山十兵衞ゟ御承知被遊御安心御滿悅思召候右御歡御見廻被仰進度本多政之助大谷千熊不取敢被遣候

○正月廿三日關白殿両宮傳議両奏及ひ一橋家を廻勤せらる 波日記

○同日歸國の伺を閣老稲葉民部大輔殿へ出されしか歸國ハ江戸へ伺ハるへき旨翌廿四日指揮せられしより伺書指揮の付札左の如し 家譜

伺書

此度毛利大膳父子致伏罪ミ《れカ》付陣拂之儀尾張前大納言殿ゟ御達有之去ル十二日小倉表引拂歸路便宜ニ付京地へ立寄　天氣相伺致歸國度昨廿二日致京著候下ノ關口討手之始末ハ委細惣督府ニ相達候事ニ候江戸表ニハ重役之者差出右之趣御達申心得ニ御座候猶又御差圖可被下候以上

正月廿三日　松平越前守

附札

書面之通可被心得候尤歸國之儀も江戸表へ可被相伺候

○正月廿五日堤五市郎江戸よ出發し昨日稲葉閣老より歸國ハ江戸へ伺もるへき旨指圖せられし故此地の事情を在江戸知邸よ申聞け其地よ於て更

ヿ歸國を伺せしめらるゝとめなり〔此時江戸に於而差出されし伺書を二月二日の條下に記載せり〕波日記
○正月廿六日傳奏野々宮殿より知邸を召喚せられ暫く滯京せるへき旨の御沙汰書を下附せらるゝ左の如し家譜波日記

松平越前守

今般大樹上坂之儀更ニ被仰出候ニ付御用有之候間尾張前大納言被召留候就而も同様暫滯京有之候樣御沙汰候事

正月

○正月廿八日佐竹右京大夫殿に代りて堺町御門へ警衞の兵を指出さるゝ征長出陣中一時警衞を免せられたりしか已に歸陣せられし故更ヿ警衞兵を指出そへしやと伺いれしに去る廿五日を以而前々の如く心得へき旨指圖ありし故なり此日傳奏及所司代に届書を出さるゝ左の如し家譜波日記
堺町御門佐竹右京大夫樣ゟ御引渡有之越前守御警衞人數今廿八日ゟ差

出申候此段御屆申上候以上

松平越前守內

正月廿八日

島津十太夫

○正月廿九日京都ニ於ゐ尾張前大納言殿より三條實美以下五卿を去る十五日筑前國黑崎ニおゐて毛利左京より黑田家へ受取られし旨の書付を達せらる左の如し波記錄

三條實美初五人之輩當月十五日松平美濃守ゟ請取候段別紙之通申出候依爲御心得右寫壹通相達候事

正月

別紙

三條實美初五人之輩毛利左京家來迫田伊勢之助指添昨十五日私領黑崎驛ゟ送來候ニ付於同所請取申候先此段申上候以上

正月十六日

松平美濃守

○正月晦日尾藩若井鍬吉來る毛受鹿之介面會せしに若井此節尾橋越桑連署して大樹公に御上坂を御勸め申上へしとの議ありて橋公ハ已に御同意となれり故に貴藩の御同意を請ふため來れるなりと申述へさてこか御上坂を御勸め申上ることゝなれるも會侯に存外の意見ありしより起れることなるか是ハ前大納言殿目下毛利家の處置も焦眉の急務なれも速かにこれを裁定せらるへし且これを裁定せらるゝにも征討に關せし諸侯の議を聽き衆議の帰する所を　朝廷に奏上し然る上施行せられされも天下の輿望に適せさるを以て大樹公上洛諸侯を京師に召集せらるへしとの意見を立られ去る廿八日橋公尾の旅館に來られし時其意見を告けて可否を尋ねられしに橋公すへて御同意とありし故ハよく〳〵其趣意を關東へ建白せらるゝ筈に内決しをりしか會津侯此事を聞き及ハれ彼の諸侯を京師に召集すとある事を深く非とせられしよしにて即ち野村左兵衛を遣もされ大樹公の上洛ハ肥後守急ぎ東下して御勸め申上へかれも諸侯を京師に召集せ

らるゝ事も姑らく御猶豫ありたしと申入られし故前大納言殿其子細を尋ねられしに野村征長の擧に大樹公の進發せられさりしかとを日々　朝廷に於て痛く咎められ天下の安危を一身に負荷せらるゝ大樹にして斯る大事あるに方り進發せられさる如きハ實に頼母しからぬ次第なり故に此上は諸侯を京師に集めて其議を聽き向後　朝廷に於て直ちに大小の政務を施行せらるゝ外あるへからすとの議なるよし尤容易く御決定に至るへき事柄にもあらされとも斯る朝議ある場合徳川家第一の親藩たる尾公より諸侯召集の議を發せられさて諸侯其召に應して上京するも大樹公却て上洛を遲緩せらるゝ如きことあらは由々しき大事にて照祖以來持續せられし徳川家の大權は忽ち地に墜ち再ひ挽回すへからさるに至るへし是肥後守り飽くまて諸侯召集を然るへからすとする所以なりと答へし故前大納言殿予り諸侯を召集すへしとするは征長惣督の任を以て其局を結はんとするまてにて大政の全離（權カ）に關する事まても其議を聽かるへしとの趣意

なら《ら》もも決してさる懸念にも及ハさるなり故ニ予ハ矢張已ニ決セし趣意を建言そへしと申されしかも野村其日ヲ辞し去りれと翌廿九日關白殿下の御許ニて更ニ一橋殿ニ謁して前日前大納言殿ニ申し旨趣を頻りニ申上しよし此時一橋殿其旨趣ハ已ニ尾藩より聞きたれと毛利家の處置せる此上時日を緩くそへきニあらに然るニ肥後殿東下盡力せらるゝとゝならも必そ多數の時日を要そへし其上東下盡力せられても大樹公急ニ御上洛あるへしや否や測らさるにあらそやと申されしかも野村諸侯を召さるゝ事も已ニも申上し如く德川家の權威を損そ一大事なる上向後肥後守も守護の職を完くそるを得さるニ至り實ニ憂慮ニ堪へさる場合なれも肥後守ハ一身を拋ちても此事ハ成し遂くる覺悟なり故ニぬよ〳〵御同意下さるゝニ於ても明晦日　朝廷へ暫時の御暇を願ひ御許容の上明後朔日參　内仰出さるれハ一日を隔くゝ來る三日此地を發しさて道中を十五日間と仮定し十七日ニハ江戸ニ著して直ちニ伺を濟まし大急便を以江戸の

御左右を申上る心積りなれは凡二十日間にも事を了すへきか決して多數の時日を要する事はあらさるなりと申し故橋公肥後殿より決心せられても尙召集を猶豫すへからすとも申かさし此上は肥後殿の御決心に任かすへしと申されしよし即ち其次第を橋公より申遣もされし故前殿にも然る上も是非に及もすとておなしく會侯の意見に任かせらるゝ事となりさて斯く大樹公に御上洛のことを御勸め申上る事は予か素意にあらされと已む肥後守の意見す《のカ》任かせし上は其意見を關東に於て納めらるゝと納れられさるとも毛利家に處置のことに止らす天下の安危に關する事なれも仮令肥後守に如何なる定見あるにもせよ其盡力のことに委しく安居すへきにあらす故に此際尾橋越桑よりも別に建言する所なかるへからすとて則橋公へ相談に及はれ尙貴藩へも御同意を請ふに至るなりと申聞けさりき 波日記

○同日夕會津侯の使者諏訪常吉來る毛受鹿之介面會せしに諏訪近來時勢

の切迫せるにも拘はらす關東にてハ　叡慮に適せさる御處置少からす故を以　御逆鱗在らせらき此上は諸侯を京師に呼ひ登せ御直に御下向の品あるへしとの御内議あるよしなるかれよ〳〵さる事となりては幕府は萬機の政を委任せられし甲斐なく隨て肥後守も守護の任を完くせるを得す故に此節暫時の御暇を願ひ急に關東に下りて大樹公に急々御上洛ありて叡慮に適せさりし廉を一々御詫仰上られ且今後の御國是を確定せらるゝ様御勸め申上るに決し則本日傳奏衆まて御暇願を差せ〔出脱カ〕り就ては御許容の上も一両日中に此地を出發すへき心算なるか方今京師の取締も最緊要とする所なれも肥後守不在中ハ尾越御兩侯に於て然るへく御取計らひあらん事を只管願ひをしと申し故毛受何事も主人に申聞け重ねて何分の御答に及ふへしと答へしに諏訪又是ハ肥後守か申付をるにあらす全く拙生とも同僚中の申合ひなるか此節からの形勢は春嶽老公必らす御傍觀の思食ハ在らせられまし就ても近日の御高案は如何在らせらるへしやと尋ねし

故毛受拙者ハ去冬以來長々小倉ニ滯陣セし事故春嶽の近況ハ知らされとも昨夏帰鄕セし際両度まて上京しけれと天下のためニ指して功益なりしとは思ハれすと申せしか故ニ今此一言ニ據りて推測すれハ大樹公上洛なりく國是を定めんとせらるゝも眞實ニ忠言を求められ島津大隅守殿伊達伊豫守殿長岡良之助殿の如き賢明の諸侯を召さるゝ場合ハ格別さもあらさるに自ら進んて上京なとすへしとは思ハれすと答へしかハ諏訪ハいつれ近日肥後守より使者を福井ニ指上る事となるへきか是ハ今度大樹公急ニ御上洛在らせらるれハ關東の御留守を負擔すへき人なし故ニ此處を春嶽公ニ御苦勞ある樣願ひ度内存なり云々申聞けて退出せり唐桑秘筐

○二月朔日執政已下要職の輩公の坐前ニ於て昨日尾藩若井鍬吉より申入れたる建言ニ連署の件會藩諏訪常吉より申入れたる京都取締りの件を議し連署のかたハ此節なら大樹公の上洛ハ素より望む所なれとも幕府現時の政令ハ百事文久度の改革を廢して更に舊套に復せらるゝの類すへて本

藩の執て以て主義とする所とも殆んと氷炭相容ささるものゝ如し故に建白するも容易く行はるへしとも思もれす特ニ橋桑の如き要路に當らるゝ方とゝもに連署せれも聊不倫の嫌なきにあらされも是ハ斷然加名を斷はるへし京師取締りの件ハ幸に在京中なれも及ふ限り盡力せらるへくれと若守護職乃事務をも仮りに行ふへしなとあるに於てハ輕々しく引受くへきにならすとの旨趣に決したり唐桑秘筐波日記

○同日毛受鹿之介を尾公の旅館に伊藤友四郎を會津侯の邸に遣もされ是ハ今朝議決せる旨趣に基き尾公へも建言に連署する事を斷はらし尤會侯へハ守護職の事務に關せす萬一京師に異變なる時其取締方を注意するまての事なれも幸に在京中故精々盡力すへき旨を返答せしめられしなり此日又酒井十之丞毛受鹿之介を二條關白殿下の御許ニ遣もされ是ハ昨日諏訪常吉の申し京師取締の件ハ如何なる仰出されりとなるへきや伺はしめ若守護職の事務をも假に行はさるを得さる事ならも是も今朝決議せる旨

趣ニ基き豫しめ内情を申上置くへしとて遣ハされしなり此時酒井毛受殿下ニ謁して會藩の御暇を願ひまる次第を伺ひしニ殿下肥後守の願も事情止を得さ故ニ本日御許容あるへしさて肥後守不在中ハ京師の取締を其藩ニ仰出さるゝ筈なりと仰ける故両人越前守最前ハ多數の家臣を召連されれといつれも長々小倉ニ在陣せし事故其後歸休せし迄今日ゟ供廻りニ必用の分のミとなれりされも多數の兵を要さへき事ハ到底御請ニ及ひかこしと申上しニ殿下一時京師の取締を心得らるゝ樣との御趣意ニて多數の言〔兵カ〕を要せる樣の事ハなき積りなりと仰せられき唐桑秘筐波日記

○二月二日江戸ニ於て閣老牧野備前守殿へ去月十二日小倉を發し廿二日京都ニ著せられし旨の屆書及ひ歸國の伺書を指出されし左の如し家譜

屆書

拙者儀毛利大膳父子爲追討致出陣居候處此度大膳父子致伏罪候付致陣拂候樣尾張前大納言殿ゟ御達有之候ニ付去ル十二日小倉表引拂昨廿二

日致京著候此段御屆申候以上
正月廿三日
松平越前守

伺書

越前守ゟ御屆申上候通去月十二日小倉表引拂同廿二日京著被致候ニ付天機相伺歸國被致度下之關口討手之始末ㇾ委細惣督様に御達被申江戸表へㇾ重役之者差出右之趣御達被申候心得ニ御座候旨於京都表稲葉民部大輔様へ被相伺候處書面之通可相心得尤歸國之儀ㇾ江戸表へ相伺候様御指圖ニ御座候依之於此表歸國之儀相伺候様被申付越候然る處先達而參勤之儀ニ付長防討手之面々歸邑之上四月六月前ニ割合之通參勤可致旨御達御座候付其段急速越前守ゟ申越候間承知之上ハ參勤順年ニも候得ㇾ直様歸國被致候哉も難計候得共前條申越候儀も御座候間歸國之儀御內慮奉伺候以上

松平越前守內

二月二日　　　　　　　　　　　　　　草尾精一郎

書取指令

伺之通致帰國不苦候事

○二月六日軍目付岩瀬内記多賀靫負來る明後八日京師を發し歸東すへしと申聞けれハ此両氏も正月十六日小倉を發し昨五日入京をしありとそ波日記

○同日午後公東山邊所々遊覽帰途新宮某の別墅順正院ニ立寄らる新宮酒肴を饗し餘興ニ畫工竹溪靄山を招き席上にて揮毫せしめたり波日記

○同日尾張前大納言殿より三條實美以下五人を筑前藩へ引渡せし旨の屆書二通を達せらる左の如し波日記

三條實美始去月十五日松平美濃守ニ引渡相濟候段別紙之通毛利大膳毛利左京申出候仍爲御心得右寫貳通相達候事

別紙の一

私領内滯在之公卿方筑前表爲渡海過ル十四日長府より乘船翌十五日到彼地黑崎著船直樣松平美濃守方へ引渡相濟候段爲警備付添差越候家來之者より注進仕候依之御屆申上候以上

正月十七日　毛利大膳

其二

五卿方筑前表爲渡海昨十四日辰中刻長府乘船今十五日申刻到彼地黑崎著船直樣松平美濃守方ゟ引渡相濟申候依之本家大膳より御屆可仕候得共此度警衛等差出申候ニ付此段御屆申上候以上

正月十五日　毛利左京

○二月八日朝五半時堤五市郎江戸より京都に帰著す去月廿五日京師を發セし後江戸に於て是月二日公の御帰國伺を牧野閣老に差出セしか四日歸國苦しからさる旨の指令ありし故直ち江戸を發し本日帰京せしなり　家譜波日記

○同日酒井十之丞常陸宮ニ參候し毛受鹿之介尹宮ニ參候す公今度の上京も軍事已ニ解けて帰陣せらるゝことゝなりし故其旨を奏上し且も　天機を伺ふへしとの旨趣のミなれも此事を濟まされし上も速ニ歸國せらるへき豫定なりしニ入京後圖らすも　朝廷より大樹公ニ上坂を命せられされも暫らく滯京すへしとの御沙汰ありし故一時帰國を延引せられたれと爾後關東の内情大樹公急ニ上坂あるへしとも聞えす又會津侯東下不在中京師取締云々の次第ありたれと是も其後東下せられす特ニ本日堤五市郎江戸より帰りて幕府よりハ帰國苦しからすと指令せられしよしを復命せし故今後大樹公ハよく／＼上坂せらるゝ場合更ニ上京せらるゝとも兎も角も今日ハ一旦帰休を乞ハるへしとの議ありて已ニ其議ニ内決せし故豫しめ其意を両宮ニ申上置くへしとて參候せしなり此時常陸宮ハ別ニ思召す旨も在らせられさりたれと尹宮も此節閣老松平伯耆守阿部豊後守の上京せしハ専ら幕威を京師ニ振ハんかためなりと聞しか果して今度の上京も公儀

より　禁廷への御使ニて尋常の上京ニあらすと稱し居るよし又著京後轉（傳カ）奏其旅寓を訪問せさりしかも閣老の上京せる事を知られなから大樹公の安否を伺ハれさるハ如何の事やと咎めしよし實ニ驚き入りたる次第なりされも其藩の如きハ時宜ニより特ニ上京をも命せらるへきかと思考せらるゝ場合なれも今えもらく御暇ハ仰出されあさかるへしと仰せける故毛受両閣老の上京果してさる狀況なれも幾重ニも盡力すへきハ當然の事なら幕府の現狀ハ曩ニ大藏大輔か惣裁職たりし時施行せし政務を悉皆廢止せる程の事なれも今日ニ於てハ假令盡力するも容易ニ行屆くへしとも思もれす故ニ今後大樹公上坂せらるゝニ至りなも父子同時ニ上京してなりとも盡力すへけれも今日ハ一旦御暇を願ひさき所なりと申上しあも宮稍御聽納たありけれと尚此節の進退ハすへて此方ニ任かせよと仰せらたたりき波日記

○同日本多修理尾藩成瀬隼人正を訪問す小倉滯陣中筑前藩外三藩より伺

ひ出させる五卿の最寄遊歩相互往來他藩人面會等の件其後督府へ指出されしかれとも何等の指令なかりし故催促のためなり波日記

○二月十一日尾張前大納言殿より筑前藩外三藩の伺書に對せらる（五卿警衞中の心得方）指令の趣及ひ筑前藩へ五卿引渡方を達せられし書面を交附せらる左の如し家譜

長州滯在之三條實美初松平美濃守ゟ請取候上同人領內在留中並引渡相成候上國許おゐて心得方之儀ニ付細川越中守有馬中務大輔松平肥前守家來伺出候書付先般被相達候右ハ條々之趣御所置被仰出候迄ハ都て遠慮爲致候積其內無餘義子細有之時も締向忽セニ不相成樣勘辨次第可取計旨越中守家來初へ申渡候尤右之趣美濃守へも相達候仍爲御心得相達候事

二月

三條實美初五人之輩松平美濃守へ受取相濟候ニ付各藩へ引渡方之儀別

紙之通美濃守ゟ申談候仍而爲御心得右一通相達候事

二月

別紙

松平美濃守

三條實美始五人之輩御自分へ受取候段被相達候就而ハ五ヶ國へ引分ヶ候義萬一運ひ兼候内情有之御自分並外一ヶ國へ両三人引分ヶ之儀相整候時宜ニ至り候ハヽ先其意ニ可任哉之趣舊臘廣島表ニ於而伺出承置候義ニも候得共畢竟先方之心儘ニ有之候而も御威令難相立候間精々申談實美初五人之輩並附属之者とも手番ひ次第最前相達候通各藩へ引渡方盡力被取計候樣可被致候尤受取方等之儀細川越中守始へも相達置候事

二月

○同日本多修理尹宮ニ參候ニ此時宮昨日參　内の際當職申聞けられしハ此節越前よ里帰國御暇の事を申出尾州もおなしく御暇を希望それと伯豊

両閣老の上京たる此末如何なる事をなすへしやと専ら懸念する場合なきも越といひ尾といひ容易に帰國いはさせられし故に尚又申出てなも其事ハ當職に於て専ら熟考中なりと答へ置かれしとの事なりしされも帰國の事も氣の毒なれハ今ハしはらく見合ハせて貰らひたく尤來る廿日頃にてにも何とか其目的も定まるへし云々仰せられき波日記

○二月十四日帰國御暇願を傳奏飛鳥井中納言殿へ差出さる去る八日毛受鹿之介か尹宮に參上せし時歸國の事も此方に任せ置く樣にと仰せ聞けられ同十一日本多修理か參上せし時も今ハしはらく見合ハせ樣にと仰せられしれも容易に御許容にもならさるへけれと尚又廿日頃まてにも云々仰せありし事故矢張表面の願書も指出されたり左の如し波日記 波記録

拙者儀今度毛利大膳父子致伏罪帰陣仕候ニ付爲可奉伺　天機上京仕候處大樹上坂被仰出候ニ付尾張前大納言被召留候間拙者儀も暫致滯京候樣被仰出奉畏候然處昨年來長陣之後と申且留守中國元へ常野脱走之浪

徒立入騒擾之末敦賀表へ人數も差出し置人氣致動搖候事故差向難捨置國政筋多々有之同氏大藏大輔ゟも是非奉願暫成共歸國之上申談取締致度旨申越候ニ付何卒一旦休暇被　仰付被下置候樣奉願上候尤大樹上坂之節も先達ゐ上京可仕候間右無據趣共御汲察被成下願之通被仰付候樣偏ニ奉願上候以上

二月十四日　松平越前守

○二月十五日京都ニ於ゐ尾張前大納言殿より三條初五人ニ附属せる脱藩人ハ各藩中合引分くへき旨の達書を交附せらるゝ左の如し家譜

三條實美初へ附属之脱藩人各藩へ引分け引渡方之儀別紙之通松平美濃守へ申談候仍爲御心得右一通相達候事

二月　松平美濃守

別紙

三條實美初五人之輩並附属之者共手番ひ次第各藩へ引渡方之儀頃日相達候就夫是迄實美初へ附属之脱藩人各藩申合程能人數引分け引渡方可被取計候尤右之趣細川越中守始へ相達置候事

二月

○同日酒井十之丞尾惣督の旅館に赴く昨夜尾藩手賀與八郎より酒井へ書翰を遣もし前大納言殿より幕府ハ差出さるへき書面中に副將松平越前守にも同意云々挿入せらるゝ筈なるか貴藩の議ハ齟齬する所いあらさるへきやと尋ね越せし故齟齬せさる旨を返答せしめたり其書面ハ左の如くなりき波日記、征長略記

毛利大膳父子江戸表へ被爲召寄候旨大目付駒井甲斐守御目付御手洗乾一郎より申渡候筈ニ付人數大坂表ニ揃置両人之指揮ニ随ひ候様可申付旨御書付之趣承知仕候然ル處大膳父子おゐてハ兼而申上置候通之次第ニ付尤可奉畏候得共長防之士民おゐて譜代恩顧之主人難見放なとの氣

邊ゟ如何樣之變動も難計夫よりして終ニ增長仕候ハヽ天下之治乱ニも相關り不被安台慮次第ニ可及哉と深く痛心仕候付而ハ不憚忌諱心底之趣申上候是等之見込ハ副將松平越前守ニも同意之儀ニ御坐候間長防之情態篤と申上候迄ハ兎ニ角御猶豫御坐候樣仕度乍併一旦被仰出候御儀ニ付御威光難相立思召之程も可有御座此段ハ實ニ奉恐察其邊之儀も乍不及壽慮仕候處私おゐてハ別段之見込難相立仮令列藩へ被仰付御主意貫徹之御見込被爲在候とも天下之御爲ニ相成間敷哉と痛心仕候右ニ不恭之至深奉恐入候得共御爲一途ニ存詰誠實吐露仕候是等之趣御恕察御賢斷被成下候樣仕度依之申上候

二月　　尾張前大納言

○二月廿一日傳奏飛鳥井中納言殿より知邸を召喚し來る廿七日巳ノ刻參内あるへき旨を達せられ家譜

○二月廿五日晝九半時近衛前關白殿來邸せらる此日馬見所ニ於て藩士の

打毬を台覧ニ供し畢て酒肴の饗應あり夜九時帰館せらきたり波日記

○二月廿七日參　內せらるゝ今朝四時前出門一條殿ニ於て宮中の御程合を待ゝせられ爾後案內の上參　內セられしゟ小御所ニ於ゐ　天顏を拜し天盃を拜賜せられ畢ゐ鶴の間ニ於ゐ酒饌を賜ハりて又傳奏飛鳥井中納言殿より帰國御暇を賜ハる旨の御書付を降されゝり退朝の際關白殿以下廻勤せられ帰邸ハ夜九半時ゐりき此日尾張前大納言殿ニも參　內セられたりて參　內の儀式此儀式書ハ去ゐ廿五日豫しめ傳奏飛鳥井殿より交附セられしゐり及帰國御暇の御書附尾張殿より奏上セられし書面左の如し家譜波日記征長略記

儀式書

參內之儀

一松平越前守參　內鶴間著

一傳奏出會越前守自分口上被申述傳奏退入言上之更ニ出席告可有　御對顏之由

一出御之後傳奏鶴間出席誘引小御所取合廊下北之方著座

一越前守自分御禮貫首申次於廂被拜

龍顏

一越前守於下段　天盃頂戴

一於鶴間賜酒饌

一御禮申述退去

歸國御暇の御書付

松平越前守

御用被爲在候ニ付滯京之儀被仰付置候處此度段々之御暇相願候旨趣無據相聞候間賜御暇候尚御用之節ハ速ニ上京可有之事

尾張殿の奏上書

謹而奉言上候毛利大膳父子追討爲惣督　臣慶勝儀藝州廣島へ出陣仕候處大膳父子寺院蟄居謝罪仕暴臣並參謀之徒斬首申付罪魁之首級差出遂實撿其後愈以悔悟服罪仕長防全鎭靜仕候付猶兩州鎭撫方夫々申渡　臣慶勝

義當正月四日廣島表陣拂仕候尤委細幕府ニ相達申候間大樹より奏聞可仕奉存候右之通速ニ長防鎮靜仕候段全　御威靈故と不堪感激之至奉存候誠恐誠惶頓首敬白

二月　　尾張前大納言慶勝上

○二月廿八日二條關白殿賀陽宮山階宮を廻勤せらる歸國の御暇を賜はりし故なり家譜

同日來月朔日發途歸國せらるへき旨を一藩に告示せられ家譜

○三月朔日公京都岡崎邸を發し歸國の途に就かせらる道路は東近江路なり休泊左の如し家譜波日記

月日／休泊	小休	小休	小休	晝休	小休	小休	泊
三月朔日	蹴上			大津	鳥井川		草津
仝　二日				守山	篠山	鏡	武佐
仝　三日	清水鼻			越知川	四十九院		高宮

仝四日	鳥井本			米原		長濱
仝五日	速水			木ノ本	中ノ郷	柳ヶ瀨
仝六日	椿坂	中河内		板取		今庄
仝七日	湯尾	鯖波	府中	水落	淺水	著城

○三月七日福井に著せらる此役も去年八月發途上京せられし以來引續き小倉に出陣本年正月京都に著せられ月を經ること前後八月にして本日歸城られしなり家譜

○三月八日佐野小太郎を江戸に差出さる下之關口討手の始末ハ曩に尾張惣督府へ申出られけれと尚其旨を幕府へも申立らるへしとあなり佐野本日福井を發し其後日缺江戸に著して廿二日閣老本多美濃守殿へ届書を差出せり此時昨年幕府より貸渡されし長防の地圖をも返納セしめられたり届書左の如し家譜

今度毛利大膳父子致伏罪候ニ付陣拂之儀尾張前大納言殿より御達有之

候ニ付拙者儀正月十二日豊前小倉表引拂罷歸申候下之關口討手之始末ハ委細惣督府へ相達候事ニ御座候此段御達申候以上

三月八日　　　　　松平越前守

○四月廿二日福井本丸ニ於て出陣せし將卒の勞を慰し酒肴を賜いる此時少將公慰藉せられし語左の如し（有賀日記）

昨秋以來小倉表ニ永々在陣苦勞太儀ニ存そる

征長出陣記卷三終 大尾

征長出陣記附錄

御軍列

一番酒井與三左衛門手

御旗一本 荒子三人

假御旗奉行

上月　操

御先物頭

田中傳左衛門 若黨一人 従者一人 渡り一人　差添 近藤源太郎

組二十人 渡り四人

松原信太郎 若黨一人 従者三人　差添 武田喜内

組二十人 渡り四人

笹川藤内 若黨一人 従者三人　差添 高田庄三郎 渡り二人

組二十人 渡り四人

大谷儀左衛門 若黨一人 從者三人
組二十人 渡り四人
八木郡右衛門 若黨一人 從者一人 渡り一人
組二十人 渡り四人
長谷川源之丞 若黨一人 從者一人 渡り一人
組二十人 渡り四人

大御番頭
水野小刑部 若黨二人 從者四人

大御番組二番
田邊平學 從者二人
杉田小四郎 從者二人
服部來四郎 同
稻葉悅之助 從者一人 渡り一人

差添 鈴木瀨平 渡り二人
差添 大谷巖 渡り二人
差添 川瀨勘之承 渡り二人
副 秋田長之丞 從者二人
小川治兵衛 若黨一人 從者三人
茂呂久左衛門 同
中村唯七郎 同
磯野憲之丞 從者一人 渡り一人

高屋文太夫同同
松田誠次郎同同
島川久左衛門同同
大平藤次郎渡り二人
山本敬次郎渡り二人
木内練之助同
杉坂養左衛門同
竹内笹之丞同
竹下丈太夫同
黒澤平十郎同
安村駒五郎同
鍔淵　潜同
大野捨三郎同

梁　與三五郎同同
脇田岩八同同
小栗猪三郎同同
國分三彌同
浦井勝之助同
荒川平吉同
中村八郎助同
堀　又左衛門同
大河原作之助同
高木富藏同
岸　惣太郎同
上坂金三郎同
田邊鉄次郎同

稲葉熊次郎 同
仙石喜代太 同
大野岩吉 同
岸大五郎 同

大御番頭
佐野小太郎 若黨四人 從者六人

大御番組五番
大野權之助 從者二人
津田左藏 同
山品運吉 同
井原權之助 同
落合丈左衛門 從者一人 渡り一人
村田第左衛門 同同

稲葉寅吉 同
杉坂作太郎 同
田邊學助 同

副
富永演之助 若黨一人 從者三人
山口五久吉 同
柘植常五郎 同
今村謙吉 同
津田常次郎 從者一人 渡り一人
野路平八郎 同同
中村仲之助 同同

福田甚三郎　同同
粕谷外次郎　同同
中野惣左衛門　渡り二人
櫻井權之丞　同
加藤新兵衛　同
坂部熊之助　同
川村長太郎　同
土屋運吉　同
大越外三郎　同
中村祿三郎　同
岸金之助　同
近藤宇金吾　同
今立熊五郎　同

宮塚又五郎　同同
荻野金四郎　同同
清田順三郎　同
安陪又三郎　同
小木土用吉　同
宮下巳三郎　同
竹內虎之助　同
吉田乙五郎　同
井上市左衛門　同
多田松五郎　同
村田傳七　同
大町問作　同
野路彥之助　同

野路宗七 同

村田政之助 同

大町綱太郎

加藤多喜吾 同

宮下常次郎

竹内廣吉 同

土屋伯介

多田源六 同

大馬印一本 荒子三人

仮 大馬印奉行

國枝藤兵衛 従者二人

貝二羽 人夫一人

御貝役

吉江重四郎

鈴木庄次郎 二人合〆《マヽ》渡り一八

太鼓一 人夫四人

鏞 一人夫二人

太鼓鏞役

吉村忠三郎

御家老

酒井與三左衛門 若黨七人 従者九人

差添 花木壯太郎 若黨一人 従者三人

與力

依田官左衛門 従者一人 渡り一人

磯谷要左衛門 同 同

名越小右衛門 同 同

栗間權平 同 同

山田豐吉 同 同

纒一本 荒子三人

御目付

眞杉所左郎門 若黨一人 従者三人 御用物持一人

齋藤元吉 二人合々《マヽ》渡り一人

差添 松平貫之助 若黨十四人 従者十六人

屋代源五右衛門 同 同

義江半右衛門 同 同

寺本仲 同 同

荒川他五郎 同 同

岩路維平 同 同

出淵文太郎 渡り二人

組二十人渡り四人

御徒目付

佐々木要之助　　村野會平次二人合々《マヽ》渡り一人

御醫師

引間正順従者二人　　馬淵玄仙同

大橋玄樹渡り二人　　雪吹貫凌同

吉田貞庵同　　梯民也同

原道達同

別手小荷駄

御旗一本荒子三人

彈藥方

川端小作渡り二人　　澤田彌三郎同

津田四郎太夫同　　市橋眞之助同

御武具方手傳一人
御奉行見習
内田閑平従者二人若黨一人
御勘定吟味役
渥美助左衛門渡り二人
御勝手役
土屋市左衛門渡り二人
御臺所目付
大久保清右衛門渡り二人
小算四人
組五人渡り一人
御作事方改役
木内甚兵衛渡り二人

彈藥方下代一人二人合々《ヤ、》渡り一人
下代四人八人合々《ヤ、》渡り二人

中判 一人

組 四 人渡り一人

御手木二人

車力卅五人

二番酒井外記手

御旗一本 荒子三人

假御籏奉行

樋口喜左衛門 従者二人

御先物頭

梯 治部左衛門 若黨一人 従者三人

組二十人渡り四人

大關 麓 若黨一人 従者三人

御作事下代一人 二人合ニ渡り一人

大工七人

御家中幕持人夫十三人

差添 葛巻九馬 渡り二人

差添 桑山松太郎 渡り二人

組二十人渡り四人

蜷川林左衞門若黨一人從者三人

組二十人渡り四人

今立吾太夫若黨一人從者三人

組二十人渡り四人

出淵傳之丞若黨一人從者三人

組二十人渡り四人

多喜田藤內從者一人渡り一人

組二十人渡り四人

大御番頭

北川亘之助若黨二人從者三人

大御番組三番

波多野五郎右衞門從者二人

差添三岡斧太郎

差添梯彦之進

差添高間勝之助

差添大河原欣吾

副相馬精之進若黨二人從者二人

坂田采女同

前波五郎左衛門 同
高橋熊之丞 同
淺井外巻 同
烟中儀兵衛 同同
青木作太夫 同同
松尾源左衛門 同同
高橋吉兵衛 同同
酒井政右衛門 従者一人 渡り一人
榊原孫作 同同
石井治右衛門 同
平田定五郎 同
雨森彥十郎 同
吉樹友太郎 同

大木本之丞 同
加藤半左衛門 同
高屋善右衛門 従者一人 渡り一人
岡田彌一郎 同同
福山金十郎 同同
妹尾濱之助 同同
小木左平治 同同
山口金太郎 同同
土多忠次郎 渡り二人
高橋左十郎 同
岡健藏 同
波々伯部一右衛門 同
木村連 同

篠原貫一郎同
片山力之助同
竹澤藤五郎同
高濱半三郎同
松本鉄松同
中山万四郎同
畑中浩之助同
福山釥太郎同
吉樹他三郎同
大御番頭
中根半介 若黨三人 従者五人
大御番組六番
權田宗七 従者二人

圓乗權之助同
中山太郎左衛門同
中野文次郎同
波々伯部熊之助同
石井岩太郎同
小林巳三郎同
福山繁次郎同
高橋粂藏同
圓乗半次郎同
副
磯野左近 若黨二人 従者四人
大館源紀同

織田三太夫 同
大藤助藏 従者二人
淺見七十郎 同
川崎久太左衛門 同同
山田藤三郎 同同
丹羽喜作 同同
伊藤覺左衛門 同同
松原傳五右衛門 渡り二人
土屋五郎八 同
坂田左右衛門 同
福島長左衛門 同
安川治三右衛門 同
爪生三左衛門 同

味岡彦八郎 同
吉岡傳吉 同
矢野權平 従者一人 渡り一人
粕谷雄藏 同同
跡部他之助 同同
金子平次郎 同同
一柳新九郎 同同
牧野加左衛門 同
三澤勘左衛門 同
勝村源左衛門 同
星野友次郎 同
榎並勘兵衛 同
吉田榮之助 同

笹倉練平 同
島津右太夫 同
服部彌太郎 同
山田嘉平 同
山田藤九郎 同
牧野友藏 同
織田雄吉 同
吉岡秋藏 同
金子友三郎 渡り二人
榎並他三郎 同
今川源十郎 同
大馬印一本 荒子三人
仮大馬印奉行

廣部貞吉 同
瀧澤喜平太 同
今川益太郎 同
矢野助四郎 同
戸田半藏 同
勝村甚五郎 同
味岡二之助 同
粕谷小三郎 同
福島彌太六 同
今川鉄四郎 同

林　鉄之進　従者一人　渡り一人

貝二羽　人夫一人

御貝役

牧野右平次

太鼓一　人夫四人

鏞　一　人夫二人

太鼓鏞役

永井彦二郎

御家老

酒井外記　若黨廿七人　従者廿一人

大宮左門　若黨一人　従者二人

與力

梶川清助　従者一人　渡り一人

高橋厚之助　二人合ニ渡り一人

大森富次郎　二人合ニ渡り一人

差添　大谷丹下　若黨八人　従者八人

奥山七郎太夫　同　同

佐藤専助同
吉江庄兵衛同
伊庭藤次郎従者一人渡り一人
淺見他五郎同
纒一本荒子三人
御目付
中根新左衛門若黨一人従者一人御用物持二人
組二十人渡り四人
御徒目付
田中理右衛門
御醫師
有賀義軒従者二人
高桑道準同

磯松儀兵衛同
田中新太郎同
湯淺權六同
丹羽貢同
差添
皆川小太郎渡り二人
高木文平二人合二渡り壹人
片山泰藏渡り二人
大島友順同

高井見龍　同

上田左傳　同

別手小荷駄

御旗一本　荒子三人

彈藥方

栗田八十郎　渡り二人

古石彈右衛門　同

御武具方下代一人

御勘定吟味役

古市八郎右衛門　渡り二人

御臺所目付

堀江七太夫　渡り二人

小算二人　二人合渡り二人

宮永典常　同

中村惣左衛門　同

多田九平太　同

御武具方手傳一人　二人合渡り一人

下代四人　四人合渡り一人

組　五人渡り一人
御作事方改役
仙石喜左衛門渡り二人
中判役一人
組　四人渡り一人
大工七人
御家中幕持人夫十三人
〆
御旗本御馬廻り
御旗一本御旗之者三人
御旗奉行
鈴木平馬従者三人
組　十人渡り二人

下代一人二人合渡り一人
御手木二人
車力三十五人

御水主頭
圓乘彥藏 従者三人
組二十人 渡り二人
榊原幸八 従者三人
組二十人 渡り四人
御持物頭
葛卷庄兵衛 若黨一人 従者三人
組二十一人 渡り四人
相澤八郎右衛門 若黨一人 従者三人
組二十一人 渡り四人
御側物頭
皆川平右衛門 若黨一人 従者三人
組二十一人 渡り四人

差添 高江又五郎 渡り二人
岡部岩次郎 渡り二人
差添 林松藏 渡り二人
差添 河合豐次郎 渡り二人
差添 鱸金吾 渡り二人

千本藤左衛門 若黨一人 從者三人
組二十一人 渡り四人
堀權之助 若黨一人 從者三人
組二十一人 渡り四人
川瀨次郎右衛門 若黨一人 從者三人
組二十一人 渡り四人

御目付
高田孫左衛門 若黨一人 從者三人 御用物特一人
組二十一人 渡り四人
淺井權十郎 若黨一人 從者三人 御用物持一人
組二十一人 渡り四人

新番頭
渡邊早太 若黨一人 從者三人 渡り一人

差添
堀敬藏 渡り二人
差添
大關彌三郎 渡り二人
差添
明石雄次郎 渡り二人
差添
西尾百助 渡り二人
差添
八木八十八 渡り二人

美濃部八十次郎 若黨一人 從者一人 渡り一人

新番組一番

渡邊藤太夫渡り二人
長谷川濱之丞同
永田儀平同
石川幾次郎同
寛恪三郎同
渡邊甚太夫同
笹木登代太同
關百太郎同
長信三郎同
岩佐十助同
哥合與三郎同
能勢秀之助同

勝田常之助同
瀬尾規代太同
慶増亮助同
菅沼次郎四郎同
徳山二太夫同
才川篤右衛門同
齊藤鉄四郎同
若森彦作同
青山久太郎同
佐伯彦之進同
岩屋槌之助同
堀江七郎同

大島眞助同
勝田省之助同
高島登巳八同

御徒頭
萩野左十郎若黨一人 従者三人 渡り一人

御徒組
野坂万次郎
坪川武作
堀江長左衛門
栗本寛七
中村彌太郎
徳山岩太郎
堀　啓次郎

渡邊庸之助同
竹島介藏同
南部孝三郎同

永井左右兵衛
吉田喜右衛門
岩佐彌五太夫
矢村甚助
天谷仙右衛門
矢野小助
兒玉熊吉

南部達右衛門　　村山忠次郎
菱川八百太郎　　齋藤雄吉
林　佐太郎　　矢野逸平
中山文八　　千田眞吉
眞木他之助　　松村周之介
和田丈藏　　池村源三郎
永井宗作　二人合ニ渡リ一人ツヽ

御書院番頭

宇都宮勘ヶ由　若黨三人 從者五人　　副　菅沼重記　若黨四人 從者六人

御書院番組一番

菅沼平兵衛　從者三人　　奈良太郎右衛門　同
加賀九郎次郎　從者三人　　秋田三五左衛門　同
中村仲　同　　奈良元作　同

藤田新左衞門同
澤木又八郎同
坂上彥八郎同
田口五太夫同
松尾新太郎同
大谷武右衞門同
大久保源五郎同
田邊良八同
藤田政次郎同
柄田駒之助同
坂上捨作同
羽中田粂太郎同
大橋小藤太同

加藤與五左衞門同
柄田權之丞同
松田鉄之助同
羽中田鉄五郎同
林五右衞門同
中村金兵衞同
菅沼鉄五郎同
原田鉄彌太同
澤木淺之助同
內田常太郎同
山田彥三同
林健吉同
坂野富太郎同

秋田吾三久　同
藤田乙助　同
中村十次郎　同
內田工馬藏　同
安藤彥八　同

御書院番頭

大宮藤馬　若黨二人　從者四人

御書院番組二番

橫井五百里　從者三人
大井田喜內　同
吉田喜左衞門　同
淺見甚內　同
跡部又八　同

原田拾六　同
野坂恒一　同
生駒孫次郎　同
永井熊之助　同

副

澁谷彌稅　若黨二人　從者四人

河津善太夫　同
井原立二　同
稻生二太夫　同
田邊讓右衞門　同
井上剛介　同

雪吹彌太郎同
辻五郎左衛門同
東鄕左一郎同
淺見又七同
石川定之助同
川崎鉄彌同
跡部俊助同
國枝啓藏同
櫻井捨吉同

大馬印一本小道具之者三人

大馬印奉行

雨森宇右衛門從者二人

小馬印一本小道具之者三人

山上清藏同
岸田藤右衛門同
國枝東市同
飯島源橋同
前田忠作同
芦田金五郎同
井上剛太郎同
原田末三郎同
井戸源九郎同

小馬印奉行
山形熊之助 従者二人
御纏一本
御纏奉行
柳下小十郎 従者二人
市橋環藏 同
御使番
本多門左衛門 若黨一人 従者三人
尾高治部之助 同 同
堀平太夫 従者三人
波々伯部彌六 同
青山小三郎 同 同
御書院番格 坂野壯九郎 同

山田多仲 同 同
宮北直 同 同
川村十郎右衛門 同
堤五市郎 従者一人 渡り一人
御書院番格 加藤錬之助 渡り二人

貝二羽 持人一人

御貝役

東　新　十　郎 渡り二人　　安　藤　久　藏 同

太鼓一 持人四人

鏞　一 持人二人

太鼓鏞役

伊　藤　啓　次　郎 渡り二人　　土　屋　徳　太　郎 同

御家老軍事惣奉行

本　多　修　理 若黨九人 従者九人

軍事奉行

岡　部　豊　佐 若黨八人 従者九人

芦　田　信　濃 若黨廿二人 従者十九人

御側御用人

酒井十之丞 若黨三人 從者五人

御用人

齋藤民部 若黨一人 從者三人

出張セス 飯田主税 若黨一人 從者三人

松平源太郎 若黨二人 從者四人

永見隼人 若黨一人 從者三人

御側向頭取

萩原金兵衛 若黨一人 從者三人

御別當

町田左工馬 從者二人 渡り一人

御小姓

頭取 武田三十郎 從者二人

同 比企他五郎 同

毛受鹿之介 若黨二人 從者四人

出張セス 恒岡右仲太 若黨二人 從者四人

皆川宮內 若黨四人 從者六人

仙石出石 若黨一人 從者二人

井上小右衛門 同同

同 高村長作 同

同 高村荒次郎

渡邊蓬太郎 従者二人
有賀小三郎 同
小林勘之助 同
澤木祿平 同
御近習番
頭取 猪子平右衞門 従者二人
林忠太夫 同
加藤清十郎 同
國枝太兵衞 同
小栗治右衞門 同
梶川澤之丞 同
周防謙介 同
原五郎八郎 同

鈴木拾五郎 同
加藤常之助 同
横川亥之助 同

同 伊東六郎兵衞 同
吉田五左衞門 同
横田兵藏 同
平岡十三郎 同
小關犀次郎 同
渡邊元之助 同
東鄉新八 同
澁谷定次郎 同

生駒彦太郎同　小宮山傳同
井戸惣三郎同　小島逸八同
久世外土同　櫻井鐵五郎同
小寺官之丞同

表御小姓
生田小右衛門従者二人　神戸六左衛門同
中村拾八同　川村半左衛門同
岩城貫之助従者二人　薗田豊之助同

御右筆
内藤彦左衛門従者二人

御馬方
長谷川兵馬従者二人　野路彦之助同

御内御右筆

長崎藤四郎 従者二人

加藤佐太郎 同

御徒目付

大谷藤九郎 渡り二人

伴 庄左衛門 同

甲斐半太夫 同

御帳付

山岡権之助

南部理平

尾崎文左衛門

御醫師

加藤道庵 従者二人

益田宗三 同

高木富藏 同

近藤小右衛門 渡り二人

荒井榮藏 同

小林素輔 同

早見治左衛門

松村與五郎

御右筆部屋御坊主三人 以上八人合ニ渡り四人

細井玄養 同

上田万順 同

田代萬貞　同

吉田仙庵　同

妻木敬齋　従者二人

補兵隊長

岡部造酒之助　若黨二人 従者二人

補兵隊

有賀庄助　若黨二人 渡り二人

狛熊勝　同同

岡部八男雄　同同

芦田一馬　同同

水戸猪太郎　渡り二人

宇都宮長十郎　同

酒井健次郎　同

酒井良吉　同

水谷半藏　同

永見鉡哉　同

高田六三郎　同

稲垣半之丞　同

永見又作　同

菅沼豐八郎　同

水谷虎作　同

渥美英之助　同

山本寅三郎同
高田幸太郎同
河合久次郎同
野中篤太郎同
劔持久太郎同
山崎寛藏同
長谷川謙之助同
山形岩之助同
日比定次郎渡り二人
下山確介同
相澤駒吉同
劔持彌三郎同
久野貞次郎同

永見數馬同
海福雪同
堀万吉同
岡島理吉同
武部鑈同
太田壽同
小栗諒之助同
鈴木蕃同
鈴木琢郎同
堀小三郎同
林熊吉同
寺木源藏同
林屯同

本多鉄吉同
小林作助同
生田誠之助同
小野太郎助同
松山喜勢太同
大久保良平同
田邊熊之助同
本多修理附属
林矢五郎渡り二人
上月熊之助同
岡部豊佐附属
下山尙渡り二人
芦田信濃附属

比企外五郎同
横川敬次郎同
伊黒仙之助同
望月又八郎同
野田豁哉同
渥美登七郎同
秋田城太郎同
久野猪兵衞同
簗田八十郎同

加藤源八郎 渡り二人

物見

鰐淵三郎太夫 従者二人

徳山五太夫 渡り二人

野村勝五郎 同

應接方

堤五市郎

奈良元作

近藤篤太郎

林矢五郎

加藤錬之介

航海術

石川欽哉

野坂源三郎 同

岸猪之助 同

安西關六 同

皆崎權十郎 同

青山小三郎

坂野壯九郎

秋田城太郎

井原立二

石川定之助

鈴木郁郎
渡邊鳳介
長谷部卓爾
野村猪平

小荷駄手

御旗一本持人三人

假御旗奉行

太田三郎兵衛 若黨一人 從者二人

小荷駄奉行

山縣克之助 若黨十六人 從者十四人

差添 西尾久作 若黨一人 從者三人

御奉行

大井彌十郎 若黨一人 從者三人

佐々木榮
海福雪
武田庫次郎
江守佐太郎

差添 芦田源十郎 若黨二人 從者三人

組十人渡り二人

御納戸役

芦田十左衞門渡り二人　高田敏吉同

御旗本御武具奉行

內田唯作渡り二人

御持御武具奉行彈藥方兼

佐野內半右衞門渡り二人　山田博之助同

御勘定吟味役

本多武太夫渡り二人

御金奉行

加藤武右衞門渡り二人

御臺所奉行

來栖半右衞門渡り二人

荒子頭
德山三左衞門渡り二人
御勝手役
南部彥助渡り二人
雜用役
黑木藤兵衞渡り二人
御腰物方
富田長平渡り二人
御料理方
水島十太夫渡り二人
御小道具方奥御納戶方兼
山口清太夫渡り二人
小算五人渡り壹人

高島三九郞同

御奉行下代二人渡り一人

御武具方下代二人
御納戸方下代一人
御臺所方下代一人
御茶方御坊主二人
不寐御坊主二人
御膳所定夫六人
御腰物小遣一人

御醫師
舟岡周伯 従者二人
細井玄篤 同
吉田有齋 渡り二人

造營方
御籏一本 荒子三人

御武具方小傳之者二人 四人合ニ渡り一人
御金方下代一人
雜用方下代一人 以上四人合ニ渡り一人
奥御坊主二人
御時計役御坊主二人 以上八人合ニ渡り二人
奥小遣四人

針谷雲澤
大岩本立 同
狩野玄照 同

造營奉行

本多源四郎 若黨六人 從者八人　　雨森右膳 若黨二人 從者四人

御作事奉行

高江善四郎 若黨一人 從者二人

小普請方

戶田彌太郎 渡り二人

中判役一人 渡り一人

小普請方下代一人 渡り一人　　御手木二人 渡り一人

組九人 渡り二人　　大工七人

車力五十八人

御醫師

村上三貞 渡り二人　　魚住順方 同

井上杏庵 同　　石田一雲 同

奥田算岐　同

大砲隊

御旗一本　荒子二人

大砲隊長

海福瀬左衛門　若黨一人　従者三人

フランス舟人《マヽ》砲一門

山砲車三斤礩一門

大砲物頭

西尾十左衛門　若黨一人　従者三人

大砲方

伴五郎左衛門　渡り二人

矢崎鉉十郎　同

差添　西尾傳兵衛　従者二人

瀧勘藏　同

長谷川善八郎　同

河村岩太郎 同
杉山館次郎 同
加藤岩之丞 同
大砲組二十一人 内 磧手十人 渡り四人
山砲車三斤熕一門
同　一門
大砲物頭
長谷川八十郎 若黨一人 従者三人
大砲方
吉田源八郎 渡り二人
宇貝孫八 同
秋田又左衛門 同

國枝槌太郎 同
雨森儀清次 同
仙石保吉 同
差添 武田政十郎 従者二人
西脇坤太郎 同
三上孫三郎 同
宇都宮勝太郎 同

大久保源五郎同
粕谷三男三郎同
大砲組二十一人内礩手十人渡り四人
ライフル臺三斤礩一門
山砲車三斤熕一門
大砲物頭
杉浦幸右衛門若黨一人従者三人
大砲方
牧野彦三郎渡り二人
大井田傳吾同
權田祐市同
佐々木衛士同
大砲組二十一人内熕手十人渡り四人

中田熊三郎同
差添
服部静左衛門従者二人
伊藤新八郎同
大谷敬治同
津田將太郎同
大館清藏同

山砲車三斤熕一門
長十五寸人《マヽ》砲一門
大砲物頭
堀　武左衛門若黨一人 従者三人
大砲方
村田理右衛門渡り二人
坂井重太郎同
今立乙八同
織田繁藏同
大町金五郎同
大砲組二十一人内 碩手十人 渡り四人
余備
山砲車三斤熕四門弾薬持共 人夫百六十人

差添
今立権之丞従者二人
堀　他馬吉同
八田四郎同
小木拾九郎同

大炮方見計
津田榮五郎従者二人
堀源之進同
御醫師
田代道玄渡り二人
山本宗隆同
吉田良輔同
別手小荷駄
御勘定吟味役
勝山等一郎渡り二人
御臺所目付
佐々木常右衛門渡り二人
小算二人

野村重太夫同
橋本琢磨同
森玄俊同
下代一人三人合ニ渡り一人

立合組二人渡り一人

御作事吟味役

蓮川治兵衛渡り二人

下代一人渡り一人

組四人渡り一人

御手木格一人

御手木一人

車力二十八人

下ノ関口討手諸藩旗章

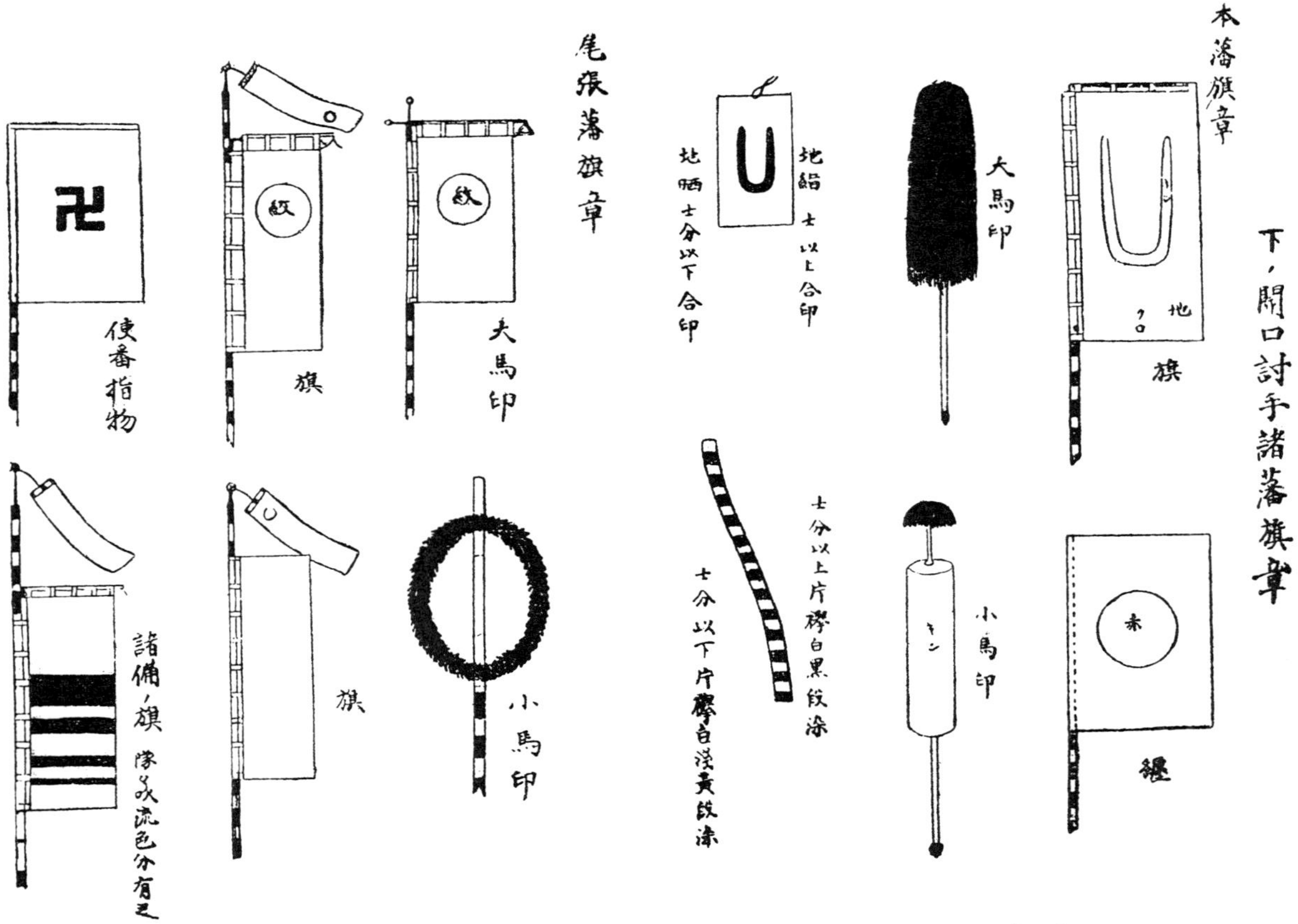
本藩旗章
地
旗
大馬印
小馬印
纏
赤
地縮 士以上合印
地晒 士分以下合印
士分以上片擧白黒段染
士分以下片擧白浅黄段染
尾張藩旗章
使番指物
旗
紋
大馬印
小馬印
諸備ノ旗 隊々吹流色分有之

細川越中守旗章　肥後藩

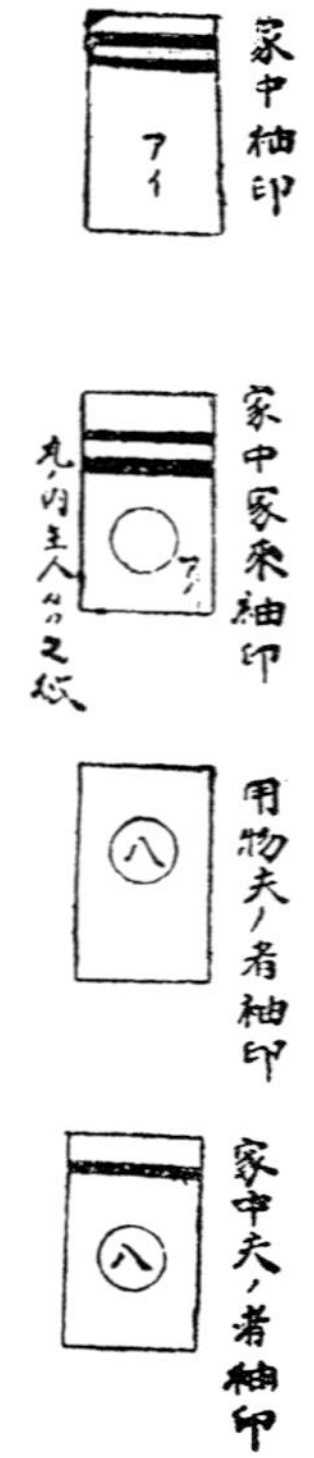

家中袖印
アイ
家中家来袖印
丸ノ内主人ノ之紋
用物夫ノ者袖印
家中夫ノ者袖印

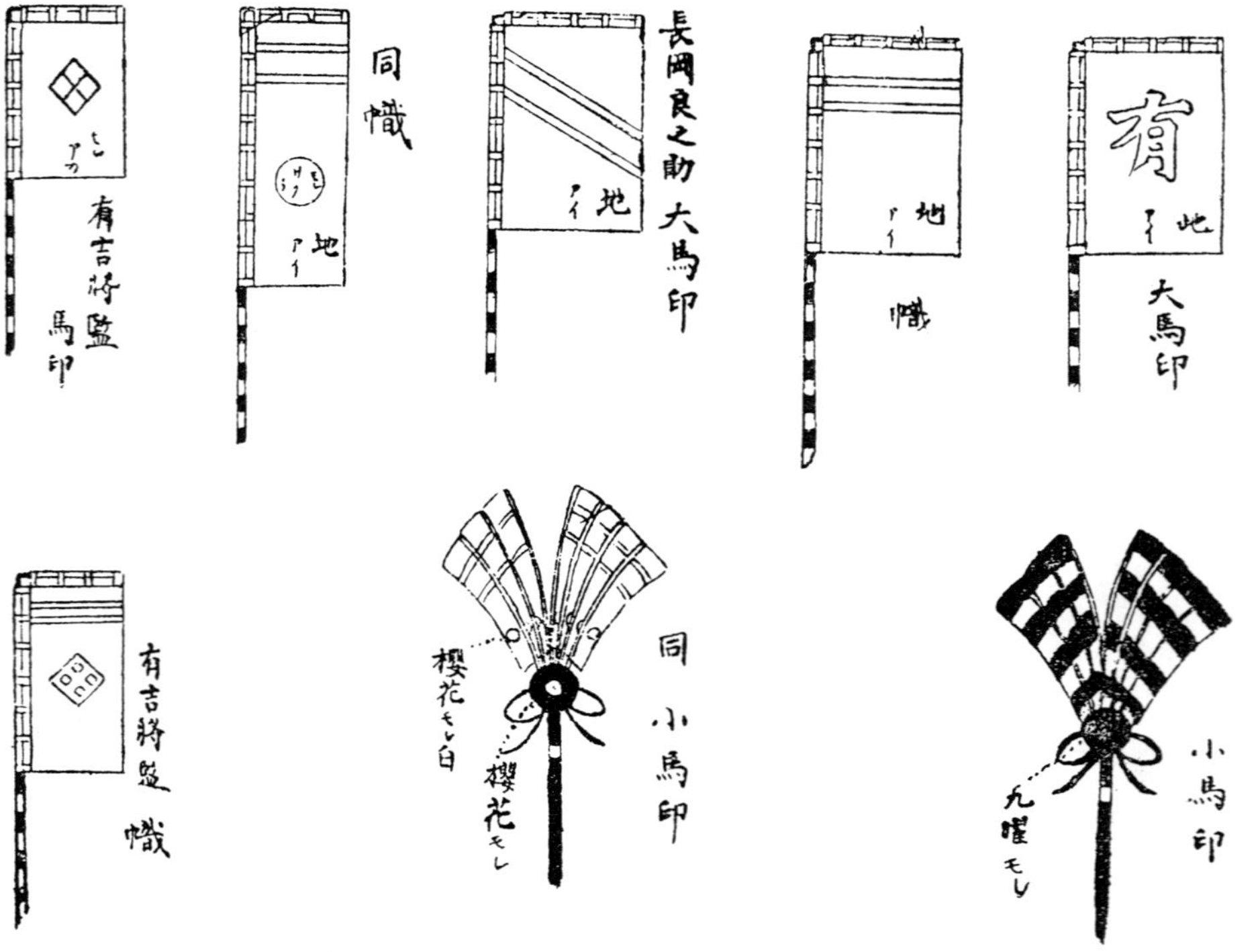

有
地
アイ
大馬印
地
アイ
幟
小馬印
九曜
モレ
長岡良之助大馬印
地
アイ
同
幟
地
アイ
同
小馬印
櫻花モレ白
櫻花モレ
有吉将監
馬印
アカ
有吉将監
幟

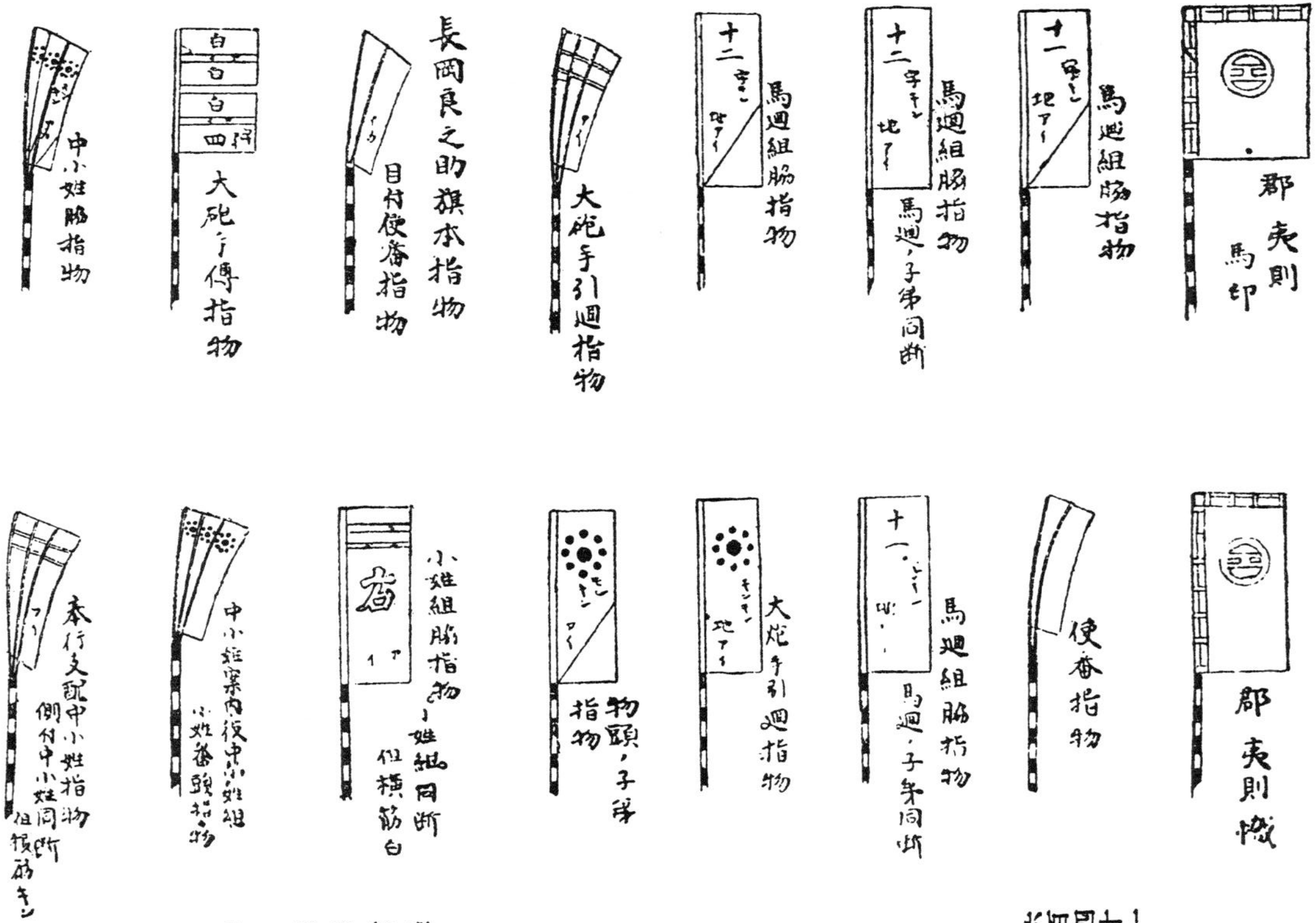
郡 夷則 馬印
馬廻組脇指物
馬廻組脇指物
馬廻ノ子弟同断
馬廻組脇指物
大砲手引廻指物
長岡良之助旗本指物
目付使番指物
大砲ノ傳指物
中小姓脇指物
郡 夷則幟
使番指物
馬廻組脇指物
馬廻ノ子弟同断
大砲手引廻指物
物頭ノ子弟指物
小姓組脇指物
但横筋白
中小姓案内役中小姓組
小姓番頭指物
奉行支配中小姓指物
側付中小姓同断

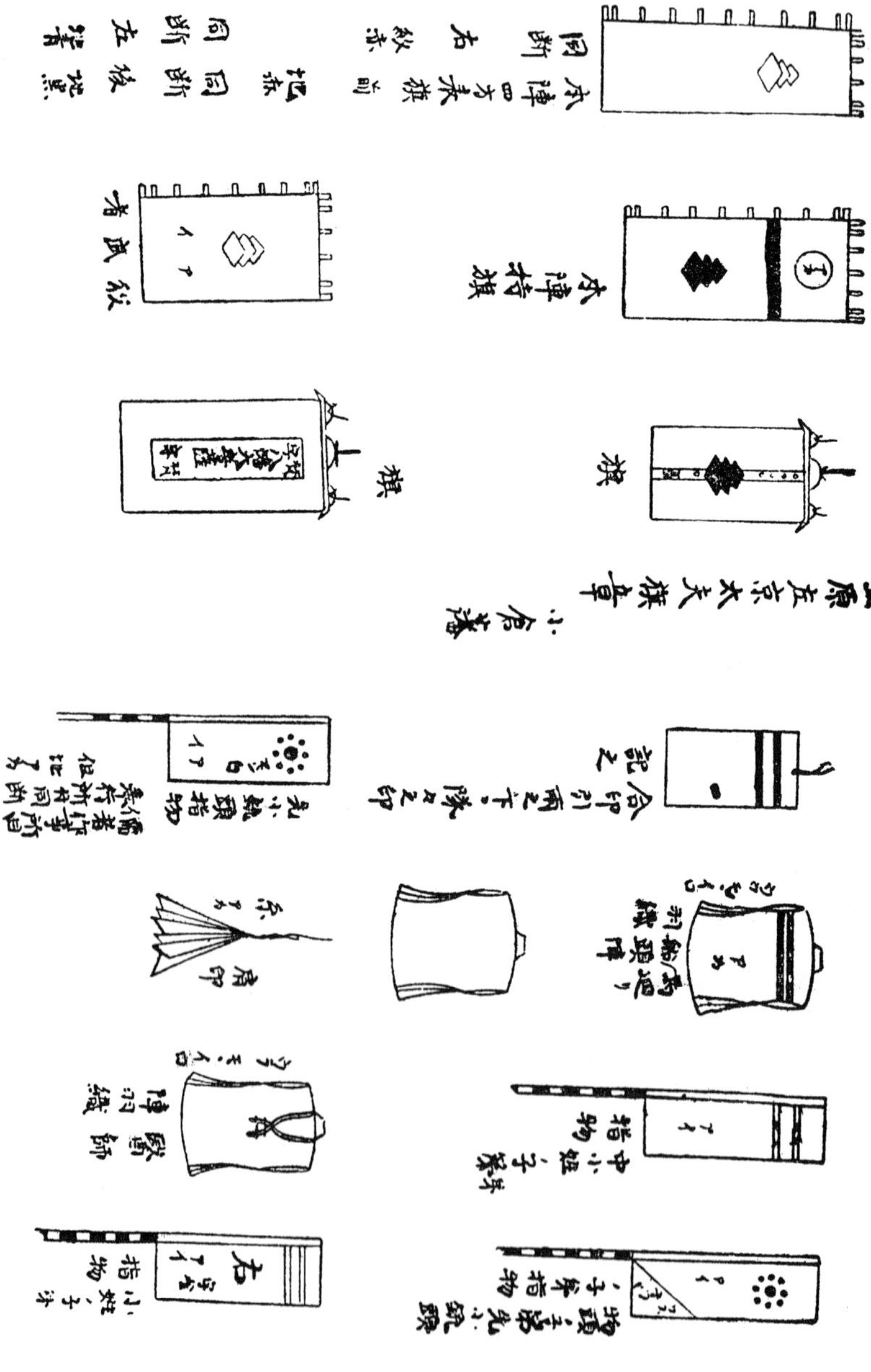

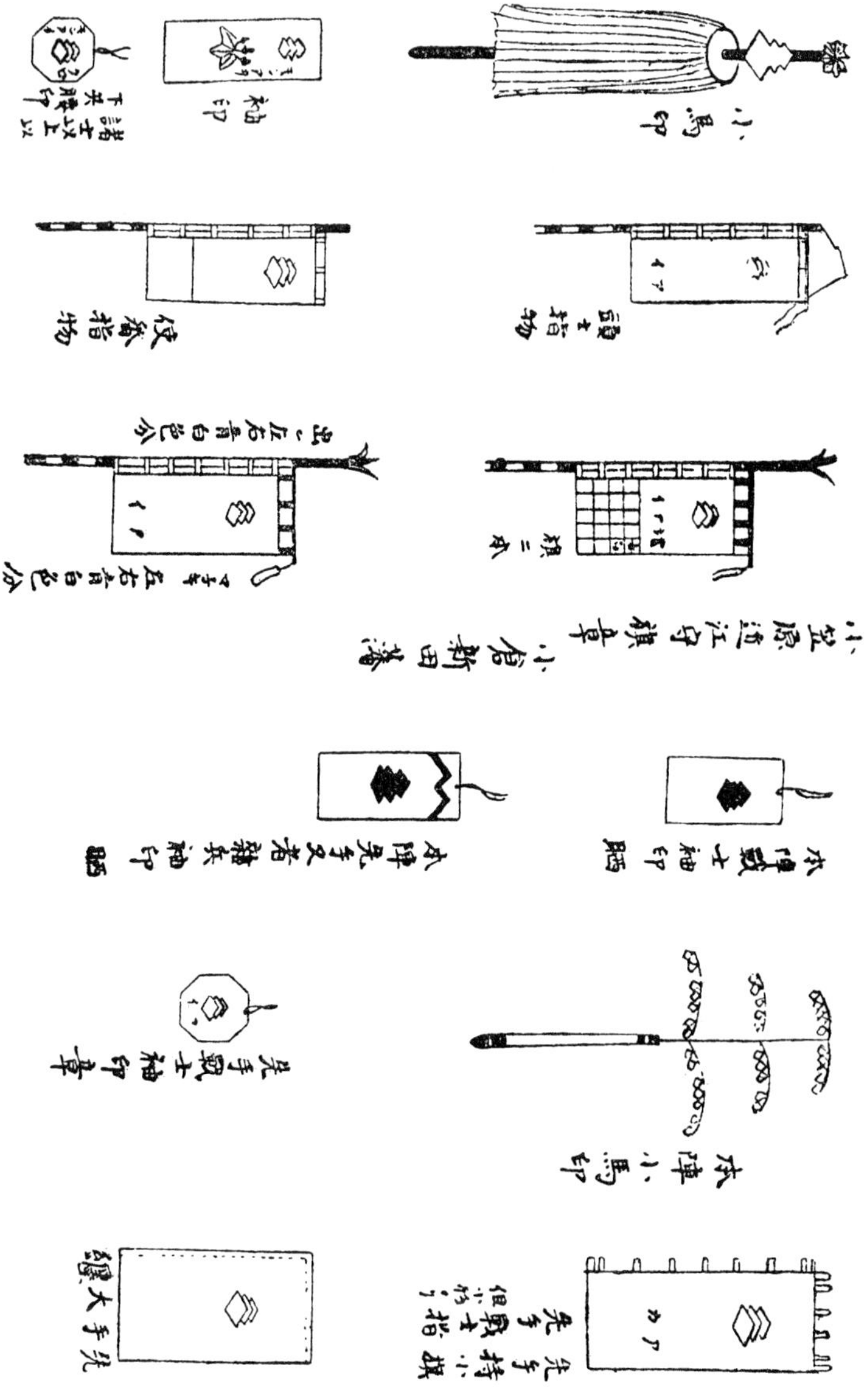
小馬印
袖印
頭士指物
使番指物
小笠原近江守旗章
小倉新田藩
左右青白色分
本陣貮士袖印
本陣先手又者雜兵袖印
本陣小馬印
先手貮士袖印章
先手持小旗
先手貮士指物
先手大纏

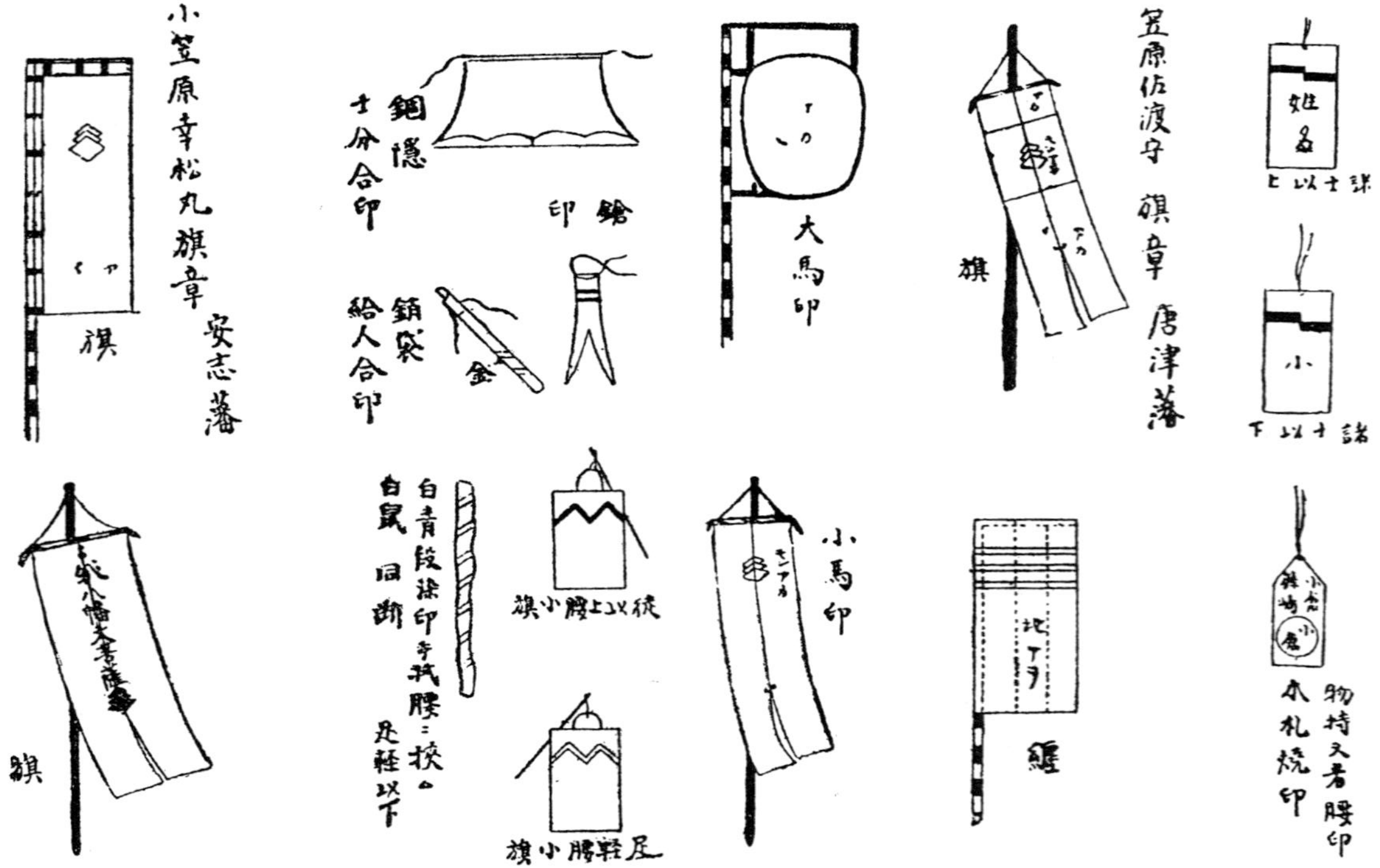
小笠原幸松丸旗章　安志藩
旗
旗
銅隠
士分合印
鉾印
鎗袋
給人合印
金
白青段染印手拭腰ニ挟ム
白鼠　同断
足軽以下
徒以上小腰旗
足軽小腰旗
大馬印
小馬印
笠原佐渡守　旗章　唐津藩
旗
纏
姓名
士以上
小
諸士以下
物持又者腰印
木札焼印

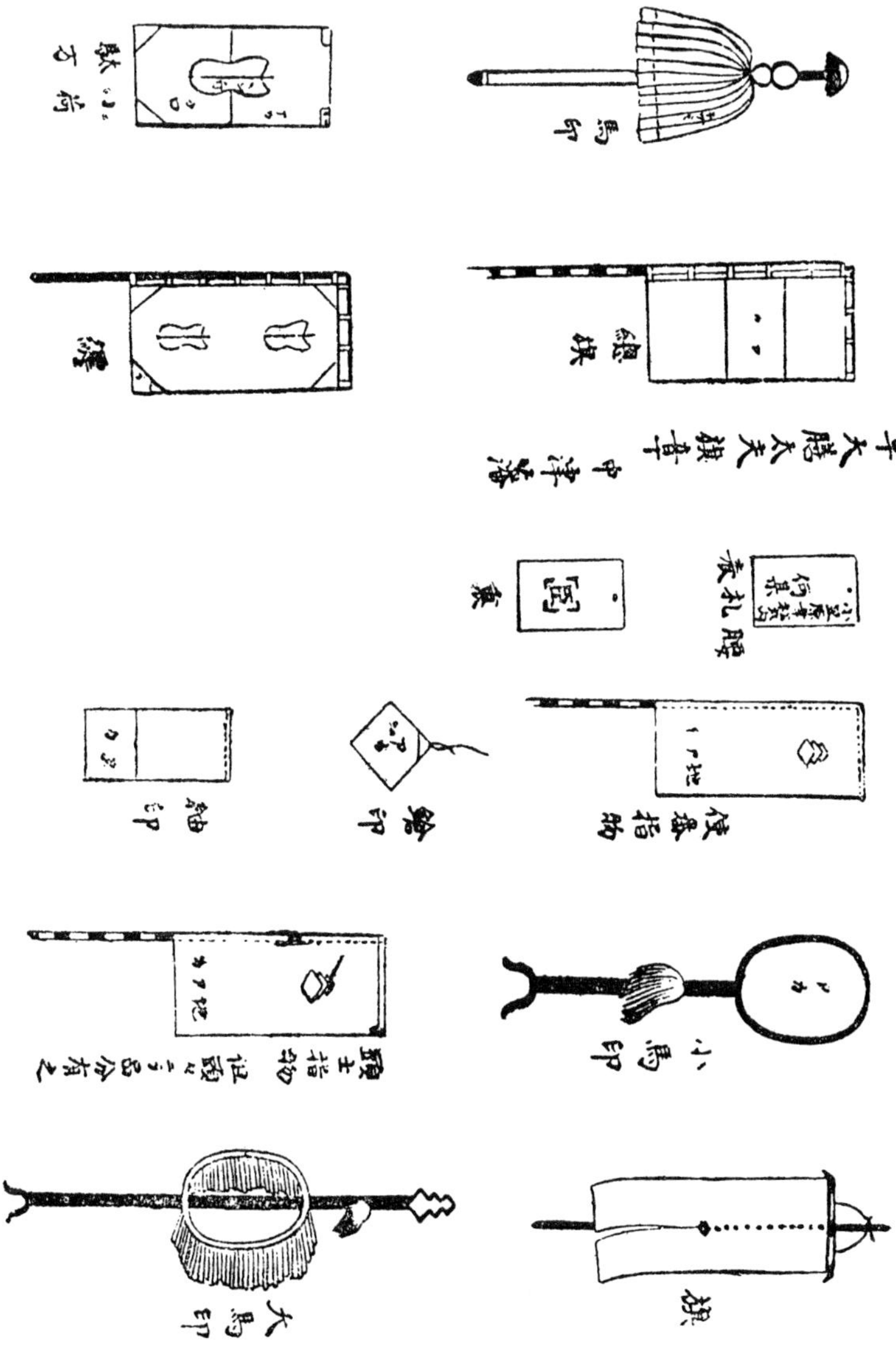
旗
大馬印
小馬印
頭士指物
但頭々ニテ品分有之
使番指物
鎗印
袖印
腰札
表
裏
奥平大膳太夫旗章
中津藩
總旗
纏
馬印
小荷駄方

松平美濃守旗章 筑前落

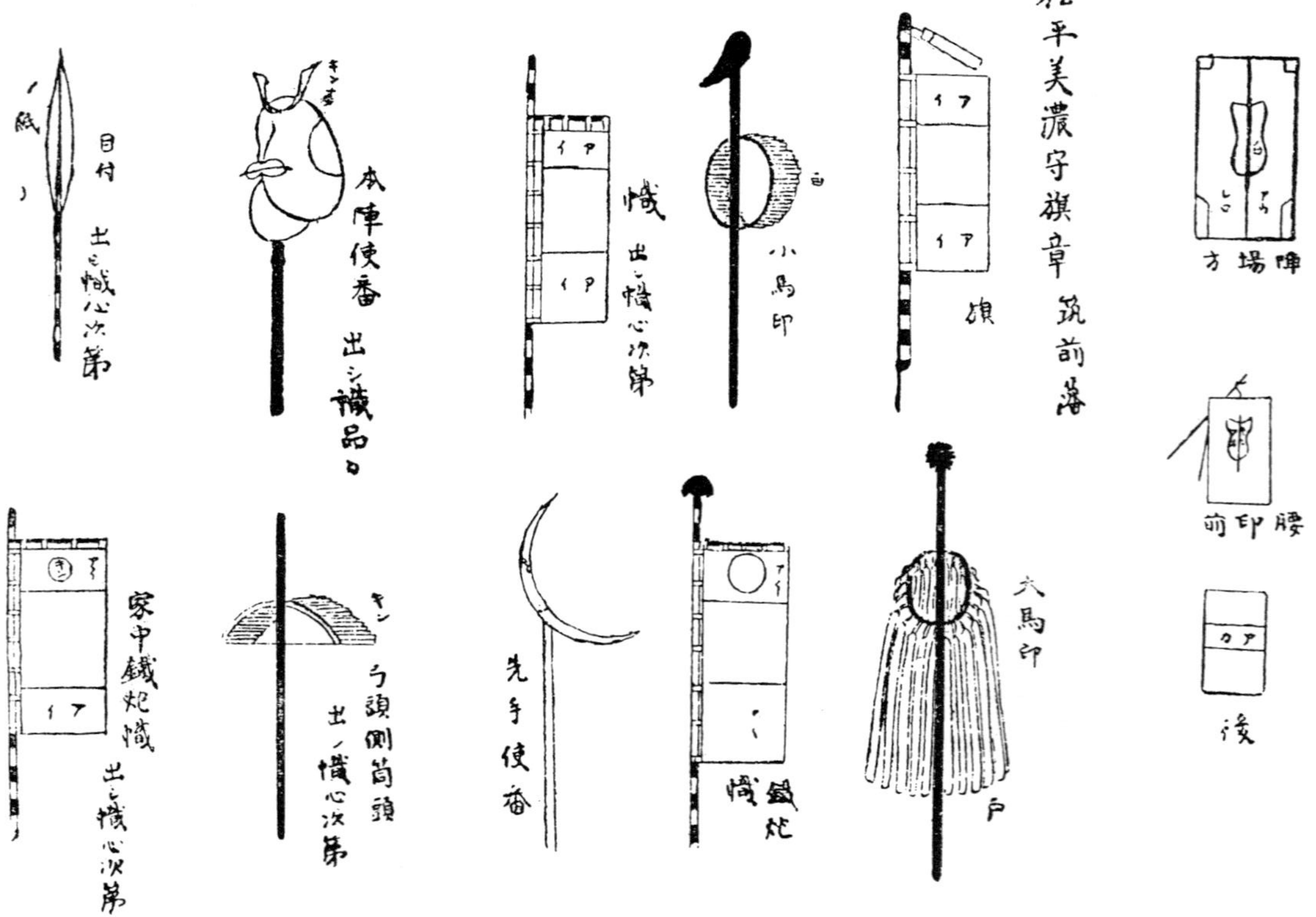
陣場方
腰印前
後
旗
大馬印
戸
小馬印
白
鐵炮幟
幟
出シ幟心次第
先手使番
弓頭側筒頭
出ノ幟心次第
キン
本陣使番
出シ幟品ロ
家中鐵炮幟
出シ幟心次第
日付
出シ幟心次第
紙

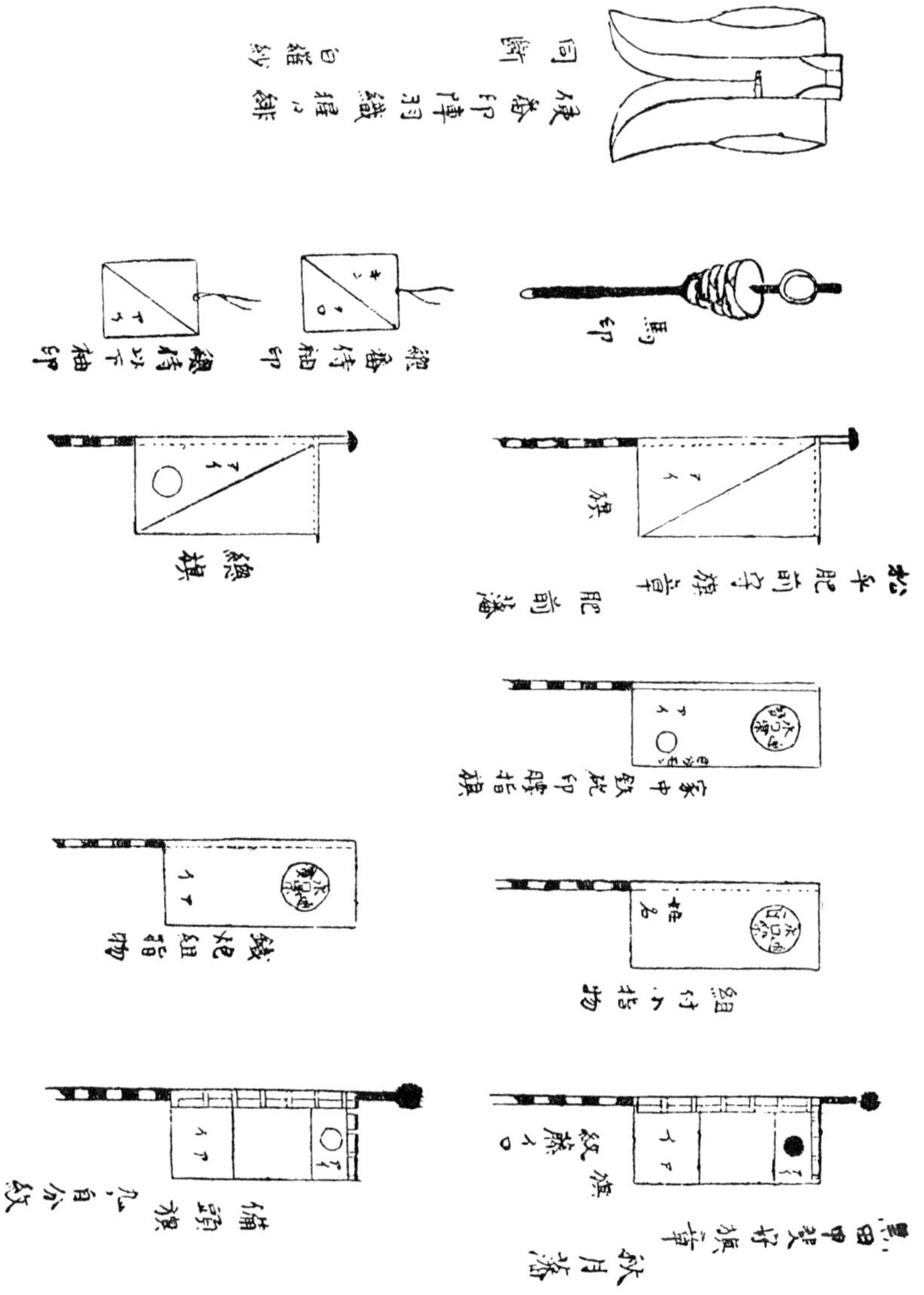
黒田甲斐守旗章
秋月藩
旗
紋藤イロ
備頭旗
但自分紋
組付ノ指物
鉄炮組指物
家中鉄炮印隊指旗
松平肥前守旗章
肥前藩
旗
總旗
馬印
總番侍袖印
總侍以下袖印
使番印陣羽織
裾ハ緋
同断
白羅紗

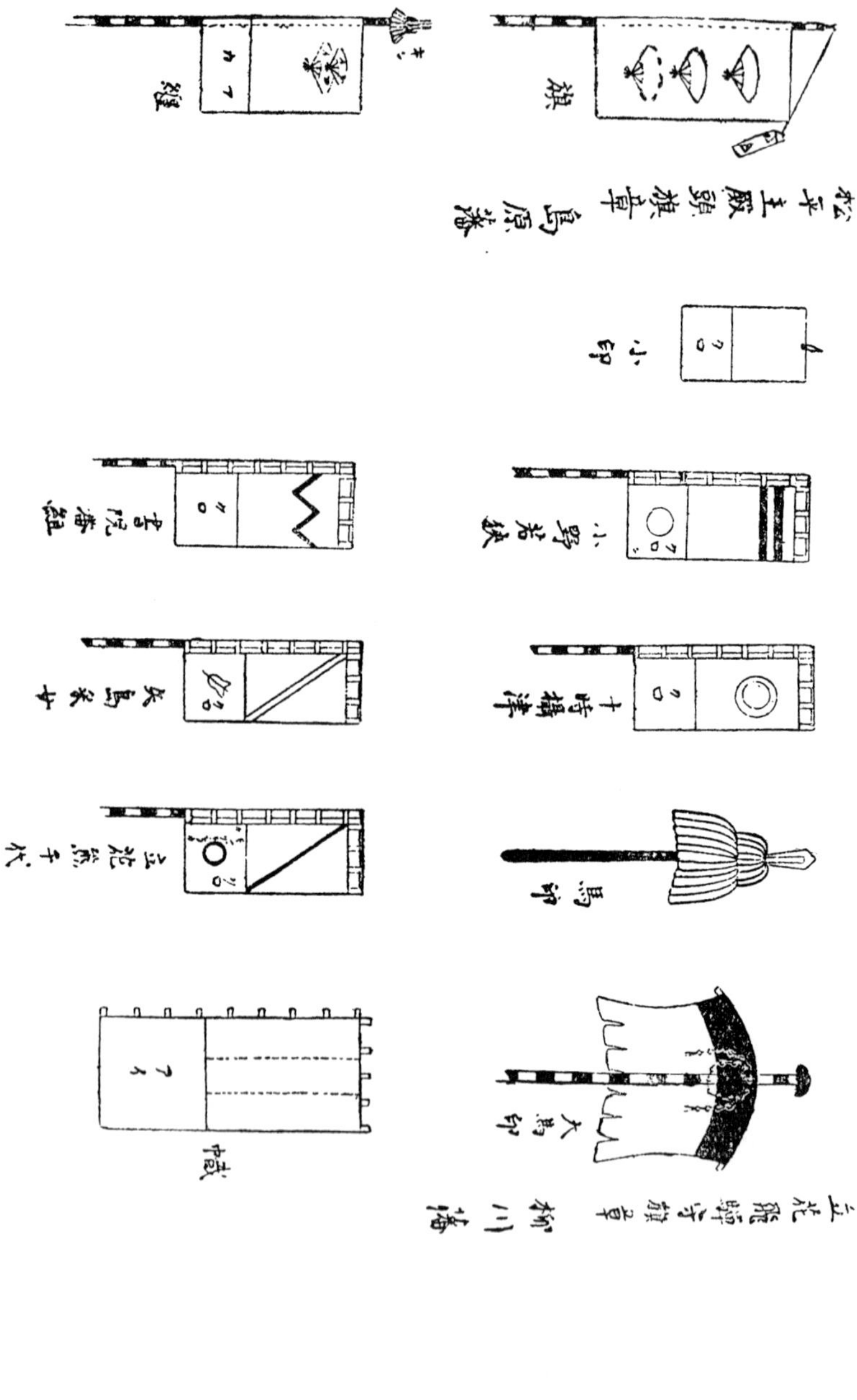
松平主殿頭旗章
島原藩
小印
馬印
立花飛騨守旗章
柳川藩
大馬印
纏

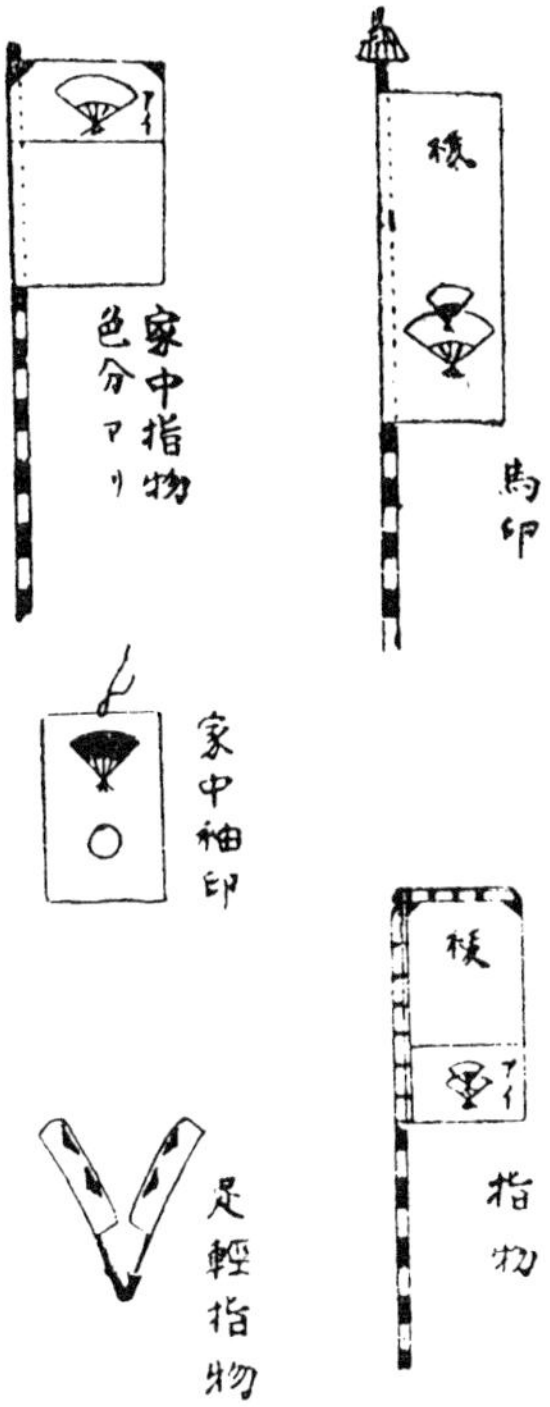

右之外家中隊長之分馬印上ニ一本開扇下ニ銘〻紋印此外一本開扇之小印用之

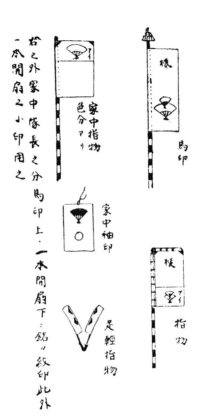

下之關口討手諸藩陣所

小倉客館	越前藩	小倉東町永照寺	肥後藩
豐前金田村	唐津藩	小倉本城	小倉藩
小倉二ノ丸	安志藩	豐前五郎丸村	中津藩
筑前黑崎	筑前藩	筑前木屋之瀬	肥前藩
筑前植木村	柳川藩	豐前苅田	島原藩
小倉屋敷	小倉新田藩	小倉三ノ丸學館	軍目付

下之關口討手諸藩兵卒員數

越前藩

一番手　酒井與三左衛門

二番手　酒井外記

中軍

肥後藩

大砲隊　海福瀬左衛門
一ノ手　沼田勘解由
二ノ手　有吉將監
中軍　長岡良之助
後備　溝口藏人
惣人數壹萬人余

中津藩

一番手　奥平圖書
二番手　山崎直兵衛
中軍
後備　奥平與四郎
惣人數貳千八百拾四人

筑前藩

黒田播磨隊
林　丹後隊
黒田大和隊
浦上信濃隊
矢野相摸隊
大音因幡隊
惣人數壹萬五千余

肥前藩

一手備　鍋島河内
一手備　多久與兵衛
大組頭　鍋島鷹之助
大組頭　鍋島左馬之助

大組頭　鍋島志磨
大組頭　鍋島隼人
惣人數八千八百八拾六人

柳川藩

家老　小野若狹
同　矢島釆女
同　十時攝津
同　立花熊千代
武者奉行　立花但馬
陣場奉行　立花伊賀
總人數四千七百五十余

島原藩

家老　松平勘解由

同　板倉八右衛門
総人數八百四拾三人

小倉藩

先手　島村志津磨
二之見　小笠原織衛
同　澁田見新
中軍　小宮民部　小笠原内匠　原主殿
殿　澁田見舍人
総人數五千貳百五拾人

安志藩

家老　山路太次兵衛
総人數七百十八人

小倉新田藩

家老　喜田村脩藏
総人數三百九拾五人

唐津藩

家老　百東九郎右衛門
同　福田連
同　中澤務
惣人數二千四拾二人

解　題

藤井貞文

一

『幕府征長記録』は、日本史籍協会に於て大正八年二月公刊したもので、『督府征長紀事』六冊及び『征長紀事附録』一冊、『征長出陣記』三冊及び附録一冊から成る。蓋し『幕府征長記録』の書名は、史籍協会が右の二部を併せて一冊と為し、印行するに際して名づけたものである。

即ち『督府征長紀事』は前名古屋藩主徳川慶勝が幕府の山口藩征討軍に惣督として出征し、その処置を終って凱陣した謂ゆる第一次征長役に関する記録を主とし、第二次の役に弟茂徳が従軍を命ぜられた記録である。その第一冊は元治元年七月十八日より九月十六日迄、第二冊は同月十七日より十月十四日迄、第三冊は同月十五日より翌十一月十四日迄、第四冊は同十六日より十一月二十九日迄、第五冊は翌慶応元年正月元日より三月二十六日迄、第六冊は同三月二十九日より閏五月二十六日迄及び茂徳の将軍随行記録である。

右の編纂次第に就ては筆者の詳知する所ではない。兎も角も幕府の山口藩征討は幕府自身の為にも一大危機であり、直接征討軍の指揮に任じた徳川慶勝及び名古屋藩の為にも重大事件であり、又、頗る迷惑な事でもあった。従って同藩の君臣の間には公私に亘る幾多の記録を遺している。明治維新の後、尾張徳川侯爵家に於ては、この第一次征長役に関する朝廷の命令、幕府の達書、同藩の稟請書、或は慶勝並に同藩の行動等をその中より抜萃し、日次に繋けて編輯して一書と成した。謂はゞこの編著は同藩を中心とする第一次征長役の基本的な記録であり、最も詳細、且つ正確である。但し原史料が朝令幕達は兎も角として名古屋藩の史料にしても多くは公的のものが多いので、藩の内部事情、就中、慶勝自身の言動を内部から説明し得る史料は比較的に少ない。

例えば幕府は山口藩征討を発令するに当って、八月五日に和歌山藩主徳川茂承を惣督に命じ、二日後の七日には茂承を罷めて慶勝を惣督に命じた。それには相当の理由があると思われるが、一切不明である。かくの如きは全く公的な性質を持つ史料に拠った為であろう。

『征長出陣記』三冊受び附録の一冊は、福井藩主松平茂昭が幕命に依て第一次の山口藩征討軍の副将となり、小倉に出陣して九州方面の征討軍を指揮した前後の記録である。即ち第一冊は元治元年八月四日に茂昭が幕府より征長副将を命ぜられた事に始まり、十月二十九日に至る。第二冊は同十一月二日に起きて十二月二十九日に終る。第三冊は翌慶応元年正月元日より四月二十二日に至って擱る。附録には従軍の陣容及び下関方面軍各藩の兵数・旗章等を収めた。

編纂の次第は、略〻前記の『督府征長紀事』に類し、後年に及んで福井松平侯爵家の家譜・家乗並に従軍した家臣の記録に拠って按排し、日次を逐うて編輯し、記録立てたものである。同家には別に『昨夢紀事』・『再夢紀事』・『続再夢紀事』等、福井藩を中心とした維新史の好著を有するが、この書物も全くこれ等に匹敵する価値を有する。就中、各条項には史料の出典を注記している点は『昨夢紀事』以下の諸書と同様に頗る良心的と称すべきであろう。例えばその使用した記録として『家譜』、『唐桑秘筺』、『征長一件記』、『枢密備忘』、『波日記』、『波記録』、『摠列制札』、『武田日記』、『甲子漫録』、『征長略記』、『有賀日記』、『来翰録』、『堤日記』、『村野日記』、『小倉御滞陣日記』、『早川談話』、『栄井筆叢』等の書名が見える。従て自らこの書物の史料的価値も判ぜられるであろう。次項以下に、本書内容の時勢の推移を概述し、閲読の便に具う。

二

文久三年八月十八日の早暁に起った謂ゆる攘夷政変に依て、山口藩を中心とする尊攘勢力は京都の政局から退いた。併しその勢力はその儘に終止する筈のものでなかった。翌元治元年七月に京都の回復を目指して出兵したが、再び敗れて同月二十三日には山口藩追討の朝命が発せられたのである。

予ねて幕府は近年頓に幕威が衰え、諸藩の統制力の低下を嘆いて居た折柄とて、この朝命を奇貨措くべしと為し、尊攘派の頭目たる山口藩を断乎として討伐し、反幕勢力を一掃せんと企てたのである。即日、幕府はこの追討の朝命を和歌山・高松・彦根・高知・津・姫路等の諸藩に伝えて大坂・兵庫・堺・西宮等を警戒せしめ、鳥取・松江・岡山・宇和島・福岡・鹿児島・熊本等の中国・四国・九州の二十一藩に出兵の準備を命じた。八月五日に幕府は将軍の親征を令し、和歌山藩主徳川茂承を征長惣督と為し、福井藩主松平茂昭をその副将に命じたが、同七日には茂承の惣督を罷めて新に前名古屋藩主徳川慶勝を惣督となし、こゝに幕府の山口藩征討軍の陣容は成った。山口一藩の征討には過ぎた大軍の編成であるが、蓋し幕府は征討の軍容を大いに張る事に依て、戦う前に自ら山口藩をして慴伏せしめんと図ったと観られて居る。併しこの策は果して如何に。越て同十三日に幕府は征討軍の部署・方略を令し、陸路は安芸・石見の両方面より、海路は徳山・下関・萩の五方面より防長二州に進撃せしめ、惣督は諸軍を督励して同月中に出征する事を命じ、更に出師の諸藩を三十余藩に増加した。事を急ぐ所にも幕府が運命を賭けた戦略が観られる。

征長惣督徳川慶勝は菲才その任に堪えず、将軍の帷幄に参じて犬馬の労に服せんと言い、将軍の進発を促して容易に命に服しなかった。併し上京すべき朝命を拝したので、翌九月二十一日に漸く上京し、周囲の情勢並に諸方面の勧説に依て遂に征長惣督の命を受ける事となった。慶勝は再び幕府に上書して、征長惣督の重責に鑑み、その全権の附与を求め、且つその方略や進退は臨機の処断に出づる許可を請い、幕府はこれを許して山口藩征討の万事を委任し、軍中に於ける臨機の専断を認めた。かくて翌十月三日先づ京都に於て副将・老中以下を会して軍議を行い、十二日には副将松平茂昭と共に参内して出征の御暇乞いを奏し、天顔を拝し、天盃並に御劒を賜り、従軍の諸藩を指揮して人心一途に帰する様に尽力すべき御沙汰を戴いた。これに於て彼の征長惣督は朝廷任命の形式を執った事になる。

尋で慶勝は大坂に下って同二十二日に大坂城に軍議を開き、朝廷の御沙汰書並に将軍の委任状を従軍の征諸藩に示して指揮権を発動し、翌月十一日迄に諸藩兵は山口藩の封境に進軍し、同十八日を以て総攻撃の期日と定め、麾下の諸兵は続々と西下して山口藩境の四囲に集結したのである。固より将軍家茂が山口藩征討軍の惣帥であり、慶勝は第一線部隊の最高指揮官たる地位に立ち、自らその陣営を山口藩の隣領たる広島に進めて全般作戦の指揮を執る事となったのである。

三

徳川慶勝が征長惣督として広島の陣営に着いたのは、翌十一月十六日の事であり、副将松平茂昭は同月十一日を以て小倉に到着し、九州方面の征討軍の指揮を執る事となった。

然るに山口藩に在っては上京軍の惣帥たる世子毛利元徳が多度津に於て京都の敗報を聞き、三条実美等の五卿と相議って藩地に引上げた。折から十八隻から成る英仏米蘭四ケ国聯合艦隊が下関海峡に来寇して諸砲台を攻撃したので、山口藩は内外の敵を一時に受けて頗る苦境に陥った。支族吉川経幹は形勢かくなっては事変の責任者を処分して恭順する外なしと考え、宗藩主にこれを説いたが、藩内の強硬派はこの説に服せず、遂に武備恭順を唱えて幕府に対抗せんとし、藩内は頗る騒然となった。

時に征長惣督の陣中に鹿児島藩士西郷隆盛が居た。彼は斯かる山口藩の内訌を利する策を立て、惣督の信頼を得て岩国に来たり、吉川経幹に責任者を斬ってその首級を軍門に致し、恭順の意を表すべしと説いた。是に於て山口藩は責任者として福原越後・益田右衛門介・国司信濃の三家老を斬り、その首級を惣督の軍門に致し、謝罪の意を表して一時の苦難を乗り切ろうと企てた。

かくて十一月十一日に三家老に自匁を命じ、同十四日にその首級を広島に致し、惣督の名代成瀬正肥・大目付永井尚志等の実検に供して恭順の意を表した。これを受取るや、正肥は直に惣督の名に依て出征の諸藩に対して攻撃の延期を令達した。越て同十六日に山口藩の支族吉川経幹は広島に赴き、国泰寺に於て成瀬正肥・永井尚志等に面して禁門の変に藩主毛利敬親父子の関係なき事を弁じ、寛典に処せられん事を歎願した。永井尚志は経幹に対して数ケ条の詰問を行ったが、経幹は逐一これに弁明して彼等に何等の疑いをも貽さしめなかった。時人の俗謡に、「六万石でも岩国様は　神か鬼か　扇子一つで槍の中」云々と謡った。経幹の封領は岩国六万石余である。彼は山口藩を、代表して堂々と征長総督の陣営に乗込んだ。幕府の使者との応接には帯刀を許されない。国泰寺の玄関より会見の場に至る間の両則に幕兵が槍襖を立てゝいる中を一本の扇子を構えて進んだ、その勇気と態度とを称えたのである。若し三家老の首級が偽似物だと判断されると、その槍は忽ち経幹の胴腹に突き刺さるのである。広島に於ける交渉の次第は既刊の『吉川経幹周旋記』に詳しい。

越て同十八日には惣督徳川慶勝・老中稲葉正邦が三家老の首級を実検し、更に藩主父子の自筆伏罪書及び三条実美等五卿の他藩移転、山口城の破却を命じた。翌十二月十九日に慶勝は家老石河光晃等を山口藩に派遣して藩内恭順の実状を見分せしめ、軍門謝罪の形式を終った。或は伝う。山口藩では惣門の土塀の屋根瓦を二三枚めくって城を破却したと称したと。兎も角も慶勝は山口藩の伏罪を認め、征討の任務を終ったとして翌慶応元年正月四日に広島の陣営を撤し、凱旋の途に上ったのである。

然るに諸侯や幕府の内部には、或は強硬論があって、惣督の処分は寛大に過ぐと非難し、或は山口藩の伏罪を見て与し易しと為す者があった。幕府は更に強硬な態度を執る事となり、惣督に対して毛利敬親父子及び五卿の江戸護送を命じた。併し惣督は既に撤兵後の事であり、且つ全権を委任せられた処置であるので、この幕命を聞かず、更に入京せずして直接江戸に出るべき事を命ぜられたが、惣督は朝廷の召命黙し難しとて、同月二十四日に入京した。副将松平茂昭も同二十二日に上京した。而して防長二州の四境に進んだ征討諸藩は孰れも相前後して藩地に引上げた。翌二月二十七日に慶勝・茂昭は参内し、天顔を拝し、天盃を賜り、慶勝は山口藩鎮定の状を覆奏し、御嘉賞を賜ってこゝに幕府の第一次征長役は終ったのである。

第一次征長の役は、全く惣督徳川慶勝の方寸に依て終結したのであるが、江戸の幕閣は上国の事情に通ぜず、山口藩の謝罪は幕威の結果なりと過信し、飽く迄も毛利敬親父子及び五卿を江戸に召致せんと企てた。慶勝はその不可を上書し、護送の為の出兵を辞した。併し幕府は聴かず、大目付塚原昌義を遣して決行せしめんとし、且つ毛利敬親父子が江戸召致を拒めば、将軍は直に征討の為に進発する旨を諸藩に令した。併ながら諸藩は容易に動こうとしなかった。

これより先、幕府は屢々将軍上京の朝命を拝したが、遅疑して容易に出発せず、四月五日に至って漸く老中本多忠民に江戸留守居を命じ、同十三日には将軍出征の部署を定め、前名古屋藩主徳川茂徳を先鋒惣督と為し、彦根・高田の両侯に先鋒を命じ、上田・田辺・高遠・鳥羽の四侯を左右に備え、和歌山・延岡・松本の三侯に後陣を命じた。同十五日に大老酒井忠績に将軍出征中の江戸留守居を命じて政務を委任し、尋で同十九日には五月十六日を将軍出征の期日と為す旨を布告した。曩に先鋒惣督を命ぜられた徳川茂徳は藩内の疲弊を名としてこれを辞し、和歌山藩主徳川茂承を後任に推挙した。茂承もこれを固辞したが、五月十二日に至って遂に先鋒惣督に就任した。かくて五月十六日に予定の如く将軍家茂は三軍を率いて江戸を発し、山口藩征討の途に上り、征旗を靡かせつゝ東海道を進軍し、名古屋に於て徳川慶勝・茂徳と会し、茂徳に上京を命じ、閏五月二十二日に上京、直に参内して竜顔を拝し、進発の趣旨を奏上した。即ち天盃を賜り、勅語を拝し、同二十五日には大坂城に入って同地を山口藩征討の牙営と為し、全軍の指揮を執る事となった。然るに幕府の征討諸軍は当初より防長の四境に敗れ、翌二年七月二十日には惣帥の将軍家茂が敗報の頻に至る中に於て行営に病みて歿した。かくて幕府の第二次征長は徳川慶勝を始め多数の反対意見を押し切って決行しながら、遂に完全に失敗に帰したのである。

四

福井藩主松平茂昭が征長副将の幕命を受けたのは、元治元年八月四日である。これより先、幕府は山口藩の征討には徳川一門の中より任命して全軍の指揮を執らしめるべきだとし、茂昭の父慶永をこれに擬したが、慶永は不敏にして諸藩を指揮する能力なしとて固辞した。既にして茂昭が副将を命ぜられたので、茂昭は直に藩士一同に対して格別忠勤を励むべき旨を諭示した。同十三日には重臣本多修理を軍事惣奉行と為し、重臣中根雪江を京都に先発せしめたが、同二十八日には自ら藩兵を率いて福井を出発し、九月六日に京都藩邸に到着した。

当時、徳川慶勝の征長惣督の就任が尚ほ決しなかったので、茂昭を始め藩士等は副将が征討軍の全般を指揮するのではないかと頗る憂慮した。併し慶勝が漸く惣督を引受けて上京し、同二十三日には将軍が陣羽織・采配を慶勝に賜うて指揮権を委ねた。翌十月三日に慶勝は副将の茂昭以下を会して軍議を開き、尋で同九日には茂昭に九州出張を命じた。同十二日には慶勝・茂昭は参内して天顔を拝し、天盃を賜り、十八日に大坂に下った。斯くて同二十二日に惣督は出征諸藩の重臣を大坂城に召集して軍議を催し、十一月朔日には惣督は大坂を発して陸路を西下し、同十六日に広島に到着した。又、副将の茂昭も十月二十一日に福岡・熊本・柳河・佐賀等の下関口攻撃を分担する九藩の重臣を会して軍議を開いた。茂昭は惣督より九州方面軍の指揮に当って臨機独断の委任を受けた。かくて茂昭は大坂を出発し、海路を西航して十一月十一日に小倉に達し、藩主小笠原氏の客館を陣営とした。かくて征討諸軍は続々として防長二州の四囲に集結し、将に山口藩の領内に進撃する態勢を執った。その惣兵員数は約十五万に及んだ。その中で副将たる茂昭の隷下に在る九州の諸藩兵は、柳河・島原・唐津・佐賀・千束・安志・熊本・小倉の諸藩であり、福岡藩一万五千人、熊本藩一万人を含む大兵であった。

幾ばくもなく山口藩が三家老の首級を斬って恭順したので、惣督はこれを認め、十二月二十七日を以て征討諸軍に撤兵を令し、こゝに第一次征長の役は終った。固より麾下の中には斯かる惣督の寛大なる処置を悦ばぬ者があり、幕府の内部にも強硬説があり、毛利敬親父子及び五卿の江戸召致を惣督に命じたが、惣督は全権の委任を受けての処置として敢て聞かず、広島の陣営を撤して翌慶応元年正月二十四日に入京した。これより先、副将は正月十二日を以て小倉の陣営を撤し、海路を兵庫に到りて同二十二日に上京した。諸藩の出征兵も前後して悉く防長二州の四境から藩地に引き上げた。

二月二十七日に至って惣督徳川慶勝・副将松平茂昭は始めて参内した。御小所に召されて天顔を拝し、天盃を賜った。これより先、茂昭は屢〻上書して帰国の聴許を請うたが、翌二十八日に朝廷は帰藩を許し、将軍の上坂の際には速に上京すべしと命じた。依て翌三月朔日に京都を出発して福井に帰り、茂昭は征長出陣の使命を終ったのである。

五

思うに、幕府の両度に及ぶ山口藩征討の挙は、既に陵夷した自己の勢力を思わず、且つ輿論を押切って決行しただけに無暴であった。その意味では、初役に征討軍の惣督を命ぜられた徳川慶勝が就任を渋り、或は容易に山口藩の謝罪を認めて撤兵した事は、寧ろ賢明であった。

然るに幕府は猶ほも時局の大勢に通ぜず、自らの実力を量らず再征を企て、完全に失敗して山口藩の四境に迫った征討の大軍は、一歩もその封域に踏み入れる事も出来なかった。征長再役の失敗は愈〻幕府滅亡の一途を辿る要因となった。弩弓の末、魯縞を穿つ能わずと謂う。徳川幕府二百六十五年の歴史は、此役に依て終幕となる。その分れ目に立ったのが徳川慶勝・松平茂昭の懿親であった。その歴史的な評価は後人に依て施されるであろう。『幕府征長紀事』一冊は、その為には一つの史料を提供する事になるであろう。

幕《ばく》府《ふ》征《せい》長《ちょう》記《き》録《ろく》

日本史籍協會叢書 169

大正 八 年二月二十五日發行
昭和四十八年八月 十 日覆刻

編　者　日本史籍協會
代表者　森谷秀亮
東京都三鷹市大澤二丁目十五番十六號

發行者　財團法人　東京大學出版會
代表者　福武　直
一一三　東京都文京區本郷七丁目三番一號
振替東京五九九六四電話(八一一)八八一四

印刷・株式會社 平 文 社
本文用紙・北越製紙株式會社
クロス・日本クロス工業株式會社
製函・株式會社 光陽紙器製作所
製本・有限會社 新 榮 社

日本史籍協会叢書 169
幕府征長記録（オンデマンド版）

2015年1月15日 発行

編　者　日本史籍協会
発行所　一般財団法人　東京大学出版会
代表者　渡辺　浩
〒153-0041　東京都目黒区駒場4-5-29
TEL 03-6407-1069　FAX 03-6407-1991
URL http://www.utp.or.jp

印刷・製本　株式会社 デジタルパブリッシングサービス
TEL 03-5225-6061
URL http://www.d-pub.co.jp/

AJ068

ISBN978-4-13-009469-6　Printed in Japan